网店运营推广

刘祥 著

电子工业出版社
Publishing House of Electronics Industry
北京·BEIJING

内容简介

本书是由淘宝天猫店铺操盘手、淘宝大学认证讲师刘祥（花名小2哥）根据自己运营淘宝天猫店铺的经验编写而成的，是一本淘宝天猫店铺运营实操的指导手册。本书既有理论，又有实操方法，能全面帮助电商从业者和电商专业的学生梳理、搭建电商运营知识体系，掌握系统的优化操作方法。

本书涉及运营基础入门、搜索流量优化、"猜你喜欢"流量的获取、店铺基础运营、商品运营节奏、直通车的推广优化、数据化运营、商家内容自运营等内容。知识由浅入深，讲解细致，内容全面系统，语言通俗易懂，实操性和落地性非常强。

本书适合从事淘宝运营工作的人员和电子商务专业的本科生使用，也可供想要从事淘宝运营工作的人员参考。

未经许可，不得以任何方式复制或抄袭本书之部分或全部内容。
版权所有，侵权必究。

图书在版编目（CIP）数据

网店运营推广 / 刘祥著. —北京：电子工业出版社，2020.4
（新零售时代电商实战）
ISBN 978-7-121-38626-8

Ⅰ. ①网… Ⅱ. ①刘… Ⅲ. ①电子商务－商业经营 Ⅳ. ①F713.365.2

中国版本图书馆 CIP 数据核字（2020）第 034593 号

责任编辑：林瑞和　　　　　特约编辑：田学清
印　　刷：三河市双峰印刷装订有限公司
装　　订：三河市双峰印刷装订有限公司
出版发行：电子工业出版社
　　　　　北京市海淀区万寿路 173 信箱　　　　　邮编：100036
开　　本：787×980　　1/16　　印张：14.75　　字数：297.5 千字
版　　次：2020 年 4 月第 1 版
印　　次：2022 年 1 月第 7 次印刷
定　　价：59.00 元

凡所购买电子工业出版社图书有缺损问题，请向购买书店调换。若书店售缺，请与本社发行部联系，联系及邮购电话：(010) 88254888，88258888。
质量投诉请发邮件至 zlts@phei.com.cn，盗版侵权举报请发邮件至 dbqq@phei.com.cn。
本书咨询联系方式：010-51260888-819，faq@phei.com.cn。

前 言

从《淘宝直通车玉女剑法》到《谁说菜鸟不会电商数据分析》，再到本书，这中间蕴含了笔者在淘宝运营行业 8 年多的工作经验和各种思考。很幸运也很感恩有电子工业出版社这样的平台，让笔者有机会把自己这 8 年来总结的经验分享给广大正在或者即将从事淘宝运营行业的人们。

初心：为什么写这本书

8 年前，笔者从会计行业跨行到电商行业。在刚入这个行业的时候，有太多的东西需要学习，当时很想找一本有关淘宝运营的书籍，但是，始终都没有找到一本合适的。偶尔能看到几本有关淘宝方面的书籍，但是打开仔细一看就会发现，那些书籍并非由有实操淘宝店铺运营经验的作者所写，参考价值不大。

那时做淘宝都靠自己去摸索研究。在摸索研究的过程中，因为没有教材，也没有专人指导，所以笔者遇到了不少困惑，也走了不少弯路。当笔者在这个行业积累了一定的经验之后，就很想做一些对电商行业有意义的事——把自己的经验分享给需要的人，为他们解决一些问题，让他们少走一些弯路。

本书特色

1. 内容全面系统

本书内容涵盖淘宝运营的大部分环节，对淘宝运营的讲解非常全面；既有理论讲解，又有具体的实操步骤，非常系统。

2．语言通俗易懂

本书没有采用太多的专业术语，而是运用通俗易懂的语言并配上大量的图示案例与逻辑关系图，让每一个初入行的商家都能很好地理解。

3．实操性和落地性强

本书所有内容都基于笔者日常的淘宝运营工作所成，每一个环节都经过了反反复复的实践验证，实操性和落地性非常强。

内容大纲

第1章 运营基础入门

本章主要讲述运营的基础知识，以及成为一名淘宝运营人需要经历的阶段和具备的能力等，让初入行的商家对淘宝运营有一个大概的了解和认知。

第2章：搜索流量优化

本章主要讲述搜索的基本原理和获取搜索流量的具体操作方法等。通过对这些内容的详细讲解，让商家对搜索流量有一个系统的认知，并懂得如何具体操作。

第3章："猜你喜欢"流量的获取

本章主要讲述"猜你喜欢"产品定位、"猜你喜欢"流量的推荐逻辑，以及提升和稳定"猜你喜欢"流量的方法等，让商家对"猜你喜欢"流量有一个系统的认知，并懂得如何具体操作。

第4章：店铺基础运营

本章主要讲述日常店铺的基础运营内容，包括新品破零、产品定价、图片拍摄、主图及详情页的优化、转化率与点击率的优化、评价的维护等。通过对这些内容的讲解让商家能详细了解日常运营需要做哪些工作，以及应该如何去做。

第5章：商品运营节奏

本章主要讲述一个商品从导入期到成长期，再到成熟期，最后到衰退期，整个生命周期的工作内容及注意事项。让商家能有节奏地衔接好商品的每一个阶段，争取把单品的价值最大化。

第 6 章：直通车的推广优化

本章详细讲解了直通车的测款、关键词质量得分的提升、关键词与主图的优化、精准优化、低价引流、精选人群优化、直通车数据分析等内容，让商家能全面了解直通车并掌握直通车推广的具体操作方法。

第 7 章：数据化运营

本章主要讲述如何把数据分析与淘宝运营结合起来，如何利用数据分析来帮助商家决策。通过对这些内容的讲解让商家有一个初步的数据化运营思维。

第 8 章：商家内容自运营

本章主要讲述商家如何做好内容营销，具体讲述商家能自运营的内容，譬如买家秀、淘宝群、微淘等，从而让商家对自运营内容有一个初步的了解。

适用对象

本书可供从事淘宝运营工作的人员和电子商务专业的本科生使用，也可供想要从事淘宝运营工作的人员阅读参考。

目 录

第1章 运营基础入门 1
    1.1 什么是淘宝运营 2
    1.2 现在做淘宝还来得及吗 3
    1.3 新手学习淘宝运营的三个必经阶段 4
    1.4 一名合格的运营人员需要具备的能力 6
    1.5 如何选择合适的品类 8

第2章 **搜索流量优化** 10
    2.1 搜索的基本原理 11
    2.2 宝贝人群标签 13
        2.2.1 买家标签 13
        2.2.2 宝贝标签 15
        2.2.3 标签优化 16
    2.3 如何获取搜索流量 17
        2.3.1 做好基础优化 17
        2.3.2 做好权重积累 18
        2.3.3 做好数据维护 18
    2.4 影响搜索排名的因素 19
        2.4.1 核心因素 19
        2.4.2 其他因素 21
    2.5 标题关键词选择 22
    2.6 标题优化的四个步骤 25
        2.6.1 挖掘关键词 25

		2.6.2 筛选关键词	28
		2.6.3 组合标题	32
		2.6.4 数据监控，根据数据反推宝贝关键词	33
	2.7	搜索布局的方法和策略	42
	2.8	常见搜索排名问题与解答	44

第3章 "猜你喜欢"流量的获取 48
- 3.1 "猜你喜欢"的产品定位 49
- 3.2 "猜你喜欢"流量的推荐逻辑 51
- 3.3 "猜你喜欢"流量的提升之技 55
  - 3.3.1 选好款式 55
  - 3.3.2 优化标题和属性 56
  - 3.3.3 重视影响手淘首页流量的几大因素 61
  - 3.3.4 做好主动触达，为宝贝打上精准标签 62
  - 3.3.5 通过丰富宝贝标签与提升数据反馈放大流量 63
- 3.4 "猜你喜欢"流量的稳定之术 64

第4章 店铺基础运营 67
- 4.1 新品破零的方法与技巧 68
- 4.2 如何做好产品定价 69
- 4.3 商品结构规划的五大矩阵 71
- 4.4 从运营角度做好图片拍摄 73
- 4.5 产品主图优化思路与技巧 75
  - 4.5.1 主图设计思路 75
  - 4.5.2 主图设计原则 76
  - 4.5.3 六张主图的布局 77
- 4.6 详情页设计与优化 78
- 4.7 影响转化率的主要因素 82
- 4.8 影响点击率的主要因素 85
- 4.9 必须解决中差评 87
- 4.10 有价值的评价需要引导 89

第5章 商品运营节奏 91
- 5.1 商品导入期的操作方法 92

5.2 商品成长期的操作方法 96
5.3 商品成熟期的操作方法 99
 5.3.1 把控好利润 99
 5.3.2 做好关联搭配 100
 5.3.3 做好维护，延长生命周期 102
5.4 商品衰退期的操作方法 103

第6章 直通车的推广优化 106

6.1 直通车测款 107
 6.1.1 广撒网法 107
 6.1.2 精准快进快退法 109
6.2 直通车关键词质量得分的提升 110
 6.2.1 影响质量得分的因素 111
 6.2.2 如何提高质量得分 112
6.3 直通车关键词的优化流程 115
6.4 直通车主图的优化技巧 116
6.5 直通车精准优化玩法 118
6.6 直通车低价引流玩法 120
6.7 低价获取海量直通车定向流量 123
 6.7.1 标题优化与属性优化 124
 6.7.2 选择投放人群 125
 6.7.3 创意图片的设置 127
 6.7.4 位置投放的技巧 128
 6.7.5 出价的技巧 129
 6.7.6 流量的放大提升 130
 6.7.7 整体效果的提升 130
6.8 直通车精选人群的原理和优化技巧 132
 6.8.1 直通车精选人群的溢价原理 132
 6.8.2 直通车精选人群的展示原理 133
 6.8.3 直通车精选人群的圈定 133
 6.8.4 直通车精选人群的优化技巧 137
6.9 直通车如何带动免费流量 142
6.10 直通车数据分析与问题诊断 143

第 7 章 数据化运营 ... 148

- 7.1 生意参谋指数换算 ... 149
- 7.2 利用数据分析诊断店铺问题 ... 152
- 7.3 市场分析的主要维度 ... 156
- 7.4 竞品分析的方法和步骤 ... 160
  - 7.4.1 明确分析目的 ... 160
  - 7.4.2 选择合适的竞品 ... 161
  - 7.4.3 采集、整理、分析竞品数据 ... 163

第 8 章 商家内容自运营 ... 178

- 8.1 运营好买家秀，提升宝贝转化率 ... 179
  - 8.1.1 进入宝贝买家秀管理后台 ... 179
  - 8.1.2 对宝贝买家秀有图评价进行管理 ... 180
  - 8.1.3 分析数据 ... 182
- 8.2 买家秀获取手淘"猜你喜欢"流量的方法 ... 183
  - 8.2.1 买家秀在手淘首页的流量渠道展现 ... 184
  - 8.2.2 买家秀获取公域流量透出机会的方法 ... 186
  - 8.2.3 买家秀征集方法 ... 189
- 8.3 淘宝平台主要的内容营销渠道及玩法规则 ... 190
  - 8.3.1 图文类 ... 190
  - 8.3.2 直播类 ... 193
  - 8.3.3 短视频类 ... 195
  - 8.3.4 淘宝群类 ... 195
- 8.4 通过阿里 V 任务找到合适的达人 ... 196
  - 8.4.1 什么是阿里 V 任务 ... 196
  - 8.4.2 商家如何入驻阿里 V 任务 ... 196
  - 8.4.3 如何通过阿里 V 任务找到合适的达人 ... 198
  - 8.4.4 如何精准匹配达人 ... 200
  - 8.4.5 如何和达人谈合作模式 ... 203
  - 8.4.6 如何分析达人的产出 ... 204
- 8.5 淘宝群的几个功能和玩法 ... 205
- 8.6 用淘宝群实现"用户精细化运营" ... 210
- 8.7 利用淘宝群做好服饰类目粉丝沉淀 ... 214

8.8 如何自运营好微淘ﾠ...215
8.9 如何让微淘内容被公域流量抓取ﾠ...218
    8.9.1 账号要求ﾠ...218
    8.9.2 内容要求ﾠ...218
8.10 如何学做短视频ﾠ..220
8.11 中小卖家如何去实操主搜短视频ﾠ...221

第 1 章

运营基础入门

1.1 什么是淘宝运营

查看近几年"淘宝运营"这个关键词在百度的搜索指数,会发现其增速非常快,如图1-1所示。这说明关注"淘宝运营"的人呈爆炸式增长。同时从关键词的需求图谱可以看出,搜索"淘宝运营"这个关键词的人去向较高的相关关键词为"淘宝运营是做什么的""淘宝运营可以自学吗""淘宝运营培训",如图1-2所示。可见,大众不仅对"淘宝运营"这一概念感兴趣,而且有学习淘宝运营的诉求。

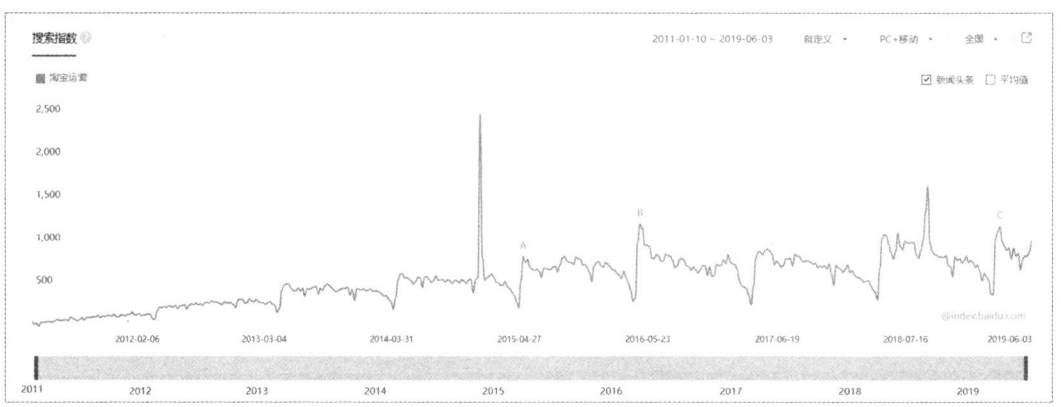

图 1-1

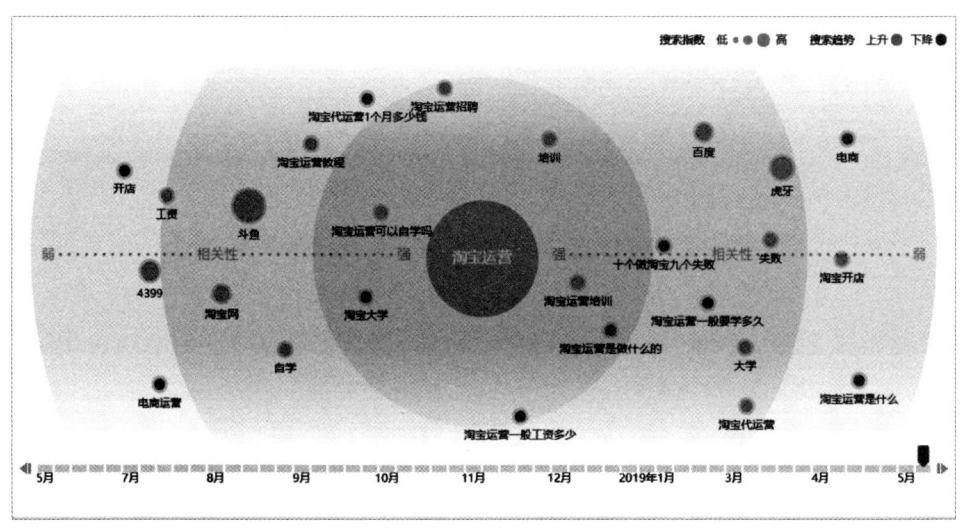

图 1-2

那么到底什么是淘宝运营呢？

从广义上来说，一切以提升淘宝店铺为中心的人工干预都叫淘宝运营。即通过对店铺进行资源整合，找到有效的目标用户，从而实现店铺的最终商业价值。

作为互联网新兴行业，淘宝运营具有很强的综合性，相关从业者除了要具备一定的技术能力，还要有放眼全局的整体观。从事淘宝运营，要对店铺销售额负责，更要懂得把控成本和创造利润，从而实现投入与产出的最大化。

1.2 现在做淘宝还来得及吗

很多新手在准备进入淘宝运营这个行业时，都会有这样的担忧："现在做淘宝还来得及吗？"

2011年，有人会想："现在做淘宝已经晚了，因为已经过了前几年只需上架就能卖货的好时代。如今要在淘宝做生意，对于没有大资源的新手来说太难了。"

2014年，有人会想："真羡慕别人那时选择做淘宝，可惜现在已经晚了。以前只需找找关键词、做做标题优化就能把淘宝做好，现在已经过了那个好时候了。"

到了今天，仍有人会想："做淘宝已经晚了，不像前几年，开通'直通车'就能把淘宝做好。"

再过几年，可能还是有新手会感叹："现在做淘宝已经晚了，要是早几年就好了。"

实际上，从事淘宝运营不存在晚与不晚，只有适合与不适合。新手要多问问自己：是否适合创业？是否适合从事淘宝运营这个行业？至于做SEO（搜索引擎优化）、开通直通车、做内容营销等，这些都只是不同时期做淘宝运营采取的手段而已。互联网在与时俱进，运营手法当然也要与时俱进。

还有人会担心：现在从事淘宝运营的商家越来越多，伴随着传统大品牌的纷纷入驻，整个平台的竞争越来越激烈，就大环境来说是否已经不适合中小商家加入了？

其实并不然。第一批做淘宝的商家虽然没有强而多的竞争对手，但彼时网购未普及，网购环境远不如今天，因此一天要销售几百甚至几千单有很大难度。但现在一天销售几百、几千单的商家数不胜数。为什么？竞争虽然激烈，但市场需求也更大了。

马云说过，蚂蚁战大象，只要躲得好，照样能赢。淘宝上像大象一样的商家非常多，但作为像蚂蚁一样的中小商家，只要切入点找得好、"躲得好"，照样可以取胜。

"好风凭借力,送我上青云"固然不错,但市场瞬息万变,"风"什么时候来,难以预测。作为一名淘宝运营的新手,既然选择了这一行,与其瞻前顾后、各种担忧,不如踏实钻研,练就"飞翔"的本领。

1.3 新手学习淘宝运营的三个必经阶段

对于一个新手来说,要想学好淘宝运营,需要经历哪些阶段,需要重点学习哪些知识呢?

第一阶段:熟悉淘宝规则,掌握后台基本操作

首先,要熟悉淘宝平台的所有规则。作为中国大型的网购平台,淘宝平台设置了很多的运营规则,这些规则约束和规范着各类淘宝店铺的运作,如果违反规则导致扣分,轻则影响权重难以获取流量,重则遭到封店永久退出。很多新手甚至有一定经验的从业者,在从事淘宝运营时几乎都曾因不熟悉运营规则导致过失败。因此,要从事淘宝运营,首先要熟悉其运营规则。具体规则请登录天猫和淘宝的规则入口阅读和学习。

这里面的每一条规则都要熟读与理解,而且要了解它们的应用场景、规避方法。例如,《淘宝网市场管理与违规处理规范》第二十八条规定:未经允许发布、传递他人隐私信息,涉嫌侵犯他人隐私权的行为属于严重违规行为(B类)中的泄露他人信息违规。

【违规扣分与违规处理措施】情节一般的,每次扣 B 类 2 分;情节严重的,每次扣 B 类 6 分;情节特别严重的,每次扣 B 类 48 分。对于淘宝网排查到的不当获取使用信息的会员,淘宝网视情节严重程度可采取公示警告等措施。

如果不了解这条规则的具体含义和应对方法,新手商家在具体操作时,很有可能导致店铺扣分或者被恶意维权者利用。

例如,有一个买家用旺旺联系某商家说他另外一个账号在该商家店铺购买了一件商品,想要核对一下地址是否有误,让该商家把完整地址发过去核对一下。如果该商家直接就把地址发给了买家,那么就造成了泄露他人信息违规,可能会遭到扣 6 分的处罚。甚至有些恶意维权的人会利用这条规则敲诈该商家。

正确的做法应该是让买家用拍下宝贝的旺旺直接和自己联系,否则不能发送,或者把信息发送到买家拍下的旺旺号上,让买家用拍下的旺旺账号查看。

其次，要熟练掌握淘宝后台的基本操作。这些基本操作主要包括卖家中心的所有操作、生意参谋的使用、宝贝的发布、宝贝数据的查看、淘宝客后台的操作、活动报名入口的使用、第三方工具的使用、折扣价的设置等。

以上是淘宝运营必须学习的入门知识，只有掌握了这些，新手才能尝试一系列基础操作，如发布宝贝、调整价格、查看宝贝数据等。

第二阶段：学习基础的运营技巧

基础的运营技巧主要包括搜索等免费流量的优化、直通车等付费推广的优化、竞争对手分析、主图与详情页优化、活动报名、单品的打爆节奏等。

第二阶段的学习要以第一阶段为基础，只有熟练掌握了各种淘宝规则和后台操作，练就了扎实的基本功，在学习运营技巧时才会水到渠成。

在学习运营技巧时，不要过于关注技巧的见效性，一招制敌的决胜秘籍是不存在的。对于运营新手来说，更应关注运营的各种原理。因为对一件事情本质的把握决定了处理这件事情的高度和效率。淘宝运营每年都会淘汰很多人，其中不乏创下不错业绩的老手。究其原因，恐怕与只重技巧而轻原理有关。互联网日新月异，淘宝平台也在快速更新，某种方法或技巧的使用周期是有限的，如果没有紧扣原理随机应变，一旦技巧过时，失败在所难免。

因此，每学一种运营技巧，不要只是死记硬背操作方法和步骤，而不去深入思考隐含的原理。要多问一问自己：为什么要这样操作？还有没有其他可以替代甚至更好的操作方法？如果有新想法，可以做测试，通过测试数据的对比来验证新方法的可操作性和实用性。放开思路，深入研究技巧背后的原理；反复验证，根据平台变化采取新的应对。只有这样，才能在淘宝运营这条路上走得更远。

第三阶段：运营思维与团队管理学习

运营思维与团队管理学习主要包括全店运营计划的制订和安排、月度/季度/年度运营计划与执行、爆款打造的规划与安排、市场定位、选品策划、商品结构的规划、日常活动的计划制订和安排、大促活动计划的制订和安排、店铺的诊断与规划、全店运营节奏的安排、团队的协作与分工等。

通过前两个阶段的学习，大多数新手能在运营实践中取得一定的成绩，但这是否就意味着这些新手已经成为一名优秀的运营人，可以止步于此了呢？其实不然。学好第一阶段可以当一个运营助理，学好第二阶段可以当一个推广专员，但要成为一名真正的运营人，必须经过第三阶段的学习。

以上三个学习阶段，循序渐进、缺一不可，只有把三个阶段的内容都掌握了，才算一名真正的淘宝运营人。新手入门要避免走入这样的误区：缺乏耐心，轻视第一阶段规则和后台操作的学习；急功近利，只攻第二阶段技巧的学习；眼界有限，忽略第三阶段运营思维与团队管理的学习。

1.4 一名合格的运营人员需要具备的能力

随着电子商务的快速普及和发展，运营成为这个时代的热门行业之一。在许多公司中，运营部门处于核心地位，一般直接领导客服、美工、推广等部门。那么，从事运营行业需要具备哪些能力呢？

1．计划和规划能力

大部分公司的运营人员不仅仅是执行者，更多时候还是策划者。当公司定下销售目标后，运营人员要做的第一件事，就是针对这个目标确立执行的内容和步骤。一名合格的运营人员，要懂得拆解目标，要能够做好清晰的计划和规划。

经常会看到这样的现象：公司招聘了一名运营人员，在刚入职的前一两个月，他忙前忙后，24小时连轴转，可到后来却无所事事了。为什么会这样？原因就是他没有做好计划和规划。他只是按照固有思维把所有的流程都走了一遍，并没有对目标进行细分和拆解，至于在什么时候做什么事，要达到什么样的目的和效果，都不在他的考虑之内。

所以，要想成为一名合格的运营人员，一定要培养自己制订计划的能力。当拿到公司或者老板给的目标时，第一步就是分解，即把一个大的目标分解成若干个可以实现的小目标。例如，公司给的年目标是利润四千万元，那就可以做计划：每个月要完成多少，每天要完成多少。淘宝运营会有淡季和旺季之分，每个月任务量的分配就是对运营人员计划和规划能力的考验。

2. 数据分析能力

在大数据时代，要运营好一家店铺，很多时候都离不开数据分析。例如，当店铺业绩下滑时，需要利用店铺的日常数据去分析和诊断问题到底出在哪儿；准备涉足某一新品类，则要利用市场大盘的数据分析这一品类的市场容量、规模、竞争情况等；在选品时，需要利用数据分析当前什么款好卖，接下来什么款会更受欢迎，从而确定发布某宝贝的正确时机；在推广新品时，也要用到这个款的点击率、转化率、加购率和收藏率等数据，据此来判断该款式是否能吸引买家，是否值得投入推广费用。

在运营过程中，很多需要及时把控的漏洞和机遇都会通过数据指标直接反馈出来，这就要求运营人员要学会利用数据分析问题，得出结论，从而找到下一步决策的参考依据。

3. 协调合作能力

运营人员作为执行者和策划者，与公司中的其他部门联系非常密切。因此，要做一个成功的运营人，一定要具备很好的协调合作能力。

在与各部门的协作中，运营往往和美工摩擦最多，如抱怨美工只懂 PS 技巧，不会配合产品人群和卖点做出其想要的宣传图，有时甚至会把运营失败的责任推给美工。事实上，所有主图、详情页的设计方案和要求，首先都是由运营人员传达给美工，然后美工执行。如果美工在完成任务时与运营人员的预期有偏差，那么身为运营人员，首先应反省自己的表述是否到位。

4. 总结与创新能力

淘宝平台是一个不断发展变化的平台。因此，从事淘宝运营要学会总结，要懂得复盘。复盘就是回顾、反思、研究过去的所作所为，总结经验和教训，从而实现改进和提升。复盘很重要，复盘做得好可以少走很多弯路。同时，还要具备一定的创新能力，能不拘于已有的条条框框，要善于打破固有思维，敢想敢试验。

5. 全局把控能力

有很多运营人员虽然处于运营这个岗位，但做的却是推广专员的工作——把所有的精力都放在了直通车等付费推广和优化标题等引流上。虽然这样也有不错的业绩，但其实只具备直通车打爆款的能力。

一名合格的运营人员一定要具备全局把控的能力，懂得店铺规划、运营计划的制订和执行、运营节奏的把控、产品布局、流量渠道的规划和布局、转化率的提升、大促活动的运营、CRM（客户关系管理）运营等。当然，也要具备打爆款的能力。

1.5 如何选择合适的品类

要想在淘宝平台获得长久的生存和发展，对于宝贝品类的选择非常重要，甚至会影响到店铺的生存与发展。那么，如何选择适合自己店铺的宝贝品类呢？

1．考察市场容量和分配量

市场容量代表的是市场需求量。首先要确定即将选择的品类是有市场需求的，如果需求量非常小而又想做大规模，这个目标就会很难实现。除了考察市场容量，还要考察分配量。很多品类并不是一家店铺在卖，需要和全国甚至全世界的商家一起竞争。因此，只考虑市场容量还不够，还需要考虑这个品类能分配到每个商家手里的容量，也就是分配量。分配量越大往往竞争越小，一般建议新手选择竞争度比较低而市场容量不是很大的品类。

2．对选择的品类比较熟悉或者感兴趣

商家如果对自己经营的品类不熟悉，不能准确把握产品的生命周期，不了解产品的人群画像及对应客户需求的变化，甚至根本不知道这类产品的卖点在哪里、真正的需求人群是哪些，那么要想经营好一家店铺是不可能的。新手在选择品类时，最好选择自己比较了解的品类，或者特别感兴趣的品类。这样，就算不具备相关的品类知识，后期也会在兴趣的推动下主动去学习和了解。

3．在竞争环境中拥有自我优势

在淘宝这个大平台上开店做生意，要想在激烈的竞争环境中脱颖而出，没有一点自我优势是很难做到的。很多时候，有什么优势做什么产品要比什么产品好卖做什么产品更容易。

4．能做到差异化或者低价

差异化和低价都是吸引买家的策略。在选择品类时，首先要问自己：能把这个品类做出差异化吗？也就是说，能说服买家购买自己的产品而不是竞争商家的产品吗？如果做不到差异化，

就要问自己：自家的价格比别家低吗？低价也是让别人购买自家商品的理由。如果这两点都做不到，可能就需要重新考虑品类了。

5. 有支撑运营这个品类的资金链

虽说在淘宝开店免费，但并不意味着可以空手套白狼。不管选择哪一个品类，都需要一定的投入，而且不同的品类所要求的投入力度也会不一样。因此，要慎重判断自己的资金链是否能支撑得起自己想做的品类。

6. 有稳定的货源

货源的重要性不必多说，做淘宝最忌讳货源不稳定。很多新手做淘宝，自己没有货源，通常会走一件代发或者从阿里巴巴拿货。而且，货都是随便从网上找的，质量到底好不好、供货是否稳定也都不清楚，这样很难把店铺做起来。如果每次刚做爆，货源就出问题，那么基本上很难持续做好。因此，建议新手不要从网上做一件代发，除非供货方是特别靠得住的人。如果实在没有好的货源，可以考虑去货源档口附近租一个房子，能卖多少货就去档口拿多少货，这样至少比网上随便找来的一件代发要靠谱。

第 2 章
搜索流量优化

2.1 搜索的基本原理

做淘宝，搜索流量是大部分商家的"必争之地"。因为搜索流量不仅免费，而且占很大的市场份额。更关键的是，搜索流量是买家有了明确需求之后产生的行为流量，所以搜索流量的转化率和成交效果非常好。

网上有许多关于搜索优化技巧的文章。例如，优化标题要在晚上12点以后操作，因为这时搜索系统在更新，做优化不会影响流量；优化主图时可以先把新的主图放在第2个位置，让系统对新主图先识别几天，到时候再调整到第1个位置，这样搜索流量不会下滑。这些所谓的优化技巧听起来很高深，但如果了解了搜索原理，就会发现其实都是无稽之谈。

淘宝搜索引擎的目的是通过搜索帮助买家快速找到自己满意的商品。因此，所有的搜索优化行为都要符合这个目标要求。如果无法满足这个目标要求，商家的优化行为会很难得到搜索引擎的认可，自然也就难以获得比较好的搜索流量。那么，淘宝搜索引擎系统是如何一步一步帮助买家找到满意的商品的呢？

第一步，预测推理买家的真正需求

淘宝会通过对买家搜索行为的一系列大数据进行分析，推理判断出买家的真正需求是什么。例如，某位买家搜索了"高跟细跟鞋女"这个关键词，然后对中等客单价、尖头、真皮材质的单鞋产生了大量的点击、加购、收藏等购物行为，这个时候系统就会根据这些行为给买家打上需求标签，在接下来的页面和下次搜索单鞋相关关键词时，系统会优先展现高跟、细跟、中等客单价、尖头、真皮材质的单鞋。系统的这些"所作所为"，实际上都是为了能够让买家快速找到满意的产品从而达到搜索引擎的目的。

那么，是否可以认为淘宝是根据买家的搜索关键词来匹配商品的呢？其实淘宝最终关注的不是关键词，淘宝是根据买家的搜索需求来匹配商品的，而搜索关键词只不过是在传递买家的需求而已。例如，买家搜索"牛仔裤子2019新品"这个关键词，如果淘宝是根据买家的搜索关键词去匹配商品的，宝贝标题中若没有"新品"这个关键词，淘宝一定不会展示。但实际上，标题中有"新款"这个关键词的宝贝也可以展示，甚至没有"新款"这个关键词的宝贝也有可能会展示。

又如，买家搜索关键词"大 T 恤女"，很多标题中没有"大"这个关键词的T恤也会展示出来。这些宝贝虽然没有"大"这个关键词，但如果仔细观察的话会发现都是比较宽松的款式，这说明淘宝通过"大T恤女"这个关键词判断的需求之一是宽松。所以只要T恤的款式是宽松的，即使标题中没有"大"这个关键词，它也会展示出来。

这里并不是说淘宝会把意思相近的关键词当作同一个关键词展示，而是说它不是在匹配买家的搜索关键词，而是在匹配买家的购买需求。

第二步，召回满足买家搜索需求的相关产品

淘宝系统通过搜索关键词及购买行为了解了买家的真正需求，接下来它会根据宝贝的标题、属性、买家的行为反馈去判断哪些宝贝符合买家的这一需求，然后把符合需求的产品召回。

第三步，需求与宝贝相关性排序

淘宝系统在根据买家需求召回相关产品后，由于淘宝上满足这一需求的产品很多，它会利用排序算法来决定先展示谁的产品，后展示谁的产品。

这一步实际上仍是围绕搜索引擎的目的展开的，即通过搜索帮助买家快速找到自己最满意的产品。所以搜索引擎的排序算法就是根据买家需求和宝贝的相关性进行排序的。当然，这里面有一系列的权重指标因素。这些因素与搜索引擎的目的相关，即凡是能满足买家需求和体验的因素都有可能是主要的权重因素。

第四步，权重比例的灵活变动

淘宝搜索排序算法不是固定不变的，淘宝每过一段时间都会对搜索排序因素的权重比例做一次调整。所以经常会出现这样的情况：过去一段时间用某个方法优化非常有效，但是现在这个方法却失效了。其实，这是淘宝把某个搜索排序因素的权重比例降低了。之前的方法效果好可能是因为正好把权重高的因素做好了，调整之后，其他的搜索排序因素权重比例增加，但是之前高权重的搜索排序因素降低了，如果还在优化过去的高权重搜索排序因素，而忽略了其他因素，那么效果自然不会很好。

排序算法之所以会不断变动，还与搜索引擎的目的有关。商家经过一段时间的经验积累，对于搜索排序算法的具体内容相对熟悉，如果算法固定不变，商家会背离初衷，只是为做搜索优化而优化，而不是为了让买家能快速找到满意的产品做优化。例如，若商家知道了影响搜

索因素的只有转化率，那么商家就会只想着如何去提高转化率，甚至不惜通过刷单等作弊的方法来达到高转化率的目的，而不是用心去做产品和买家体验，这显然不符合搜索引擎的目的。

这也是淘宝从来不公布搜索算法具体内容的原因。以前淘宝官方还会给大家提供一些大概方向，那时淘宝还有搜索论坛，搜索小二会经常分享一些优化技巧，透露一些影响搜索排名的相关因素，但后来淘宝官方连大概方向也不再提供，就是为了避免商家不专心服务买家，而把精力放在如何找算法漏洞来提高自己的搜索排名上。

从这四步可以看到，淘宝搜索引擎的目的从未变过。因此，作为一名商家，如果想持续地在淘宝获得比较好的搜索流量，就应该围绕这个目的去开展优化工作，并将其作为优化工作的首要考虑因素。只有这样，才能真正让搜索引擎系统倾向选择该商家，才能有机会得到比较高的搜索流量。

2.2 宝贝人群标签

无论是搜索流量还是手淘首页流量，都离不开"宝贝人群标签"。那么，什么是宝贝人群标签呢？首先来了解它的打标原理。

2013 年，淘宝开始全面普及千人千面。所谓千人千面，简单来说就是指不同的人享有不同的搜索结果，而这个结果会更加贴近搜索人的需求。

淘宝是如何普及千人千面的呢？答案是通过买家标签和宝贝标签。淘宝会给买家打上标签，同时也会给卖家的宝贝打上标签。当买家搜索某个关键词时，系统会查看宝贝库里哪些宝贝的标签和这个买家的标签相吻合，吻合的优先展示，不吻合的靠后展示或者不展现。

2.2.1 买家标签

淘宝系统针对买家的标签主要有两种：买家属性标签和买家行为标签。

买家属性标签是指淘宝根据该用户的性别、年龄、消费水平及过去购买的产品的类目、风格、属性特点、价格特征等为其打上某个标签。例如，某位买家过去经常购买 9.9 元包邮的衣服，而且一般都是韩版修身类型的，那么淘宝就会为其打上"追求高性价比的韩版的修身的衣服"这样一个身份标签，下次这位买家再去淘宝搜索某关键词时，淘宝就会优先给该买家推荐低价韩版修身风格的衣服。

买家行为标签是指淘宝根据该用户最近的搜索行为、浏览行为、点击行为、加购和收藏行为、看评价和咨询问题的行为及最后购买的行为为其打上某个标签。例如，某位买家最近搜索"复古连衣裙"这个关键词，并且点击的都是短袖、露肩、中长款的复古风格的连衣裙，那么淘宝就会为其打上"短袖露肩中长款复古风连衣裙需求者"这样的身份标签。下次这位买家再去搜索连衣裙时，淘宝就会优先推荐类似的款式。

买家属性标签和买家行为标签的区别很大。买家属性标签是根据买家本身的属性来判定买家属于什么类型的，而买家行为标签则是根据买家最近的行为来判断买家属于什么类型的。相对来说，买家行为标签是容易改变的，也最能代表买家最近的需求。例如，买家昨天搜索的是"复古风连衣裙"，而今天搜索的是"韩版小清新风连衣裙"，那么淘宝给买家打的标签也会发生相应的改变。

现在买家行为标签的权重要远远高于买家属性标签的权重，因为买家的行为最容易反应买家的需求，而淘宝最关注的恰好也是买家最近的需求。它不在乎买家是一个什么样的人，它更在乎的是买家最近需求什么样的商品。以前谈搜索权重会提到3天权重、7天权重及最近30天的权重。2018年，搜索权重开始引入实时权重，而且实时权重占比非常高。淘宝为什么会这么看重实时权重呢？这也和搜索引擎的目的有关。搜索引擎的目的就是为了让买家快速找到自己满意的产品，而实时权重最容易反应买家当下的需求，两者目的相符。

例如，有一位24岁左右的女生，她的工资收入比较低，平时消费水平也很低，喜欢小清新风格的T恤，从来不购买衬衣，按照买家属性标签的打标原理淘宝应该会给她打上"女性低价小清新T恤喜爱者不喜欢衬衣"这样的标签，在推荐产品时会推荐低价、年轻、小清新女装T恤。但是，这个女生有可能最近想给她男朋友买一件好一点的衬衣当生日礼物。按照之前买家属性标签的推荐，就算她搜索"衬衫男"这样的关键词，系统应该给她推荐低价的男衬衫，很明显这样的属性标签推荐难以做到让买家快速找到自己满意的产品，自然也就达不到搜索引擎的目的。

同样以上面的女生为例，如果系统不根据买家属性标签而是根据买家行为标签来推荐就不一样了。当这个女生想要给男朋友购买一件好一点的衬衣时，首先她会根据自己的需求去淘宝搜索某关键词，然后根据自己的需求浏览、点击、加购和收藏一些产品，这个时候淘宝马上会根据她的这些行为习惯给她打上一个需求标签。在接下来的页面或者她再次搜索"衬衣男"相关关键词时，淘宝就会根据其最近的行为标签推荐类似产品，而不是根据买家属性标签去推荐产品。

比较而言，买家属性标签起作用主要是在新用户时期。当某位新用户加入淘宝，过去没有在淘宝产生任何行为时，系统会根据年龄、性别等先有一个大概的推荐，推荐完第一批后，等该用户有了行为标签再按照行为标签为其打标。例如，某位买家想要买沙发，他之前没有对沙发产生过任何行为，所以当他搜索第一个关键词时，第一批产品会根据他的属性标签推荐，但后面就会根据他在第一批产品中的行为来推荐了。

在淘宝系统中，如果买家同时产生多种需求，就可以同时拥有多个标签。例如，某位买家既搜索、点击、加购了"韩版 T 恤"，又搜索、点击、加购了"复古 T 恤"，还搜索、点击、加购了"学院风 T 恤"，那么这三个标签都可能打在这位买家身上，只是每个标签的权重不一样，系统会根据买家最倾向的那个标签多展示一些该标签的宝贝。又如，买家搜索、点击、加购"韩版 T 恤"占比 50%，搜索、点击、加购"复古 T 恤"占比 30%，搜索、点击、加购"学院风 T 恤"占比 20%，那么淘宝可以把三个风格的 T 恤都展示出来，只是韩版展示得更多，可能会占 50%，复古和学院风的占比少一点，可能加起来也就 50%。当然，标签也会和产生行为的时间有关系。例如，某位买家三天前点击、加购、收藏过"韩版 T 恤"，但是今天点击、加购、收藏的是"复古 T 恤"，"韩版 T 恤"和"复古 T 恤"的标签都可以同时标在这个买家身上，但是系统可能会把"复古 T 恤"这个标签的权重提高一些，因为它更倾向于买家最近的需求。

2.2.2　宝贝标签

宝贝标签也可以归纳为两类：宝贝初始标签和用户反馈标签。

在商家发布宝贝后，淘宝系统会根据其标题相关性、类目相关性、属性相关性、文本相关性及价格等维度为其打上对应的标签，以此来初步判断宝贝为哪一类人群所需求。这个标签就是宝贝初始标签。

宝贝初始标签完全由商家把控，也就意味着商家可以作弊。有些商家为了获取更大的流量，在优化标题、填写属性时，并不完全从自己宝贝的精准人群出发，而是从流量的角度出发，这样会导致系统无法把买家真正需求的产品展现出来。为了保证买家拥有良好的购物体验，系统不能仅用初始标签来决定某个宝贝的标签，还需要在初始标签的基础之上增加用户反馈标签，且用户反馈标签占的权重要远远大于宝贝初始标签。

当某个新品上架后，淘宝会根据宝贝初始标签给予商家一定的展现量，将宝贝展现到需求这类产品的人群前，然后会统计该宝贝在这类人群面前的反馈数据，如点击率、转化率、UV价值、跳失率、停留时间、加购率、收藏率、好评反馈、动态评分等。如果这些反馈数据表现好，系统才会认可宝贝初始标签，才会将宝贝展现给更多的人群，反之则不会展现。

商家要想给自己的宝贝打上精准的人群标签，首先，要保证宝贝初始标签的精准性，如做好标题优化、精准填写宝贝类目和属性、精准优化文本和定价等。如果宝贝初始标签不精准，系统将宝贝展现到错误的人群面前去，其反馈数据必定不佳，那么宝贝就会被系统判定为人群定位不精准，从而不再给予展现。其次，商家还必须做好点击率、转化率、UV价值、跳失率、停留时间、加购率、收藏率、好评反馈、动态评分等，让这些指标有一个好的数据反馈。如果这些数据表现差，就算宝贝初始标签精准，系统也会认为宝贝和人群匹配不精准，从而不予展现。

2.2.3　标签优化

由前面所述打标原理可知，买家人群标签无论是买家属性标签抑或是买家行为习惯标签，都是由买家决定的。卖家无法改变买家的行为习惯和用户属性，所以对于卖家来说，优化人群标签主要是优化自己的宝贝标签。优化宝贝标签可以从以下几点着手。

1. 精准填写类目属性

精准填写类目属性是为了准确告知系统宝贝初始标签，让系统明确该宝贝符合哪一类人群的需求，从而将宝贝展现到对应的人群面前。这一点非常重要，如果填写的类目和属性不精准，系统会把宝贝展现到错误的人群面前，从而导致宝贝无法获得好的用户反馈，难以获得好的流量。

2. 精准优化宝贝标题

宝贝标题由关键词组成，对应的是买家的需求。如果关键词选错了，如某宝贝适用于18～24岁的人群，而关键词却错选成40～49岁的人群，那么系统很可能只会向40～49岁的人群推送。

事实上该宝贝非他们所需求的，点击率、转化率等数据的反馈当然会很差，系统自然也就无法给宝贝打上精准的标签。

3. 做好市场调研，明确宝贝定位

这一点对于优化宝贝标签非常重要。商家如果不知道自己的宝贝具体是卖给哪一类人的，对购买人群的兴趣爱好、行为习惯所知甚少，很难给宝贝打上精准的标签。只有明确了宝贝的目标人群及人群的购买习惯，商家才能精准地选择关键词、精准地填写类目和属性，才能优化出高点击率的图片、高转化率的详情。

2.3 如何获取搜索流量

新手商家常会错误地把宝贝标题优化当成整个搜索优化，以致产生这样的疑惑：为什么标题已经优化得非常好了，而搜索流量却没有增加？

其实，标题优化只是提升搜索流量过程中的一小步，标题未优化好，搜索流量一定无法提升，但只是优化标题，其他方面没有做到位，搜索流量也同样无法提升。总的来说，要获取更多的搜索流量，要从基础优化、权重积累、数据积累这三个方面努力。

2.3.1 做好基础优化

基础优化主要包括标题优化、主图优化、详情页优化，以及定价、基础销量与评价优化等。

标题优化在 2013 年之后对流量的影响有所减弱——以前仅优化好标题就能获取不错的流量。但商家依然要重视标题优化。可以肯定地说，现在如果标题优化得不好，绝对会影响店铺的搜索流量，而且影响还比较大。因为标题的作用就是准确描述宝贝、准确定位购买人群、准确选择竞争环境，如果标题有了偏差，宝贝标签会受影响，搜索流量肯定也会受影响。

标题优化会影响宝贝的展现，但仅有展现还不够。因为"访客数=展现量×点击率"，如果宝贝有了好的展现量，但是点击率很差，也很难获得更多的访客数。而主图就是影响点击率的重要因素。所以，在优化搜索流量时，主图一定也要优化好。如果主图没有优化好，直接影响的是点击率，间接影响的是展现量，这样对整个流量的影响就会非常大。

详情页优化会对转化率产生影响。做好了标题优化和主图优化，就相当于做好了展现量和点击率，就有机会获得一定的访客数。但是"销量=访客数×转化率"，如果没有做好转化率，还是没有办法产生更多的销量。而转化率又是影响展现量的因素之一，没有好的转化率，还会影响访客数。因此要想获取搜索流量，详情页优化也是很必要的。

另外，定价、基础销量与评价优化也是获取搜索流量的重要一环。在淘宝开店，必须解决买家对产品的信任问题，而定价、销量、评价这些因素，很容易影响买家的购买决策。如果宝贝连基础销量和评价都没有，而且定价还比同行贵，点击率和转化率肯定会不佳，搜索流量也就难以获取了。

2.3.2　做好权重积累

有时标题优化好了搜索流量却没有提升，这与宝贝和店铺的权重有关。如果宝贝销量没销量，要权重没权重，哪怕标题优化得再好也无法获得好的搜索流量。这也是同样的宝贝、同样的标题，搜索流量却存在很大差异的原因。

标题能解决的是把宝贝展现到什么样的买家面前。但是淘宝上有那么多相同和相似的产品，商家们用的关键词都差不多，甚至很多标题都一样，这样就会有排序。同样的宝贝展现在同一个关键词下，甚至展现在同一页，排名越靠前的，越有机会获取搜索流量。而决定排序的因素就是宝贝的权重。只有宝贝积累了足够的权重，才有机会展现在更靠前的位置，从而获得更大的流量。所以当做完基础优化后，就要开始积累宝贝的权重了。影响宝贝权重的因素，在本书2.4节中会详细介绍，商家可以参考这些因素优化宝贝，积累宝贝的权重。

2.3.3　做好数据维护

很多商家会碰到这样的情况：搜索流量提升之后没多久就会下滑。这其实与宝贝数据的维护有关。

在宝贝发布初期，为了快速拉动流量，商家会特别关注各项指标，会努力让核心指标达标。等流量做起来后，很多商家以为流量会保持稳定，便放松了对这些数据指标的维护。如果商家在初期拉动流量时，各项指标仅仅做到了合格，那么一旦放松维护，这些指标就很容易变为不合格，流量肯定会下滑。

所以，除了在初期拉动流量时要关注宝贝的各项指标数据，在流量提升后，商家也要用心维护各项数据。可以做一个单品数据监控表，及时关注各项指标的变化情况，一旦发现指标下滑，就快速分析原因并采取相应的优化手段。

2.4 影响搜索排名的因素

淘宝 SEO 优化即淘宝搜索引擎优化，能通过对店铺各个方面的优化，如标题关键词、类目、属性、图片与描述、服务、营销等的优化，使宝贝的排名更加靠前。但是影响搜索排名的因素并不仅仅是这些，运营人员在长期的运营实践中总结了一些对搜索排名有较大影响的因素，主要有核心因素、宝贝质量因素、宝贝受买家喜爱度因素、店铺置信度、服务能力、综合运营能力等。

2.4.1 核心因素

1. 个性化因素

所谓个性化搜索，是指淘宝根据用户的历史购物行为了解用户的购物偏好，在用户搜索过程中融入用户的个性化偏好信息，从而优先展示符合用户偏好的商品、店铺。

目前，淘宝在搜索排序中引入的个性化维度主要包括性别、购买力、搜索行为习惯、折扣敏感度、浏览行为习惯等。

在非个性化搜索时代，搜索排序对所有人的排序标准都一样，所以优化宝贝主要是以数据为导向。例如，选择关键词，主要看这个关键词的搜索数据好不好，是否具备竞争力。个性化搜索普及后，优化宝贝变为以人群为导向，宝贝与买家需求的匹配度成为影响搜索排序的主要因素。所以，商家在做一系列的优化时，要从需求出发，实现宝贝与目标人群的高度匹配。这样系统才有可能把宝贝展现到买家面前，并排在靠前的位置。

2. 销量、销量增速、销量的环比增长率

销量一直都是影响自然搜索排名的重要因素，只是不同时期的权重不一样。销量权重因销量的成交时间不同而有所不同，如最近 30 天的销量、最近 7 天的销量及 1 天的销量的权重是不

一样的。在其他条件一定的情况下，销量越高的产品一般排名会更靠前。不过，销量权重也有极值，当达到这一极值后，销量权重不会再因销量增加而有所提高。

销量增速主要是指销量的递增速度，包括最近 7 天的增速和最近 30 天的增速。有些商品虽然每天销量不是特别大，但是因为增速比较快，所以流量提升非常快。例如，某宝贝在上架后，第 1 天产生 1 笔销量，第 2 天产生 5 笔销量，第 3 天产生 15 笔销量，销量快速增长，流量也会快速增长。

销量的环比增长率对搜索排名也有影响。淘宝参考环比增长率，主要是考虑季节性产品和新品。如果没有这项指标，直接只看销量和增速，是不利于季节性产品和新品销售的。例如，在新品刚上架时每天的销量很难比得上热销宝贝，若不考虑环比增长率，那么新品会一直被热销宝贝压制。新品虽然前期每天只能卖出几单，但是其销量若每一天都有所增加，那么它的环比增长率有可能比热销宝贝要好。

3. 搜索转化率

搜索转化率会影响搜索排名。很多新手担心别的商家刷流量或者引进站外流量会降低自己的转化率，从而影响搜索排名。其实无须担心。因为淘宝的过滤功能非常强大，对于表现不正常的流量都会过滤掉。同样，也无须担心站外流量会降低搜索转化率，因为站外流量不是搜索流量，不会对搜索转化率产生影响。只要自己的搜索关键词流量转化率高，搜索排名就不会受影响。

另外，搜索转化率需要细分到每个关键词。商家的宝贝权重主要积累在关键词上，而不是宝贝上，所以在考核搜索排名时，搜索转化率也要具体到关键词。除了搜索转化率，其他数据指标也需要细分到每个关键词。如果某个关键词的各项数据都表现很好，会很容易拉动这个关键词的排名及包含这一关键词的其他相关关键词的排名。所以，在优化搜索排名时，对数据的考核一定要细分到核心关键词上。

4. UV 价值

"UV 价值=支付金额/访客数"，UV 价值可以平衡客单价和转化率。搜索转化率是影响搜索排名的核心因素之一，相对来说，客单价低的搜索转化率要比客单价高的搜索转化率高。如果单从搜索转化率这个角度看，客单价低的产品会比客单价高的产品搜索排名靠前，这肯定是不合理的。这时，UV 价值的重要性就体现出来了。客单价高的产品虽然搜索转化率低，但因为它的客单价高，它的 UV 价值也就高，这样也就弥补了因转化率低产生的那部分负面影响。

5. 标题优化

标题由关键词组成，而关键词又是连接买家和宝贝的桥梁。因此标题优化得好不好，关键词选择得对不对，也会影响搜索排名。

6. 竞争环境的选择

商家总是处于激烈的市场竞争中，能不能快速脱颖而出，就看商家是否能找准切入口，是否能选择最适合自己的竞争环境。

7. 新品

淘宝会对新品期 28 天内的宝贝加权，特别是前 14 天，加权的效果会非常明显。所以，一个宝贝最容易提升流量的时间段是新品发布后的 28 天内，尤其是前 14 天内。对于新品，商家一定要准备好了再上架，千万不要盲目上架却不及时操作，这样会白白浪费新品期的扶植权重。宝贝一旦上架，商家就要在新品期内趁热打铁，利用新品扶植权重迅速提升流量。

8. 实时权重

在 2018 年之前，搜索权重主要是指历史权重，是过去一段时间内宝贝积累的权重。在 2018 年之后，实时权重加入搜索权重中，而且占比越来越高。实时权重会立刻影响接下来的流量。在实时权重中，影响最大的是点击率、加购率和收藏率。

9. 退货率

退货率对搜索排名也会有影响，这一点往往容易被商家忽略。很多宝贝前期的搜索流量非常高，但只要退货率一上来，搜索流量马上就会下滑。因此，商家要保证自己宝贝的退货率低于行业平均值。

2.4.2 其他因素

1. 宝贝质量因素

这里的质量不是指材质，而是指主图、详情图做得如何，价格定得是否合理且有优势，商品的属性是否符合买家所需等。

有些商家不太重视主图和详情图的质量,这是错误的。图片会影响点击率,进而影响搜索排名,还会影响淘宝系统的抓取偏好。在淘宝上,同质化严重的宝贝,大部分排名都靠后。如果商家没有自己的图片,用的都是供应商的图片,多家共用,极易被系统判定为同质。这样,排名无法靠前,要获取好的搜索流量也会有难度。

2. 宝贝受买家喜爱度因素

宝贝受买家喜爱度主要通过点击率、加购率、收藏率、跳失率、停留时间、客单件(人均购买件数,包括不同款式)等因素来判断。要获取高搜索流量,这些数据一定要做到优秀,尤其是点击率、加购率、收藏率这几个指标。

3. 店铺置信度

店铺置信度主要从动态评分、退款纠纷率、投诉维权处罚、店铺违规、虚假交易、处罚、低价交易、假货、历史违规等因素来考评。如果店铺动态评分低,特别是还存在退款纠纷或者违规处罚,提升搜索流量会很难。

4. 服务能力

服务能力主要表现在售前、售后和物流这几个方面,具体如询单转化率、发货速度、售后处理速度、退款速度、服务态度、旺旺响应时间、旺旺在线时长等。这些指标的数据要优于行业平均值,否则也会影响搜索排名。

5. 综合运营能力

综合运营能力主要表现在付费推广能力、活动特别是大促活动的安排能力、视觉展现能力、老顾客回头率、关联销售能力、季节衔接能力、关键词布局、产品类目布局等方面。

在影响搜索排名的因素中,核心因素是基本点,其他因素为加分项。如果核心因素没做好,其他因素做得再好流量也难以提升;但如果想要获得比较大的搜索流量,仅把核心因素做好也是不够的,还要从其他加分项里面突破。

2.5 标题关键词选择

在做标题优化时,关键词的选择很重要。那么到底要如何选择关键词呢?

1. 人群是关键词的灵魂

宝贝标题的容量是有限的，最大容量为 60 个字符，图书等部分特殊类目可以超过这个容量但是也不是无限的，所以选择关键词要准确。

很多商家在选择关键词时会以数据为导向，通过查看关键词的搜索指数和在线商品数来判定某关键词是否可选。在他们看来，搜索指数越大、在线商品数越少的关键词带来的流量也越大。

其实在千人千面的搜索时代，选择关键词真正要看的并不是数据，而是宝贝对应的用户人群。人群是搜索关键词的灵魂，不同的关键词代表了不同人群的需求及搜索行为。商家选择某个关键词，要分析这个关键词是否满足目标人群的需求及搜索行为，如果能满足，就可以用；如果不能满足，数据再好也不应选用。

例如，如图 2-1 所示，搜索"小仙女连衣裙"的主要是 18～24 岁的人群，而搜索"时尚连衣裙"的主要是 40～49 岁的人群。如果宝贝是针对 18～24 岁人群的，那么关键词就不宜使用"时尚连衣裙"，千万不要以为时尚是年轻人追求的便在 18～24 岁的连衣裙标题中加入"时尚"这个关键词。

2. 关键词要能精准地传达宝贝的信息

系统会根据宝贝的标题和属性来判断它到底为哪一类人群所需求。因此，选择的标题关键词一定要能准确描述该宝贝，这样系统才能把宝贝展现到正确的人群面前。同样，如果宝贝标题的关键词与宝贝实际信息不符，买家就算通过搜索关键词找到该宝贝，一旦发现其与自己的购物需求不吻合，也不会点击和购买。

3. 根据实力和优势选择不同竞争环境中的关键词

选择关键词，除了要考虑以上两点，还要考虑宝贝所面临的竞争环境。要学会合理利用宝贝的优势，用田忌赛马的方法在竞争中取胜。当宝贝处于新品期时，商家应选择竞争度小的冷门词。如果宝贝已经被打造成爆款，具备了足够的权重和与其他商家竞争的实力，这个时候商家便可以选择热词。

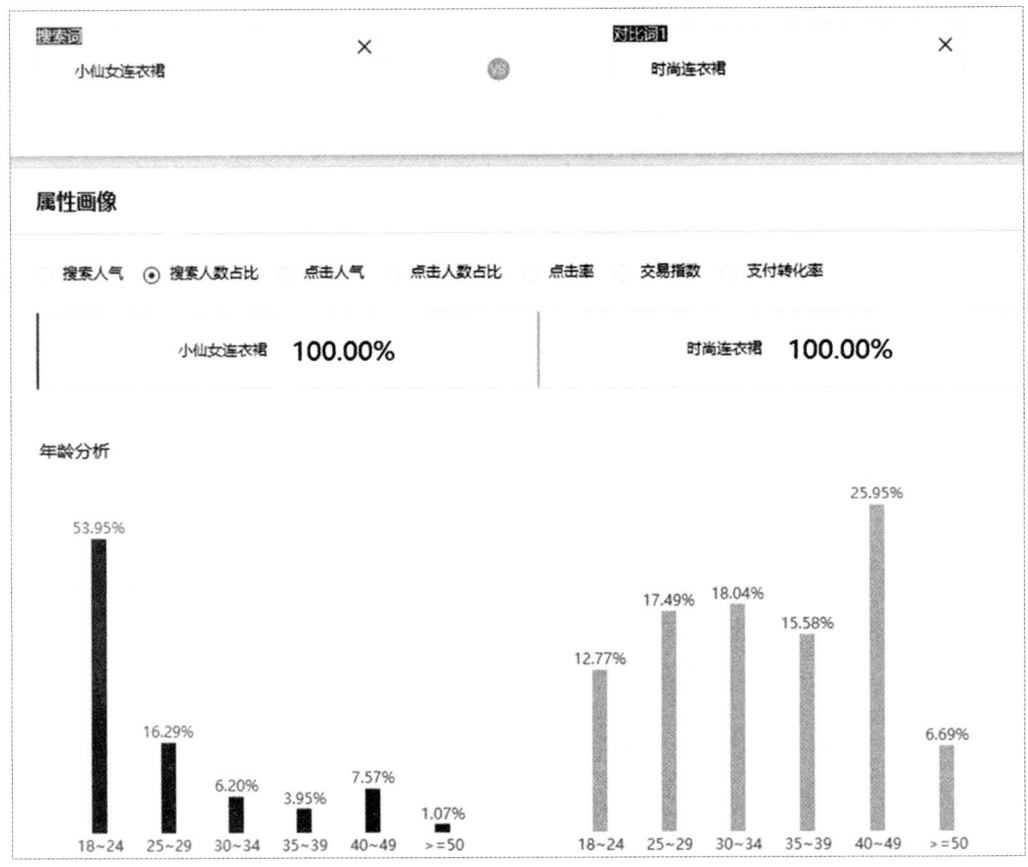

图 2-1

4. 警惕数据背后的陷阱

对于这一点,做大类目的中小商家尤其要注意。很多商家都会忽视环境因素,倾向于选择与自身实力不相符的热词。他们认为,冷门词竞争度小,搜索指数也就低,而搜索指数低就意味着用户没有需求,没有需求的关键词当然不能用。

其实这是一个认识误区。搜索指数并不是搜索人数或者搜索次数,它是经过系统指数化处理后得到的数据。搜索指数低不代表没有人搜索,只是相对来说,搜索次数占比较小。某些关键词因为搜索指数低而很少被选用,也就是说这些关键词的竞争度是很小的。如果有商家选择了这样的关键词,会更容易获得靠前的排名。这样反而比搜索指数高的热词更易获取流量。

这里特别提醒中小商家，一定要谨慎使用生意参谋的行业 Top 词榜，尤其是做大类目的中小商家要注意。如女装这种大类目，生意参谋行业热词榜展示的只是 Top 500 的关键词，这些关键词的搜索指数肯定非常大，但是竞争度会很大。如果选用这些词，中小商家会很难在竞争中脱颖而出。而很多关键词虽然不在 Top 500 内，但实际上也有搜索人次，并且竞争度非常小，这样的关键词反而更容易带来流量。

如何判断搜索指数很低或者为零的关键词，是否真正拥有搜索人次或者它的搜索量是多少？其实很简单，可以先将关键词加入标题中测试一段时间，看这个关键词是否能带来流量。也可以将其加入直通车测试，采用精准匹配的方式，直接抢下首屏位置，看是否有访客进来。如果有访客，说明这个关键词有人在搜索；如果一直没有人搜索，再删除也不迟。

5. 要有全局观

在优化标题时，很多商家缺乏全局观，仅考虑当前宝贝，只想着让这个宝贝的流量最大化，却没有顾及整个店铺的流量。他们给店里的宝贝选用关键词，永远都限于那么几个，从而造成自己和自己竞争的局面。

根据搜索公平性原则，同一个关键词下，淘宝会尽量避免同一个商家出现两次以上。也就是说，如果店铺中所有的宝贝选用的关键词相同或者相近，也只有两个宝贝能获得流量，其他的则无法展现。所以，商家在布局关键词时，一定要将搜索打散，即给宝贝尽量选择不同的关键词。

2.6 标题优化的四个步骤

2.6.1 挖掘关键词

挖掘关键词的方法有很多，以下是几种常用且效果比较好的方法。

1. 通过行业热词榜和搜索词查询、挖掘

如图 2-2 所示，进入"生意参谋—市场—搜索排行"，可以找到优化宝品所在类目买家搜索的行业热词，商家可以把这里面的所有关键词全复制下来。如果觉得不够用，还可以点击关键词后面的"搜索分析"进入到跳转页面，页面会根据这个关键词推荐很多相关的关键词，商家

也可以把这些相关搜索词和关联修饰词都复制下来。一般情况下，在行业热词榜和搜索词查询里可以挖掘出 95%以上所需的关键词。

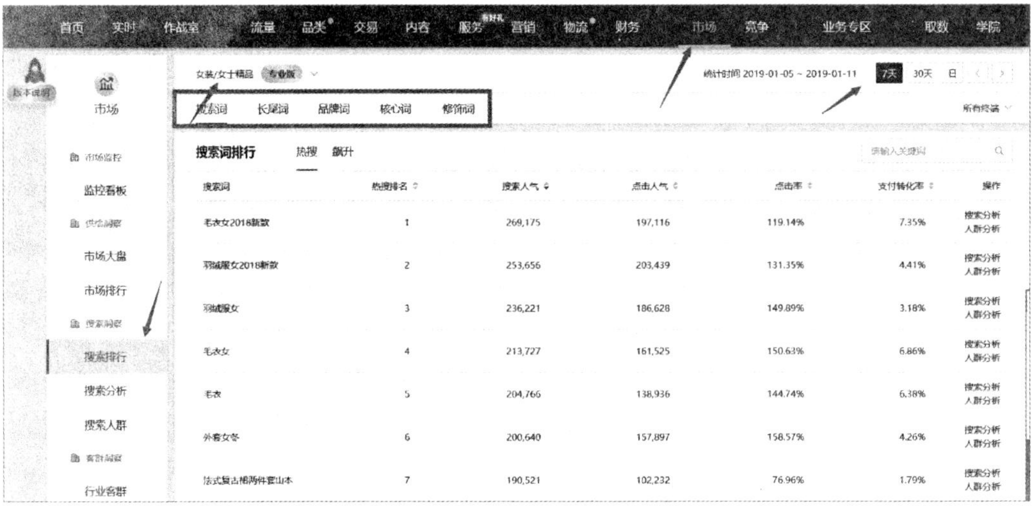

图 2-2

2. 在竞争商品引流、成交关键词中挖掘

如图 2-3 所示，进入"生意参谋—竞争"，可以监控到竞争对手的引流关键词和成交关键词。商家可以用这些关键词来设置标题。

3. 通过"选词助手"挖掘

如图 2-4 所示，进入"生意参谋—流量—选词助手—行业相关搜索词"，在这里面也可以挖掘到很多关键词，这些关键词都可以直接下载。

4. 在搜索下拉框里的关键词中挖掘

如图 2-5 所示，在淘宝网搜索某个关键词，下拉框里会弹出一些相关的关键词。这些关键词都是买家经常输入的，搜索度比较高，商家可以用作宝贝关键词。而在淘宝 App 中，因为无线端买家很少会把每一个关键词都打出来，当打出几个字的时候，下拉框就会跳出一些推荐词，买家常常会点击这些词进去。所以，无线端下拉框的推荐词是非常符合买家行为习惯的，非常值得采用。

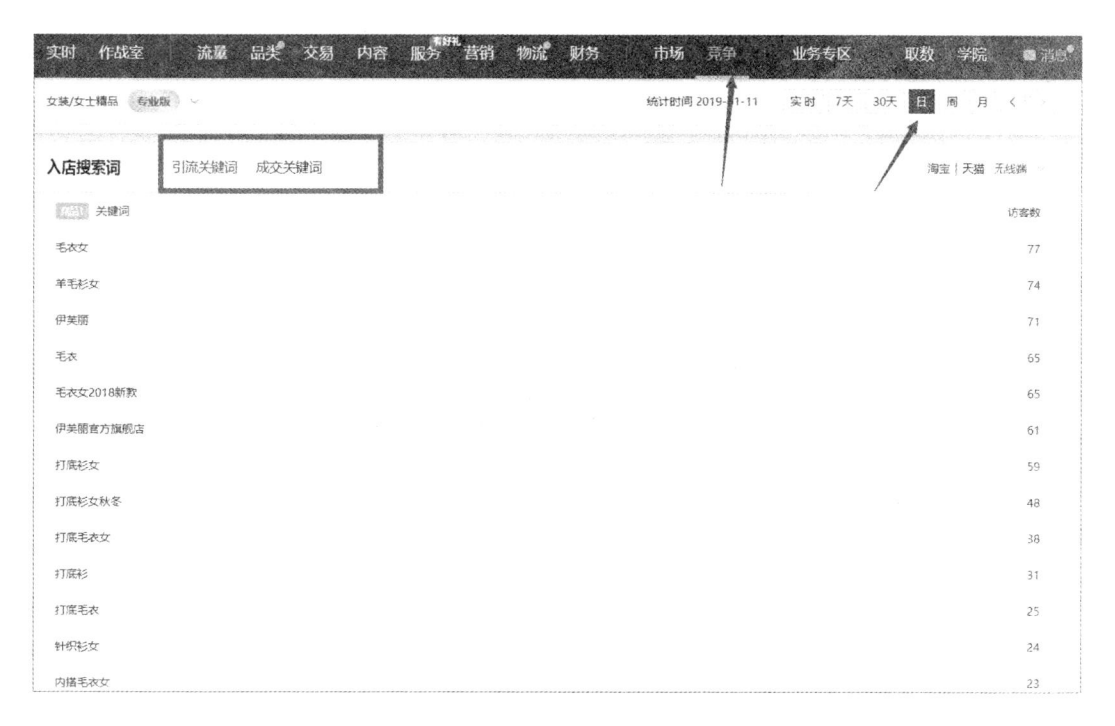

图 2-3

图 2-4

图 2-5

5．通过第三方工具挖掘

目前，市场上有很多淘宝工具箱。这些工具箱基本上都具备挖掘关键词的功能，商家可以根据自己的需求挖掘出大量的关键词。

2.6.2 筛选关键词

商家可以为第一步挖掘到的关键词建一个词库，供以后优化标题时使用。但是第一步中找到的关键词未必都适合自己的宝贝，所以需要进一步筛选。

商家要从这些关键词中选出两个核心关键词（标品如果关键词数量有限，选择一个就够了），这两个关键词的选择标准要比其他修饰词高，除了满足修饰词的要求，还需要满足下面三点要求。

（1）核心关键词必须聚焦在某一类人群身上。如图 2-6 所示，这两个关键词的聚焦人群就不同，所以这两个关键词不能作为核心关键词。

（2）核心关键词必须是热门的长尾关键词。它需要包含一级词、二级词，这样最后才更容易放大流量。

（3）能精准描述宝贝。也就是说，这个关键词要清晰呈现宝贝的样子，让人透过关键词就能知道宝贝的卖点是什么。

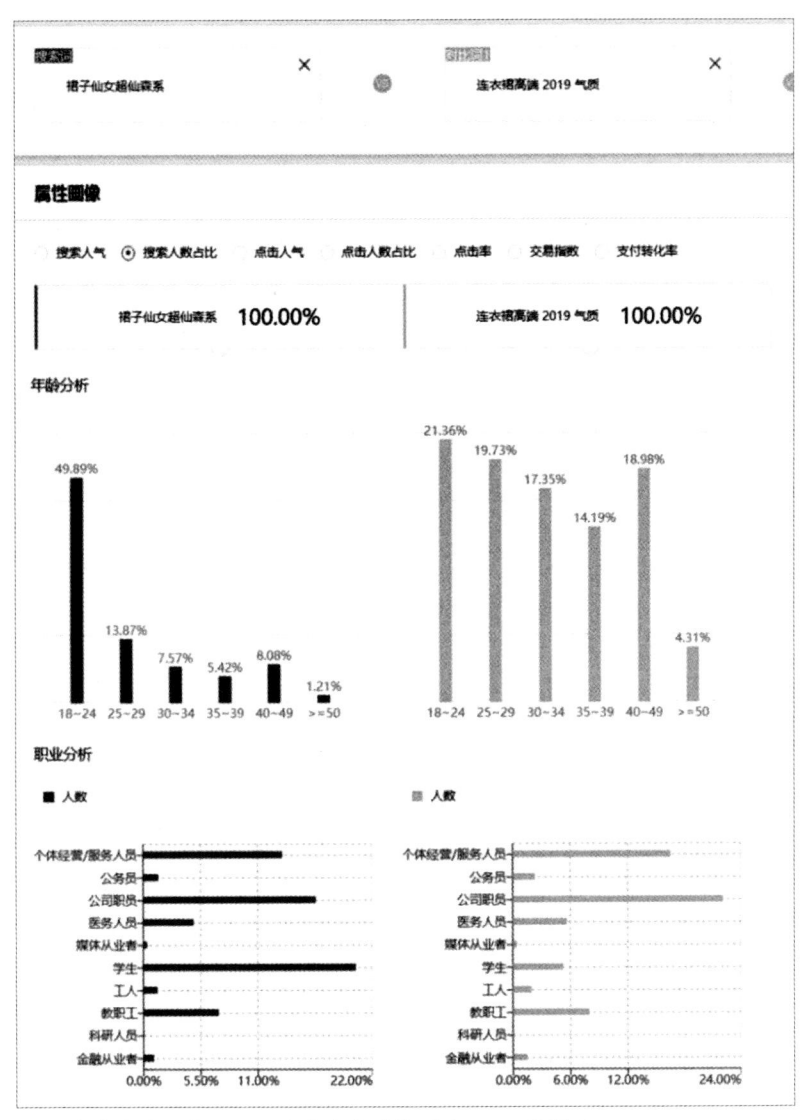

图 2-6

选好了核心关键词,还要继续选择修饰词。修饰词的选择要求包括以下几点。

(1)修饰词的最优类目一致,属性文本一致。这是搜索规则的要求,如果这个关键词的最优类目和宝贝类目不同,属性和文本等相关性也不强,是很难获得搜索流量的。

(2)能正确描述宝贝。核心关键词要求能精准描述宝贝,修饰词要求可以放低一点,但也要能正确描述宝贝。例如,某宝贝明明是修身款,那么"宽松"这个关键词就不应该使用,因为它不能正确描述宝贝。

(3)关键词对应的人群与宝贝实际购买人群要一致。核心关键词要求聚焦某一类人群,但修饰词只要其对应人群与宝贝实际购买人群一致就可以。有些宝贝可能的实际购买人群不止一类,如果修饰词也都聚焦于一类人群,最后流量和人群标签虽然做精准了,但也会因过于精准而窄化目标人群,从而不利于流量的放大。选取某个修饰词,要先去"生意参谋—市场—搜索人群"查看它的对应人群是否与宝贝实际购买人群一致。

如图2-7所示,"撕边牛仔裤女"和"毛边牛仔裤女"这两个关键词,大致都能正确描述同一个宝贝,但是它们对应的人群是很不一样的。搜索"撕边牛仔裤女"的主要是学生群体,而搜索"毛边牛仔裤女"的公司职员占比最多。所以,如果宝贝属于学院风或者用户人群主要是学生群体,那么就不宜选用"毛边牛仔裤女",而应选择"撕边牛仔裤女"。

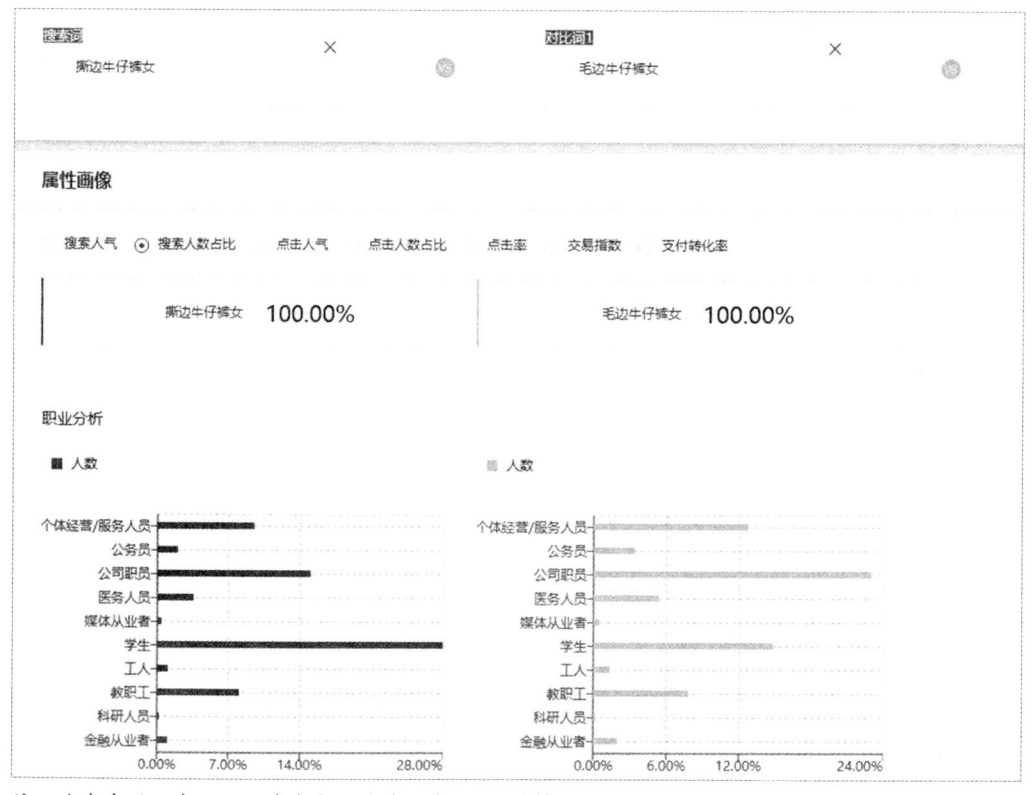

注:此表由于四舍五入,存在占比总计不为100%的情况。

图2-7

（4）要综合考虑关键词的搜索人气、转化率、点击率、竞争环境。一般来说，关键词搜索人气、转化率越高越好，竞争度越低越好。但实际中很难碰到这三个因素都达到最佳值的关键词，因此商家要学会平衡和取舍。例如，在新品期，可能首先要考虑转化率高、竞争度小的关键词，其次才去考虑搜索人气高的关键词；但如果权重已经比较高，就要优先考虑搜索人气高和转化率高的关键词，其次再考虑竞争环境，因为这时宝贝已经具备了强大的竞争力。

在分析关键词的数据时，一定要采用多维综合分析法，也就是要把多个维度结合在一起考虑和分析。因为“销量=展现量×点击率×转化率”，要想获得好的销量，必须这三方面的综合数据达到最佳，而不是某一个数据最佳。所以在分析关键词时，首先要给每一个关键词算出综合得分，然后看谁的综合得分最高。

那么，如何算出一个关键词的综合得分呢？这个时候可以采用极值标准化的处理方法给每一个指标算出得分，再把这些维度的分相加得出一个综合得分。

某个关键词的极值标准化得分=（这个关键词的数据-整列数据的最小值）/（整列数据的最大值-整列数据的最小值）

例如，如图 2-8 所示，“毛衣女”这个关键词的搜索人气极值标准化得分，可以用 Excel 函数公式“[B2-MIN（B：B）]/[MAX（B：B）-MIN（B：B）]”算出来。其中，B2 代表的是“毛衣女”的搜索人气值数据，MIN（B：B）代表的是搜索人气整列的最小值，MAX（B：B）代表的是搜索人气整列的最大值。

	A	B	C	D	E
1	搜索词	搜索人气	点击率	支付转化率	综合权重
2	毛衣女	323,357	112.64%	5.29%	2.014549566
3	毛衣	278,135	122.57%	5.29%	1.939556738
4	毛衣女宽松外穿	235,578	108.46%	4.98%	1.648319407
5	女士毛衣	204,648	80.52%	4.65%	1.28284736
6	毛衣女2019新款	143,450	112.18%	6.23%	1.48331658
7	毛衣女秋冬外穿	138,564	108.49%	5.46%	1.361491363
8	森系毛衣女 文艺	120,131	66.83%	2.38%	0.659589852
9	高领毛衣女	117,704	114.70%	7.99%	1.586718588
10	毛衣套头 慵懒风	111,354	108.57%	5.11%	1.23438984
11	宽松毛线衣女 慵懒风	93,461	98.81%	3.63%	0.949315239
12	毛衣女秋冬学生	87,457	99.36%	4.69%	1.036433369
13	长款毛衣女	83,172	108.97%	5.00%	1.129933529
14	毛衣加厚女冬	82,476	109.95%	5.90%	1.223215127
15	2019新款毛衣女	82,132	93.09%	3.28%	0.829770039
16	套头毛衣女	81,856	112.66%	3.57%	1.015990789
17	毛衣女 宽松	79,355	116.02%	4.97%	1.171119007
18	毛衣女2019新款时	73,653	97.64%	4.44%	0.950596912
19	水貂绒毛衣女	73,083	104.02%	6.24%	1.175878598
20	毛衣2019新款女	72,851	90.98%	3.66%	0.817735395
21	中长款毛衣女	69,745	113.87%	6.74%	1.29310496
22	打底毛衣女2019	65,691	96.86%	9.30%	1.390547929
23	羊绒衫女	65,164	123.20%	8.81%	1.554852895
24	宽松慵懒毛衣女	63,711	115.67%	4.78%	1.095922685
25	毛衣女宽松韩版慵懒风	58,566	94.68%	4.16%	0.847352664
26	黑色毛衣	57,914	97.22%	6.92%	1.134739194
27	古着vintage毛	56,224	76.15%	1.53%	0.432497031
28	林珊珊	55,673	64.93%	0.54%	0.243004936
29	仙女毛衣	55,498	92.33%	2.70%	0.675412884

Sheet1

图 2-8

用同样的方法还可以算出点击率得分和转化率得分，把搜索人气得分、点击率得分、转化率得分三者相加，就得到了综合得分。

2.6.3 组合标题

现在是千人千面的搜索时代，系统对于标题组合不再像以前那么严格。一般来说，只要符合主谓宾语法规则，读起来通顺，不让系统和买家产生歧义即可。新手如果不懂如何写标题，可以参考这个公式：标题=营销关键词+修饰类关键词+热门核心关键词+修饰类关键词+冷门核心关键词+修饰类关键词。

虽然组合标题比较简单，但是有很多细节需要注意，如果细节没做好，可能会直接影响到搜索流量。

1. 要遵循淘宝分词原理，掌握可拆分和不可拆分关键词

分词原理简单来讲就是淘宝系统将标题里的关键词拆分成单个的字或词组。具有特定含义和指向的词不能用空格分开，如"菊花"就不能拆分为"菊+空格+花"，否则搜索返回结果会不一样。

至于哪些关键词可拆分哪些关键词不可拆分，区别起来很简单。一般来说，广泛含义的词是可以拆分的，如"韩版毛衣"可以拆分成"韩版+空格+毛衣"。而宝贝名称词、属性词这类词是不可以拆分的，如"长袖毛衣"不能拆分成"长+空格+袖毛衣"。如果不太确定某个词能不能拆分，可以直接去淘宝搜索不拆分和拆分的两种结果，如果发现两种结果没有变化，展示的宝贝都差不多，那么就是可拆分的；但是如果两种结果区别很大，展示的宝贝绝大部分不一样，那么就是不可拆分的。

2. 不能堆砌关键词

堆砌关键词和重复关键词是两个不同的概念，商家要注意区别。

堆砌关键词是指在标题中堆砌过多不相干产品词和品牌词。例如，宝贝是连衣裙，标题里面却既有连衣裙又有裤子；鞋子是一种品牌，为了引其他品牌词的流量，在标题里添加另一种品牌。这些都属于关键词堆砌，是违规操作，会被降权处理。

重复关键词是指相同的关键词出现了多次。例如，某标题里面"连衣裙"这个关键词出现了两次，就属于重复关键词。重复关键词会浪费标题位置，但不会被降权。

当然，无论是关键词堆砌还是关键词重复，在优化标题时都应该避免。一定不要堆砌多个品牌、多个属性，以及其他不相关的关键词，也不要让同一关键词在一个标题中出现多次。

3．不能使用特殊符号和敏感词

特殊符号是指像❤️♠♀♂☮☢☣☠✔这样的符号，这类特殊符号不仅无法识别，而且还有可能影响淘宝能识别的其他关键词。

敏感词是指系统禁止使用的关键词。系统一旦识别到敏感词，会屏蔽这个宝贝，会把整个宝贝标题都过滤掉。如政治敏感词，还有一些假货经常用的"高仿""外贸"等词，都属于敏感词。对于很多功效词，如果宝贝没有相应的资质也不能使用。例如，宝贝是化妆品，如果产品属性中没有填写"美白特殊功效"，那么是不能使用"美白"这种功效词的。

4．尽量不要用空格

空格在标题里面的作用是强制拆分，所以在不会引起歧义的情况下，尽量不要使用空格。当然，如果确实有必要就可以使用空格来进行强制拆分。

5．注意关键词与主图、属性、详情页之间的关系

这一点也就是经常说的属性相关性和文本相关性。标题里的属性关键词必须和主图、属性、详情页吻合。如果标题写的是"长袖"，但属性填的是"短袖"，搜索流量就会受到影响。如果标题和属性都填写的是"长袖"，但主图和详情页展示的都是"短袖"，搜索流量也会受到影响。现在淘宝对图片有很强的识别能力，因此所选图片也要和关键词相关。

2.6.4 数据监控，根据数据反推宝贝关键词

在筛选关键词时，虽然已经根据相关经验和数据进行了分析，初步确定了最适合宝贝的关键词，但很多时候由于各种原因仍然会存在一些误判，如一开始分析认为不错的关键词可能实际根本不合适。所以，商家需要在积累一定数据后统计效果，做进一步优化。下面介绍怎么制作用于监控和统计报表效果的智能表格。

如图 2-9 所示，进入"生意参谋—流量（需要购买生意参谋流量纵横才可以使用）—商品来源"，根据要求选择想要分析的商品，然后单击"商品来源"。

图 2-9

如图 2-10 所示，在弹出的页面选择"手淘搜索"中的"详情"。

图 2-10

如图 2-11 所示，下载数据并将其复制粘贴到智能表格里。下载数据时日期要选择以"日"为单位，从想要分析的第一天开始下载数据，一直下载到结束日期为止。

图 2-11

如图 2-12 所示，把下载下来的数据逐日打开，如果用的是 Excel 可能会提示"启用编辑"，但如果用的是 WPS，可能不会提示。如果提示了，不要去单击"启用编辑"，直接把下面的关键词数据复制即可，否则数据都会变成文本格式，那样就需要转化为数字格式才能使用。WPS 版本如果直接进入了文本格式，需要先把文本格式的数据转化为数字格式。转化的方法有很多，例如，新建一个 txt 文本文档，然后把表格里面的数据复制粘贴到 txt 文本里，再在 txt 文档里重新复制一遍，这样就可以把文本格式转化成数字格式了。

如图 2-13 所示，把所有的数据都复制粘贴到表格的"数据源"中，然后在后面添加对应的日期。

粘贴完成后，如果数字所在的单元格左上角显示了绿色小三角，且数字出现在单元格左侧，如图 2-14 所示，说明粘贴的不是数字格式，而是文本格式。文本格式是无法统计的，需要重新转化格式。

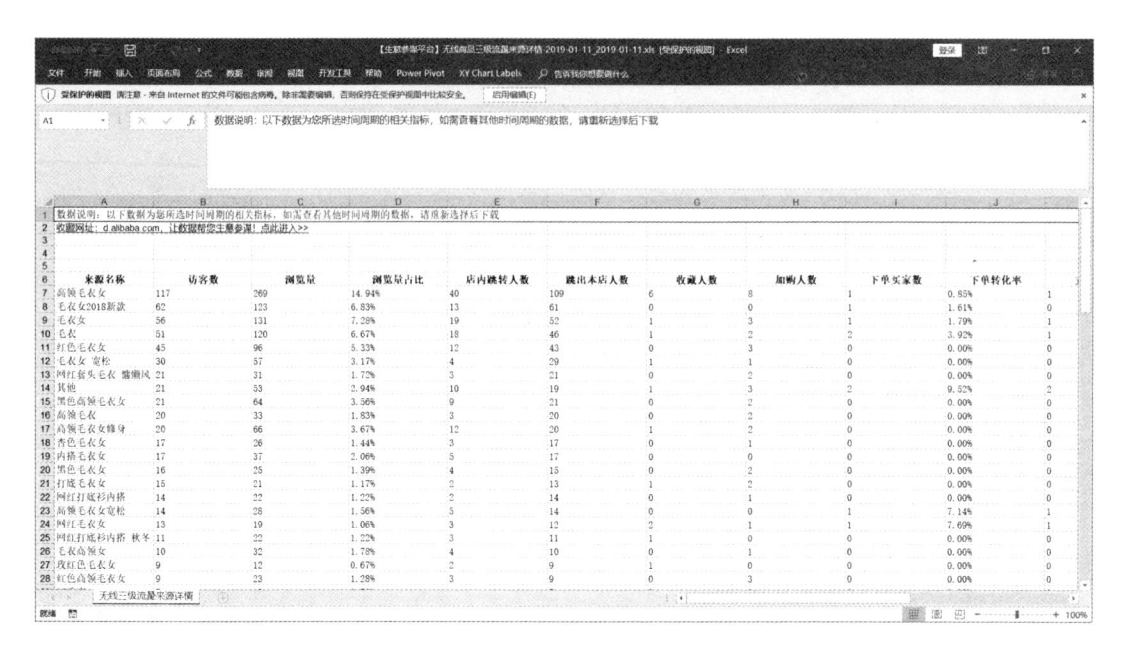

图 2-12

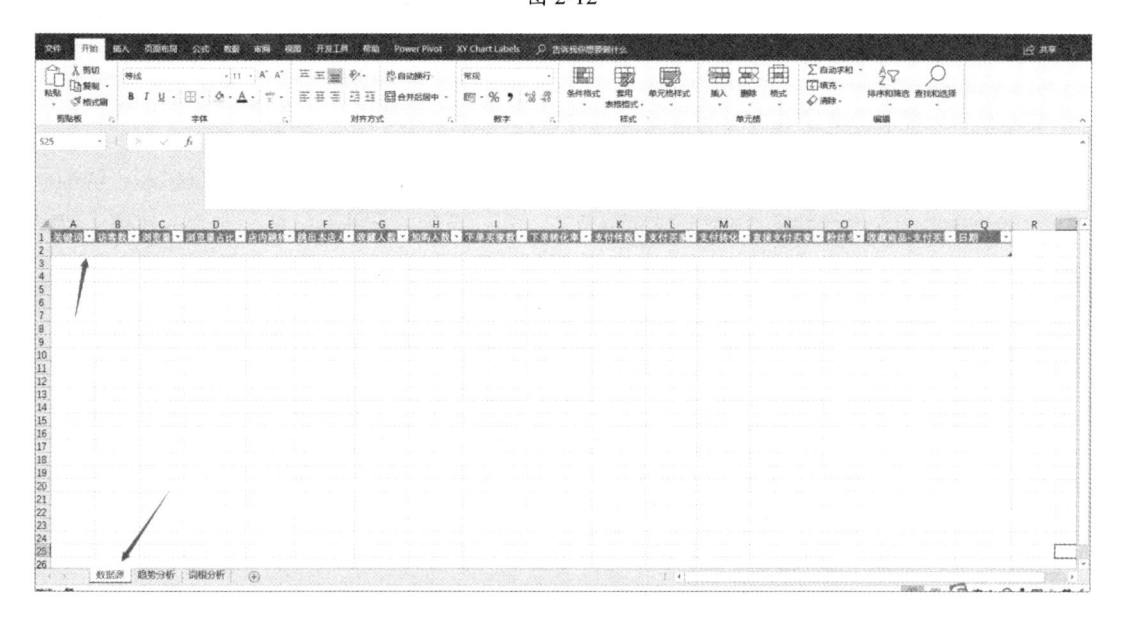

图 2-13

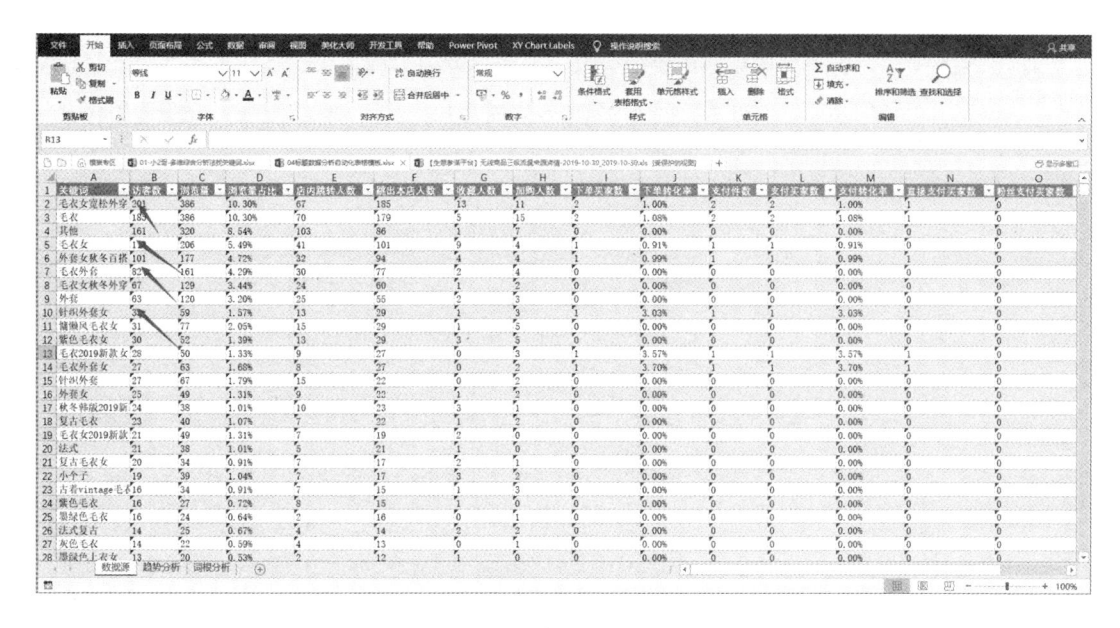

图 2-14

把每一天的数据都粘贴进去后，就可以进入"词根分析"表分析每一个词根的有效度了。在分析之前，需要单击"全部刷新"，否则，广度和深度这两个指标的数据无法准确显示，如图 2-15 所示。

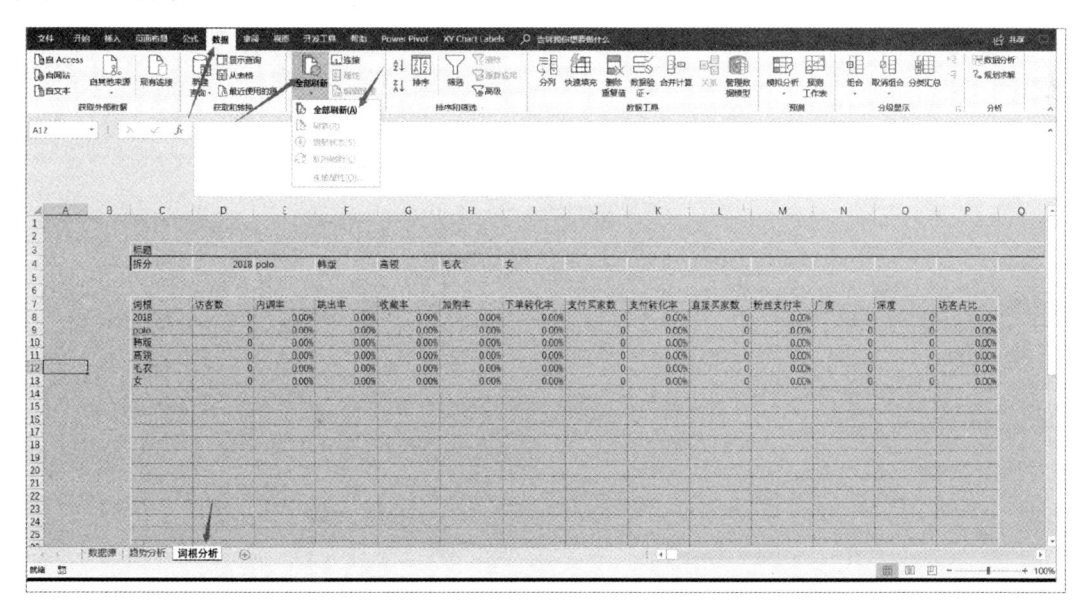

图 2-15

如图 2-16 所示,刷新完成后,需要把宝贝的整个标题拆分成单个的字或最小词组。具备特定含义和特指的词不能拆开,如"长袖",不能拆分成"长"和"袖",否则会改变词的含义。拆分完成后,表格下面的数据会自动展示出来。(注:表格使用方法可以参考本书配套的视频教程。)

图 2-16

接下来利用表格展开数据分析。例如,分析哪些词根存在问题,这样的词根要替换;哪些词根属于核心词根,要往这个方向寻找更多相关的关键词。在做分析前,要有明确的分析思路和流程,否则,不仅无从下手,还容易分析失误。

1. 有效度分析

(1) 对有效词根进行分析。如图 2-17 所示,判断一个词根是否有效,要看这个词根有没有带来访客数(流量)。如果关键词没有带来访客数,说明这个词根至少目前为止属于无效词根。

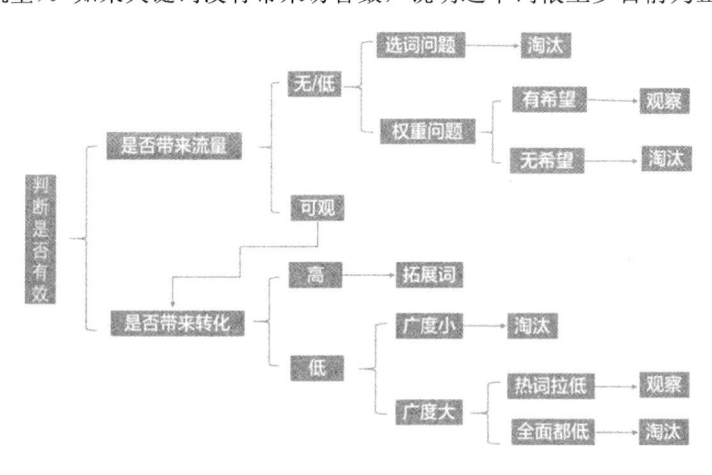

图 2-17

词根无效一般由以下两种原因造成。

第一是选词存在问题。要么因与宝贝不符以致展现力很差，要么本身没有人搜索。如果选择的关键词最优类目不是宝贝的类目，肯定会因搜索排序的关系难以获得好的展现。这样的词必须马上替换掉，因为类目相关性是做好搜索流量的重要因素。而如果这个词最优类目和相关性与宝贝都很符合，则需要进一步分析该关键词的搜索人气才能判断到底是替换还是暂时保留。

可以先去生意参谋查看这个关键词的搜索指数。如果搜索指数很低，那么不能带来大的展现量是正常的。对于这种词，如果宝贝已经积累了一定的销量，可以直接替换掉。因为搜索人气差的关键词是很难有大的销量的，而此时宝贝已经积累了一定的销量，无须依赖这样的关键词。但是，如果处于新品期，宝贝销量还非常低，每天很难成交一单，而这种关键词转化率较好，偶尔也可以带来成交量，这个时候就需要暂时保留这个关键词。但是只要销量提高起来，这样的关键词就要马上换掉。

第二是词根权重问题。选词不好会导致词根带来的流量比较少，而词根权重问题则是词根带不来流量的原因。有时候，选词不存在问题，既符合宝贝的最优类目、最优属性等，同时搜索指数又比较高。但若关键词权重很低，展现时排名非常靠后，这样也很难带来比较大的流量。对于这样的关键词，首先要判断接下来是否有能力提升权重，竞争到这一块的流量。如果能，可以保留观察；如果没有把握，就换新的关键词。

例如，某个词根之所以目前流量比较少，是因为宝贝销量低，而这个关键词的整体数据还是可以的。虽然暂时没能抢到流量，但是商家正在利用直通车推广，而且有把握马上就能把权重拉起来，那么可以保留这个关键词继续观察。

（2）还要对已经带来大量访客、转化率高的有效词根做进一步分析。分析这些词根为什么表现这么好，然后据此去寻找更多符合要求的类似关键词。

访客量大，转换率高的情况。

在访客量大的前提下，如果转化率高，这样的关键词肯定能做宝贝标题的核心词。一般能够精准描述宝贝卖点的关键词的转化率会比较高。所以商家可以据此进一步寻找类似的能精准描述宝贝卖点的关键词。如果搜索这个关键词的人群正好属于宝贝的需求人群，那么这样的关键词转化率相对来说也会比较高。因此，商家还可以根据关键词背后的人群去反推宝贝的需求人群，然后根据需求人群选择更多相似人群的关键词。

在分析人群时，可以进入"生意参谋—搜索洞察—搜索人群"，如图 2-18 所示，在"属性画像"中了解某个关键词的人群画像，包括搜索人群的年龄、性别、职业、地域分布、品牌偏好、消费水平偏好等。如果某个关键词带来了大量的流量，而且转化率也很高，说明这个关键词背后的人群和宝贝需求人群高度吻合。通过分析这些表现好的关键词的人群，可以反推真正喜欢搜索和购买宝贝的人群。在添加新的关键词时，据此来选择，肯定事半功倍。

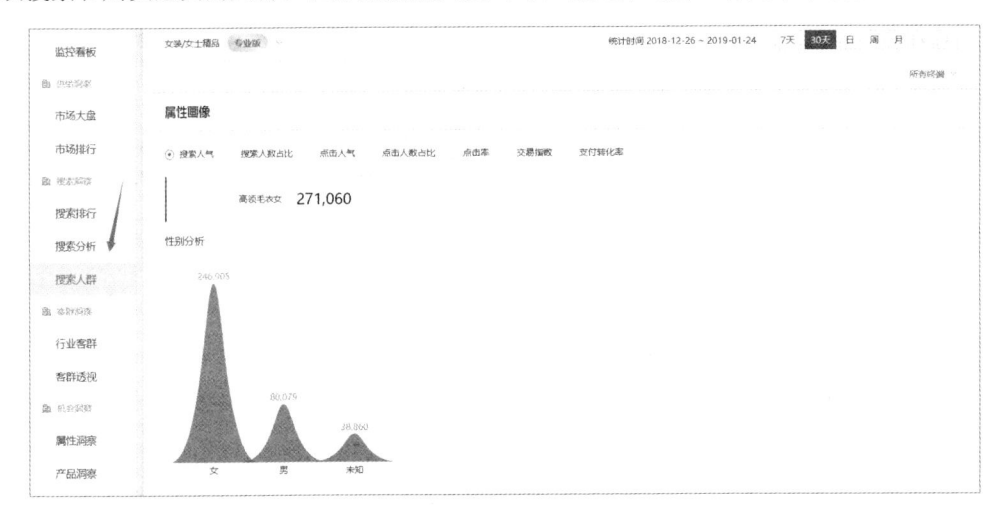

图 2-18

访客量大，转化率低的情况。

如果这个关键词带来的访客量很大，但是转化率比较低怎么办呢？面对这种情况，先要进行关键词的广度分析。广度小，说明这个关键词不精准，可以替换。广度大，说明这个词根匹配了很多相关的关键词，需要先把所有包含该词根的关键词都拿出来分析，看看是不是因为某个关键词拖了整体的后腿。如果只是某个关键词拖了后腿，其他包含该词根的关键词转化率都还可以，这样的关键词要保留。

以上一系列的指标数据分析，可以帮助商家清楚地了解每一个词根的效果：是否带来了流量，是否带来了转化率，UV 价值高不高，广度如何，深度如何等。有了这些分析，商家就可以确定哪些关键词需要更改和替换，哪些关键词不能修改，而不再是盲目地更改和替换了。

2．趋势分析

只分析关键词的有效度远远不够。表格统计的是标题的全部数据，有可能会出现这样一种情况:某个关键词尽管已经没有流量了,但因为某几天时间表现特别好或者过去一段时间表现好所以现在看来数据仍很不错。如果只看有效度,这种关键词是不能删除的,但实际上这种词根肯定不值得继续保留。因此,商家有必要再进行一轮关键词的趋势分析。

趋势分析除了能辅助商家更精准地分析关键词的有效度,还可以帮助商家分析关键词是否存在下滑的趋势,及时寻找下滑的原因并优化补救。

所以在智能表格中可以再增加一个专门分析关键词趋势的图表,如图 2-19 所示,只需选择要分析的起始日期,以及关键词和想查看的指标,这个图表就会自动把相关数据都呈现出来。

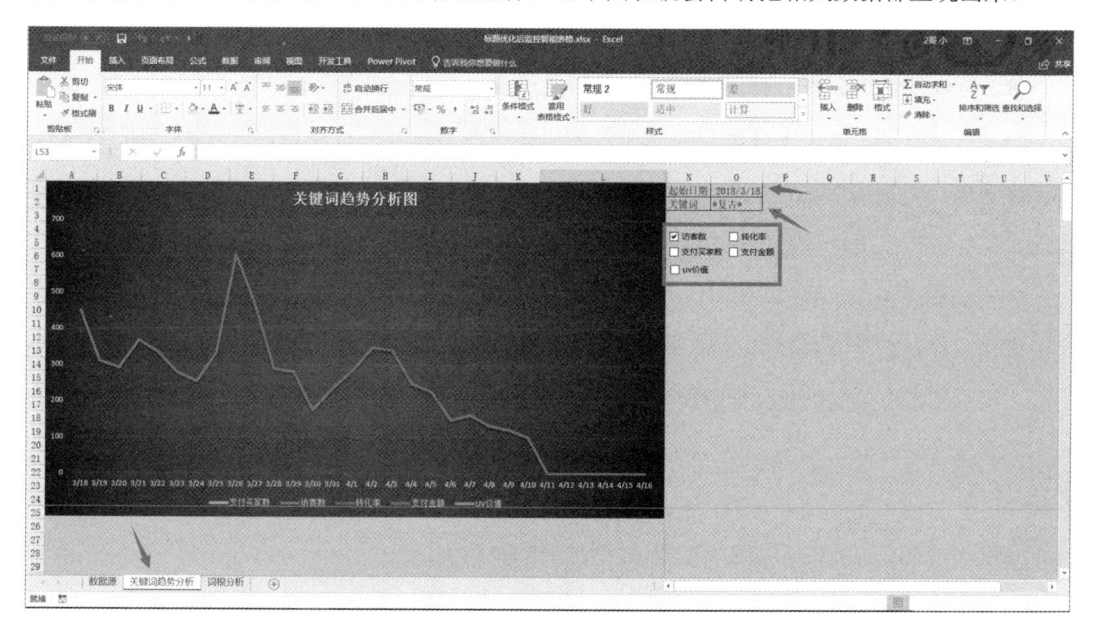

图 2-19

填写关键词有两种方法,一种是带*的,另外一种是不带*的。这两种方式分别代表不同的统计规则,带*是指统计的数据只要包含了这个关键词都要进行汇总,而不带*只能汇总这个关键词的数据。如果只想分析某个关键词的趋势数据,那么就不需要带*;但如果想分析的是包含这个关键词词根的所有相关关键词的趋势数据,那么就需要带上*。

关键词的趋势分析主要针对商品的核心关键词和每天流量比较大的关键词。这两类关键词如果出现问题,就会很容易导致整个商品出现问题。

在图 2-19 中,可以清楚看到关键词每一个指标的时间趋势变化情况。如果发现关键词流量连续 3 天以上下滑，一定要去分析原因。例如，在图 2-19 中，包含"复古"这个词根的关键词流量从 4 月 2 日开始一直下滑，一般来说，如果到了 4 月 5 日那天还在下滑，商家就要马上分析是什么原因造成的，接下来会如何发展，应该如何补救。

分析原因主要从两个方面着手。一方面是大盘问题。如果关键词流量下滑的时候整个大盘也下滑，这种情况属于正常下滑。不能随意去做优化，只需要继续观察情况即可。另一方面是自身问题。如果流量下滑与大盘无关，虽然关键词流量下滑了，但是整个大盘反而是上涨的，这说明是因为自身的问题导致流量下滑的。面对这种情况，要及时分析影响搜索流量的因素，看看是哪些因素出现了问题，然后及时进行补救优化。

对于标题的优化调整，有以下几点需要特别注意。

（1）当宝贝处于流量上涨期时不要做标题优化。因为每一次优化标题，都有可能导致短暂的流量下滑。而且当宝贝正处于流量上涨期时，突然的下滑可能会导致流量无法继续上涨。因此，只要宝贝流量处于上升的趋势，千万不要急着去优化。

（2）不能频繁地优化。很多商家喜欢频繁地做标题优化，优化一次后，发现流量没有上涨，又去优化。这种做法是错误的，因为每一次关键词优化后，都需要一定时间积累权重，流量才上涨。过于频繁地做优化，会导致新的关键词一直无法积累权重，从而影响宝贝的流量。

（3）每次优化时，删除和修改的字数不能太多。建议每次做微调，而不是整个标题全部进行优化。宝贝的权重主要集中在关键词上，如果把所有的关键词都换一遍就相当于宝贝之前的权重几乎变成零。而重新积累权重，对流量的影响是很大的。

（4）不能长期不做优化。有些类目一年四季变化不明显，很多商家觉得这样的类目不需要做优化。其实，任何一个类目，总需要出现一些新的关键词。可能某段时间这个关键词好，但过了这段时间另外的关键词会更好。因此，商家要及时关注行业关键词的变化，及时把热度高的或者接下来发展更好的关键词加进去，把表现差的关键词替换下来。

2.7 搜索布局的方法和策略

有些淘宝店铺虽然有很多产品，但只有那么一两款能带来流量和销量。这样的店铺其实存在很大的风险，因为只要爆款稍微出现点儿问题，整个店铺就会被波及，甚至出现严重的危机。

那么，如何才能确保店铺不会因为爆款销量的下滑而遭到毁灭性打击呢？可以通过搜索布局来避免。

1. 关键词布局

淘宝的搜索打散原则规定：搜索同一个关键词，在同一个搜索结果页面一般只会展示同一个店铺的两种产品。

这是为了防止大店铺垄断，让商家公平竞争，尤其是给中小商家展现的机会，从而保证消费者有大量的产品能够选择。

但商家如果自己不同的宝贝同时用相同或相似的关键词，就会导致自己和自己竞争。这也是有的商家把一个新款做起来了，但之前的爆款销量会下滑的原因。

因此，在做搜索优化时，一定要考虑关键词的布局，要尽可能做到不过多地重复使用同一个关键词，特别是同一个核心关键词不能出现在两个以上的宝贝标题中。

要针对不同的宝贝采用不同策略的关键词。例如，店铺的大爆款要尽可能选择搜索指数比较大、搜索人次比较多的关键词。因为对于爆款来说，权重积累已经足够，要想获得比较大的流量就要去争取热词。而对于次爆款或者小爆款来说，要尽量选择高转化率的卖点词。因为这一阶段的宝贝主要是积累权重，高转化率对于搜索权重的提升有帮助，而且卖点词相对来说竞争也比较小，更容易获取流量和销量。对于高利润款来说，要尽量选择竞争比较小、竞争对手经常忽略的关键词。这类关键词更容易获取流量，且不会有太多的竞争，有利于转化成利润。

很多商家选来选去，最后发现有效的关键词就那么几个，很难做到每个宝贝选用不同的关键词。这就需要拓宽思维，寻找好角度。例如，对于某个宝贝，可以从材质的角度去找，也可以从风格的角度去找，还可以从人群的角度去找。

2. 产品的主图、属性差异化

关键词要打散，图片也要打散。为了让消费者拥有更多的选择，同一主图的宝贝系统也不会同时展现太多。因此，在选择主图时，要注意差异化，不能选择同质化严重的主图，特别是对于在档口拿货的商家来说，这一点尤其重要。很多商家从档口拿货，用的是厂家提供的图片和主图，自己未做任何修改，这样势必会影响到搜索流量。

除主图外，属性的填写也要做到差异化。现在的搜索也抓取属性，而且会根据填写的属性来判断宝贝为哪类人群所需求。如果商家把所有宝贝的属性都填写成一样，这时系统可能只会推荐其中的一个宝贝。因此，在保证属性准确的前提下，属性填写也要注意差异化。

3. 品类布局

如果同一个类目的宝贝太多就很难做到完全不重复使用关键词。面对这种情况，商家可以换一种思路——做多品类的产品，即不把产品局限在一个品类上。这样关键词的选择面会拓宽，从而避免重复使用。例如，做女装，可以同时做T恤、牛仔裤、连衣裙等品类。这里需要注意的是，一类做起来后再去拓展另一类，不用同时做所有的品类，因为每个人的精力有限，同时做有可能都做不好。

4. 流量渠道布局

很多人认为流量就只有综合搜索流量。其实，淘宝的流量渠道有很多。拿搜索流量来说，就有很多的流量入口，如综合搜索入口、人气搜索入口、销量搜索入口、店铺搜索入口、天猫搜索入口、淘攻略搜索入口、挑尖货搜索入口等。除了搜索流量，还有其他的流量入口，如手淘首页、有好货、活动入口、微淘、直播、每日好店等。

因此，在做搜索优化时，要尽可能拓展每一个有可能带来流量的渠道，尽量去把每一个渠道的流量都做到最大化。

2.8 常见搜索排名问题与解答

（1）优化标题会不会导致流量下滑？

答：有可能。宝贝权重大部分都积累在关键词上。如果删除一个关键词，那么这个关键词的权重也会丢失，而新加入的关键词是没有权重的。所以每一次优化标题都有可能造成宝贝权重降低。如果删除的是没有权重的关键词，则不会有影响。

如果标题本身有问题，或者有把握优化后的标题会比之前的标题好，就可以放心修改。此时不用考虑流量下滑的问题，因为就算有短暂的下滑如果标题优化得当也很快就能恢复。不过需要注意的是，优化标题前一定要做数据分析，先只替换那些本身没有权重或权重很低的关键词，且每一次替换的关键词不能太多。

（2）标题是不是晚上 12 点以后进行优化会更好？

答：不是。有些商家认为，淘宝在晚上 12 点开始更新系统，这时修改标题风险最小。照此推论，此时是不是违规也不会被处罚，销量也不会积累权重了呢？实际上并不是，该处罚的照样处罚，该积累权重的正常积累。因为系统虽然在更新，但并未停止功能运作。优化标题会对商品的搜索排名产生影响，至于什么时候影响最小，要看实时数据。

（3）一个 IP 挂两个店铺的旺旺会影响搜索吗？

答：看情况。淘宝的搜索排名考核的是店铺的综合实力。如果两个店铺都有相同类目、相同产品、相同图片，重复铺货的话，那肯定会有影响。这和 IP 没有多大关系。淘宝抓取重复开店和铺货并不只看 IP 这个单一维度，而是根据很多维度来判断，如发货地址等，所以只解决 IP 这个问题也很难规避淘宝稽查重复铺货。

（4）主营类目占比会不会影响搜索流量？

答：不会。早些年，主营类目的占比是会影响搜索流量的。那时候信誉对搜索权重有影响，信誉高的往往搜索权重高，信誉低的则搜索权重低。为了避免商家通过虚拟产品等快速提高信誉获取搜索流量，淘宝规定主营类目占比低的会影响搜索流量。现在，信誉和搜索流量已没有关系，所以主营类目占比对商品的综合搜索排名没有太大影响。

（5）为什么手淘 App 上按价格或销量展现不了宝贝？

答：无线端无论是销量排序还是价格排序搜索，都引入了千人千面的个性化因素。系统会根据买家的个性需求去匹配适合该买家的商品，然后个性化推荐展示。并不是全部的商品都能被展示出来，淘宝会屏蔽掉有些类目中的一些低价商品，即如果宝贝价格低于淘宝展现的最低价，就不会给予展现。

（6）买家拍下的价格改成低价影响搜索吗？

答：适当地修改成买家要求的优惠价格可以。但不能大幅度修改商品价格，也不能频繁给买家改价。例如，一百多元的价格修改成 1 元肯定有影响，或者每一个买家都改价优惠 10 元也会有影响。

（7）提高保证金对搜索排名有帮助吗？

答：没有。保证金正常交就可以，交再多也不会让排名靠前。

（8）参加淘宝官方活动对搜索有帮助吗？

答：参加淘宝官方活动虽然不会直接对搜索产生影响，但是会间接产生影响。影响可能是积极的，也可能是消极的，关键看活动效果是否符合自然搜索排名规则。有些淘宝官方活动是不计入搜索权重的。

（9）参加直通车推广对商品综合搜索排名有帮助吗？

答：和参加淘宝官方活动一样，不会直接对搜索产生影响。不要相信开直通车是为了给淘宝交"保护费"、流量会更多之类的说法。但是开通直通车会间接影响搜索排名，而且影响比较大。因为直通车本身就属于搜索流量，且转化成交之后是有权重的，而这些销量权重可以提升综合排名。前提是能积累销量。如果开了直通车，没有积累销量也没用。

这里要特别强调的是，直通车只是带动搜索的加速器，且带动搜索的前提必须是本身自然搜索方面都很好。如果本身影响自然搜索的因素没有做好，开通多少直通车也没用。特别是2018年后，如果没有把影响实时权重的指标因素做好，那么直通车是带动不了搜索的。

（10）商品长期没销量会影响搜索吗？

答：商品长时间没有销量，如果没有编辑会影响搜索排名。若超过90天都没有销量且没有编辑，商品会成为滞销商品。一旦成为滞销商品将无法被搜索到。因此，一个月内都卖不动的商品要删除下架。

（11）标题优化每次改多少字合适？

答：能不改的尽量不改，能小改的尽量不要大修。但如果标题存在很大的问题，则需要直接改到好为止。

（12）店铺有违规扣分情况，是继续优化这个店铺好还是重新开一个店铺好呢？

答：违规扣分会影响搜索排名。如果是一般违规，影响比较小，可以继续经营，一般一个月之后搜索能恢复。但如果是严重违规，如售假之类的违规，影响非常大，有条件的情况下，重新开一个店更容易操作一些。

（13）类目选错了，重新更改类目会影响搜索排名吗？

答：肯定会影响。但既然选错了类目，不修改也不行。因为不是选择最佳类目不符合搜索规则。在没有评价和销量的情况下，更改类目不如直接删除重新发布。但如果已经有了很高的销量，可以更改，只是权重会重置，也差不多和重新发布一样，只是保留了销量和评价。这里要提醒商家注意的是，如果触犯最低类目价，商品的销量也不会保留，淘宝会自动清除。

（14）到底有没有隐形降权？

答：没有。只有降权和不降权，不存在隐形降权。所谓的隐形降权是淘宝工具箱的开发者打出的幌子，他们通过给商家灌输这一概念，让商家产生恐慌，促使商家每天都去用他们的软件诊断，从而从中获取利润。

（15）淘宝C店转成企业店会增加权重吗？

答：不会直接增加权重，但有可能增加买家的信任感。

第 3 章

"猜你喜欢"流量的获取

3.1 "猜你喜欢"的产品定位

根据 2018 年 9 月阿里巴巴投资者大会发布的监测数据，2018 年 8 月，手淘的推荐流量已经超过了搜索流量。

这一数据变化直观地反映了买家行为的改变及消费场景的改变，标志着越来越多的买家开始依赖"猜你喜欢"等推荐场景来找到自己喜欢的宝贝，也标志着"人找货"模式向"货找人"模式的转变。

2018 年 8 月，手淘首页进行了大改版。相比老版本，新版本除栏目变得更简洁和清爽外，最大的改变就在"猜你喜欢"这个板块。"猜你喜欢"除位置大大提前，一跃至首页第二屏外，更重要的改变在算法。经过这次改版，这个板块在"货找人"模式下越来越智能。

"猜你喜欢"这一系列的变化也意味着这部分的流量越来越受淘宝官方的重视。依目前的趋势来看，以"猜你喜欢"为代表的推荐流量将会成为接下来的主要流量渠道之一。能不能抓住平台的发展趋势，关系到店铺的生存和发展。正所谓"选择比努力重要，眼光比能力重要"。商家如果能很好地抓住这个发展趋势，去布局和做好"猜你喜欢"这个渠道的流量，就很有可能实现一次"弯道超车"。

要做好这个渠道的流量，首先要了解"猜你喜欢"这个板块到底是如何定位的。只有清楚了它的定位，才能知道接下来应该往哪个方向走。

"猜你喜欢"的定位：激发用户需求，帮助用户发现美好生活。

"激发"是"猜你喜欢"的核心。为什么这么说呢？

在过去，占比比较大也最受商家关注的流量主要是搜索流量。搜索流量属于"人找货"模式。买家要找到宝贝首先必须有明确的需求，必须清楚自己想买什么，还必须清楚搜索什么样的关键词才可以找到宝贝。

这样的模式只能为那些已知而且明确需求的消费者提供服务，而很难为那些不明确需求的消费者提供满意的服务，更做不到激发新需求。但事实上，有很大一部分消费者具备一定的购买力，只是不清楚自己的需求是什么。如果主动把商品推荐到这部分消费者面前，可能就会产生购买欲。这类人群的购物潜力是巨大的。针对这一点，逛过商场的人都深有体会。起初的目标可能是买一条连衣裙，可走出商场时，却拎着大包小包，买了各种各样的东西。这些多出的东西一开始并没有明确被需求，但因为商场把这些东西都呈现出来或者导购员推荐，购买需求被激发就购买了。

获取新用户越来越难，这是淘宝目前面临的一大压力。如果要进一步提高平台的交易额，仅靠获取新用户已很难做到，必须激发已有用户的需求，吸引他们购买更多的商品。因此，淘宝急需一个板块来解决这一问题。这个板块就是信息流推荐板块，最典型的代表就是"猜你喜欢"。

"猜你喜欢"是根据买家浏览、购买习惯，由系统自动匹配相关度较高的宝贝。简单来说，就是系统通过大数据去推算买家的潜在需求，然后把匹配这一需求的产品自动推荐到买家面前。这样，当买家看到这些产品时，潜在需求就能被激发从而产生购买行为。

"猜你喜欢"像商店里的货架和导购员。其中，单品推荐就像货架，它把商品展现出来，当买家看到时就有可能被激发需求；内容推荐则像导购员，买家看到这个东西未必会产生兴趣，但若有人讲这东西怎么好、特别适合在某个场景下使用，买家可能就会产生需求。

但"猜你喜欢"是远胜过货架和导购员的。它利用了大数据和人工智能的技术，能清楚推算出买家喜欢或需要什么样的产品，推算出买家喜欢什么风格、什么价位的产品。所以，它最终展现的正好是买家喜欢的东西，这样需求也就被激发出来了。

了解了"猜你喜欢"的定位，商家要做的就是根据定位去高效"种草"，去激发用户的需求。在运营过程中，所有的操作都是围绕激发需求而展开的。

"猜你喜欢"渠道和搜索渠道有本质的区别。搜索是为了帮助买家快速找到满意的产品，是以成交为目的的，因此在做搜索流量时要以成交为导向。这也是在搜索权重中转化率权重特别高的原因。如果转化率低，搜索流量会很难做起来。而"猜你喜欢"是以激发需求为目的的，在做"猜你喜欢"的流量时，要以高效"种草"为导向。这也是在"猜你喜欢"权重中点击率、加购率和收藏率这些权重特别高的原因，这些指标更能体现"种草"的效果。

综上所述，搜索和推荐属于两种完全不同的场景。一个是"人找货"模式，一个是"货找人"模式；一个是主动找，一个是被动接受。在这两种不同的场景下，买家的行为习惯存在很大的差异。如果商家照搬过去做搜索的方式去做推荐，就会很难把这一渠道的流量做好。从PC端向无线端转变时，很多商家就犯过这样的错误，他们把PC端的模式直接搬到无线端上，结果纷纷遭遇失败。所以，商家一定要学会站在新的场景下去思考。思考在这个场景下买家最关注的是什么，怎么做才能赢得他们的认可。

3.2 "猜你喜欢"流量的推荐逻辑

前面提到，2018 年 8 月，"猜你喜欢"进行了较大的改版，下面来看看这次改版主要改了哪些内容。

第一个比较大的变化是"猜你喜欢"位置的变化，直接由原来非常靠后的位置变到了第二屏的位置。如图 3-1 所示，改版前"猜你喜欢"的位置非常靠后，第一屏之后还有很多的栏目和板块排在"猜你喜欢"前；改版后这些栏目都以频道的形式归并到"猜你喜欢"中去了，"猜你喜欢"直接跳到了第二屏，可见"猜你喜欢"的重要性。

图 3-1

第二个比较大的变化是老版中点击某宝贝看完之后不喜欢这个宝贝，退出时页面不会发生任何变化，但新版的不一样。如果浏览了某宝贝不喜欢或者没有加购，退出的同时系统会马上推荐"你是不是在找"，如图 3-2 所示，一般会有 4 个页面。

图 3-2

仔细观察这 4 个页面上的宝贝会发现，90%的宝贝是搜索这个关键词时搜索结果页显示的宝贝。如图 3-2 所示，这里的"油炸鱼块"页面，点击进去看到的宝贝基本上是在搜索框搜索"油炸鱼块"这个关键词时展现的宝贝。可见，排名会有变化，但宝贝基本没有什么变化。

第三个比较大的变化是算法的变化，这也是最核心的变化。这次改版推荐机制和算法做了全方位的创新，由原来的"消费行为"这个单一的判断维度推荐变成了整个消费场景下的推荐。

改版前，"猜你喜欢"的推荐逻辑是买家看什么就推荐什么。"猜你喜欢"展现的很多宝贝都是买家点击、加购和收藏甚至购买过的宝贝，所以很多宝贝其实是重复展现。但改版后就不一样了。首先，最近点击、加购和收藏过的宝贝，一般不会重复展现，展现的都是点击、加购和收藏过的宝贝的同款或者相似款。其次，它还会推荐整个消费场景下的宝贝。例如，最近买家点击过钓鱼竿，系统一般不会在"猜你喜欢"中重复展现点击过的那款钓鱼竿，而是会推荐其他款的钓鱼竿，或者在整个钓鱼场景下的其他产品，如鱼饵、钓鱼线等钓鱼相关产品。如果已经购买过某种产品，短期内系统一般也不会重复将其推荐到"猜你喜欢"的位置。

从以上这些变化中，大致可以了解"猜你喜欢"流量的具体展现逻辑和原理。

"猜你喜欢"的展现逻辑，简单来说就是个性化推荐机制。个性化推荐机制从提出到现在至少已有十几年的时间，但近几年才在电商购物、内容推荐等方面得到广泛应用。虽说各大平台都有自己的具体规则，但推荐逻辑仍是相通的。

1. 基于商品内容属性的相似度推荐

在发布某宝贝时，商家一般会填写标题和属性。淘宝系统会根据宝贝的标题和属性来计算宝贝与宝贝之间的相似度，从而根据买家购物习惯推荐新的商品。如图 3-3 所示，产品 A、产品 B、产品 C 三个宝贝，从宝贝标题和属性中不难看出，产品 A 和产品 C 拥有更多的相同标签，二者具有更高的商品相似度。如果买家点击过产品 A，那么，最有可能出现在"猜你喜欢"位置的宝贝会是产品 C。"猜你喜欢"的目的是激发买家的需求。产品 A 已经被点击过，已经不再需要被激发，所以系统不会优先推荐产品 A。而相对产品 B 来说，产品 C 更符合买家的购物需求，所以系统不会优先推荐产品 B。

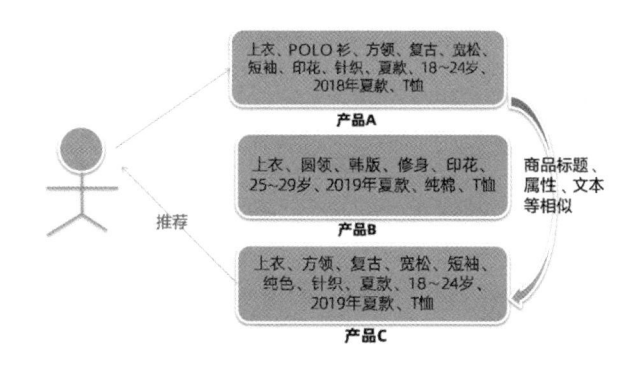

图 3-3

基于商品内容属性的相似度推荐主要是在宝贝的新品期，即在冷启动期间推荐。因为这种推荐方式只取决于商品本身的特征，它可以让新宝贝、冷僻商品得到部分的初始展现。但这种推荐也有缺点——可以由商家控制，因为标题和属性都是商家操作的。商家难免会为了达到自己的目的而作弊。例如，为了获取更大的流量，商家可能会选择跟自己宝贝相似度不是很高但流量很大的关键词。所以，这种推荐主要是在宝贝的新品期使用。

2. 基于买家的协同过滤推荐

商品与商品之间有相似度，买家与买家之间也有相似度。淘宝系统会根据大数据计算出哪些买家是有很高的相似度的买家，然后把相似度高的人群喜欢的新商品推荐给这个买家。如图 3-4 所示，通过买家 A 和买家 C 共同喜欢产品 A 和产品 C，计算出买家 A 和买家 C 属于相似人群，"猜你喜欢"位置会把产品 D 推荐给买家 A。之所以不推荐产品 A 和产品 C 是因为这两个产品都已经被买家 A 点击过了，不符合"猜你喜欢"激发用户需求的定位；之所以不推荐产品 B，是因为没办法计算出买家 A 会有可能喜欢产品 B。

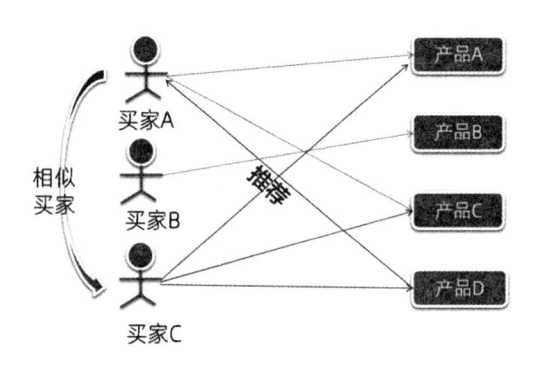

图 3-4

3．基于商品的协同过滤推荐

基于商品的协同过滤推荐某种程度上类似于基于商品内容属性的相似度推荐，二者都是先确定买家喜欢什么样的产品，然后找到与这个产品相似度高的新产品进行推荐。区别是基于商品的协同过滤推荐不是从标题和属性的角度来判断相似度的，而是通过买家的行为反馈来判断的。

如图 3-5 所示，产品 A 让买家 A 和买家 B 喜欢，从买家的行为反馈中可以计算出产品 A 和产品 D 属于相似宝贝，如果买家 A 喜欢产品 A，那么"猜你喜欢"的位置就会把产品 D 推荐给买家 A，因为它是最有可能让买家 A 喜欢的产品。

这也是直通车尤其是直通车定向可以拉动"猜你喜欢"流量的原因。因为开通直通车相当于让买家的行为反馈来给宝贝打标，告诉系统自己的宝贝和哪些宝贝属于相似宝贝，然后系统再把这些宝贝展现给喜欢相似宝贝的人群。

例如，假设在图 3-5 中产品 D 是某商家的产品，想把它展现到买家 A 的"猜你喜欢"位置上去，只需要让买家 B 和买家 C 点击该商家的产品，就可以将其展现到买家 A 面前了。这是通过买家 B 和买家 C 来给宝贝打上产品 A 的相似宝贝的标签,然后通过基于商品的协同过滤推荐给喜欢产品 A 的买家。

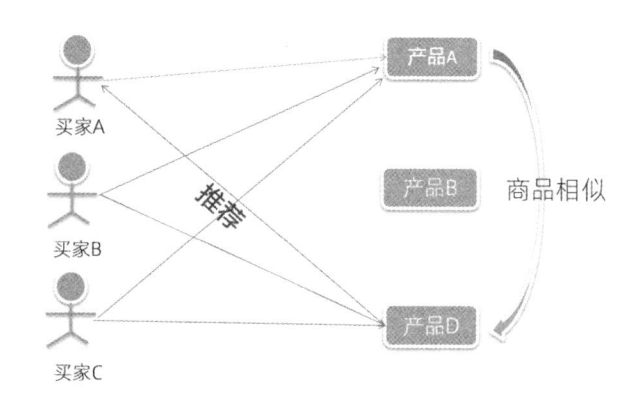

图 3-5

4．基于模型的协同过滤推荐

以上三种推荐是个性化推荐的大致原理,那么"猜你喜欢"这个位置又是如何一步一步把类似 D 这样的产品推荐到类似 A 这样的买家面前的呢?

答案是通过基于模型的协同过滤推荐。这种推荐采用机器学习的方法,用买家的行为来训练算法模型,以此来预测买家有可能点击或者产生兴趣的商品,然后把这些商品推荐给买家。

这四种推荐逻辑都有一个共同点:围绕买家需求展开,只有在吻合买家需求的前提下才会做推荐,且系统会根据不同的维度来给宝贝打上对应的标签,最后把符合买家需求的宝贝推荐给买家。因此,做"猜你喜欢"流量的商家,首先要了解买家的需求,其次要给宝贝打上精准的标签。

3.3 "猜你喜欢"流量的提升之技

3.3.1 选好款式

并不是每种宝贝都适合做"猜你喜欢"的流量,有些宝贝可能更适合做搜索流量。商家要根据宝贝的特征去布局流量渠道。那么,什么样的宝贝更容易获取"猜你喜欢"的流量呢?

1. 新品

"猜你喜欢"的定位是激发用户需求,所以新品最容易获取"猜你喜欢"的流量。这里的新品主要针对那些上新频繁的类目,如女装,而不是那些可以卖很多年、不需要频繁上新的类目。在手淘首页,老链接很难获取流量。如果目的是操作手淘首页流量,就要从新品发布的第一天开始准备。如果实在想操作老链接的产品,那么可以删除这个链接重新发布,这样才有机会拿到"猜你喜欢"的流量。需要注意的是,删除老链接重新发布宝贝最好再拍摄一套图片,这样操作起来会更容易成功。

2. 当季需求款

系统在"猜你喜欢"位置推荐产品都是根据买家的需求,所以当季需求款更容易获得推荐,而过季产品则难以获得"猜你喜欢"的流量。商家做"猜你喜欢"的流量,要尽量选择当季需求款去操作。

3. 稀疏性款式

拿来做"猜你喜欢"流量的款式一定要具有稀疏性。那些常规款、经典款难以获得这个渠道的流量。同款和相似款很多的款式也不太适合做"猜你喜欢"的流量。特别是档口货,如果图片都一模一样,那么这样的款要获得更大的"猜你喜欢"流量非常难。

4. 未遭违规处罚的款

"猜你喜欢"对于违规管控比较严格。如果店铺或者单品有违规遭受处罚的行为,如最近90天内有因为虚假交易扣分的行为,那么也很难获取这个渠道的流量。

5. 调性高和差异化明显的款

调性高和差异化明显的款相对来说更容易获取"猜你喜欢"流量。一方面是因为这种款竞争环境没那么激烈,另一方面是因为这种款更容易让系统打标。

3.3.2 优化标题和属性

很多商家认为,"猜你喜欢"这个渠道的流量属于推荐机制的流量,不需要买家搜索,所以与标题优化和属性没有多大关系。这种想法是错误的。实际上"猜你喜欢"流量仍与宝贝标签挂钩。宝贝标签中有一项是初始标签,而初始标签则由宝贝类目、属性、标题、价格、文本等构成。因此,要做好"猜你喜欢"流量也必须优化标题和属性。

1. 标题优化

宝贝标题决定了买家人群和竞争环境,而这两点都关系到"猜你喜欢"流量能不能做起来。"猜你喜欢"流量的标题优化和搜索流量的标题优化在原理上有很多相似之处,但侧重点不同。

在做"猜你喜欢"流量的标题优化时,关键词选择的重点要在精准度上。因为这个流量渠道的重点是人群,如果选词精准度不高,那么无法给宝贝打上精准的初始标签,最终也就很难获取这个渠道的流量。因此,标题中要尽量多包含属性词、风格词、材质词等能够精准表明客户偏好的词,这样才会对宝贝的打标有帮助。同时,标题关键词的选择及组合也要重点关注点击率,因为点击率是影响"猜你喜欢"流量的核心因素之一。

2. 属性填写

很多商家都能正确填写宝贝属性,但很难做到填好宝贝属性,即很难把宝贝属性以最优的形式呈现出来。那么,针对"猜你喜欢"流量,商家应如何填写宝贝属性呢?

(1)属性填写要正确且完整。正确指填写的属性必须与宝贝完全相关。完整指不管是必填属性还是非必填属性都要填写。为了省事,不填写非必填属性是很多商家经常犯的错误。非必填属性同样会影响系统打标和抓取,因为宝贝的初始标签是由所填写的属性决定的。非必填属性缺失有可能导致整个宝贝的初始标签不完整,从而导致系统无法识别和抓取宝贝。

(2)要考虑属性的市场需求量和未来发展趋势。很多宝贝的属性虽然是正确的,但并不唯一。例如,某条裤子既是镶钻的,又是钉珠的,从属性的正确性角度来说,填写"镶钻"或"钉珠"都可以,但只能填写一个,那么到底填写什么呢?碰到这种情况,商家需要对宝贝的属性进行需求量和未来发展趋势的分析。

市场需求量代表的是市场对某种类型宝贝的需求。如果没有需求,淘宝不会把宝贝推荐到"猜你喜欢"的位置。系统是根据宝贝的市场需求去匹配买家的,市场如果没有需求这种宝贝的人群,也就没有推荐展现的可能性。同样,如果宝贝属性的需求量太少也很难获得推荐。因此,在填写属性时,一定要查看宝贝的市场需求量。

如图 3-6 所示，进入"生意参谋—市场—属性洞察"，选择宝贝的类目，选择日期（一般选择最近 30 天），选择需要分析的属性类，就可以看到当前热门的属性有哪些，以及它们的交易指数和支付件数等相关数据。

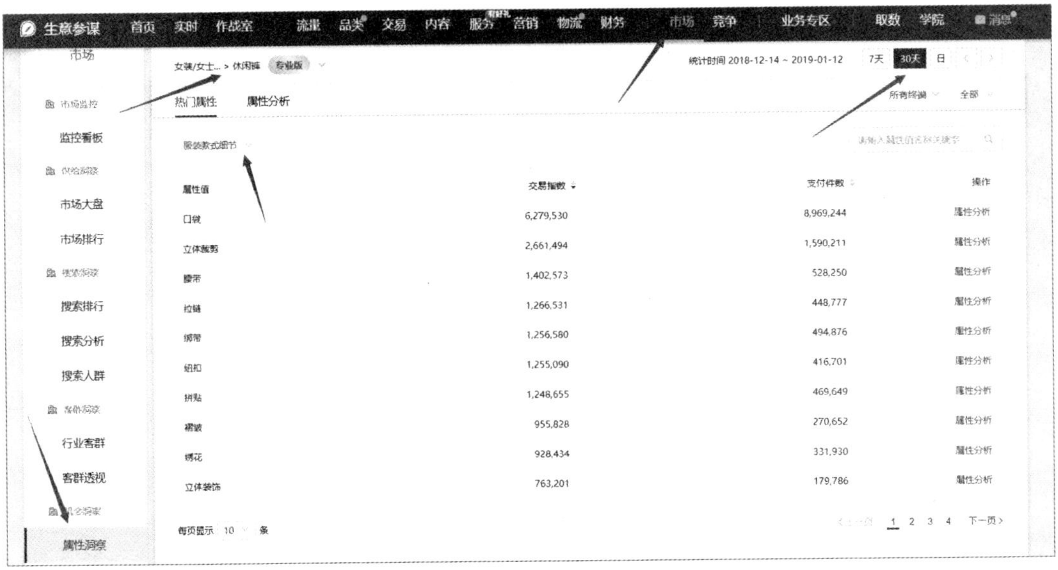

图 3-6

如图 3-7 所示，在"热门属性"中，可以了解到的主要是一些热门的单个属性。有时单个属性虽然比较热门，需求量也较大，但是组合之后需求量变小了。所以，商家还要了解属性组合，看看哪些属性组合后依然比较热门。

如图 3-8 所示，在"热门属性"下，淘宝主要提供部分热门属性，有些属性在这里无法显示。而且在这里只能看到市场需求量，看不到市场的趋势情况。所以，商家需要对属性做进一步的分析。

如图 3-9 所示，除了了解市场需求量，商家还需要了解市场需求量的发展趋势。商家看到的需求量是过去某段时间的需求量，有可能过去某段时间需求量比较高，但接下来会一直下滑，这样的属性也不适合填写。有些属性目前需求量比较低，但未来发展趋势比较好，这样的属性应该填写。

图 3-7

图 3-8

图 3-9

（3）要考虑市场的竞争环境。理论上，市场需求量越大，能获得的流量就越大。但实际情况是市场需求量越大，竞争环境也越激烈，如果宝贝具备足够的竞争力，就可以在"猜你喜欢"竞争到大的流量；但如果宝贝实力太弱，那么可能也无法获取这个渠道的流量。对于大卖家来说，只需要考虑市场的需求量，因为他们已经具备足够的竞争力。但对于中小卖家来说，如果自身竞争力不够，越是选择竞争激烈的环境，越难以获取流量。这也是很多中小卖家总是无法获取首页流量的原因。因此，商家在填写属性时，还需要考虑竞争环境，看看哪个竞争环境更适合目前的自己。

在"属性分析"中，可以根据自己的实际情况选择组合属性。如图 3-10 所示，在"属性趋势"下有一个"热销榜单"。商家从"热销榜单"中可以了解到自己是在和谁竞争，竞争对手每天的销量有多少，然后拿自己的宝贝和这些宝贝进行对比，看看自己是否存在竞争优势。商家要根据自己的实际竞争力选择竞争环境，在自己的能力范围内选择更大的市场。

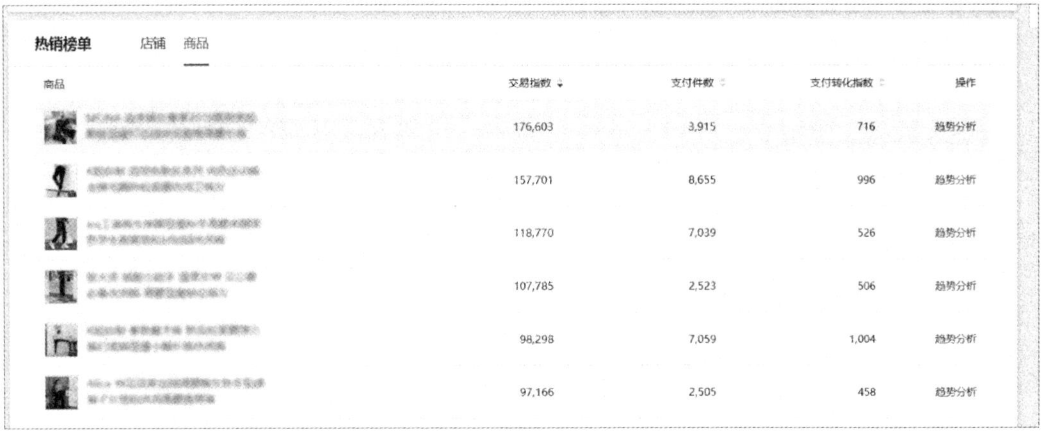

热销榜单 店铺 商品

商品	交易指数	支付件数	支付转化指数	操作
	176,603	3,915	716	趋势分析
	157,701	8,655	996	趋势分析
	118,770	7,039	526	趋势分析
	107,785	2,523	506	趋势分析
	98,298	7,059	1,004	趋势分析
	97,166	2,505	458	趋势分析

图 3-10

3.3.3 重视影响手淘首页流量的几大因素

目前，影响手淘首页流量的因素主要包括点击率、加购率和收藏率、价格区间、主图、UV价值、坑位产出、转化率等。商家必须重视这几大因素，否则很难获取“猜你喜欢”的流量。即使某些搜索指标做差了点，也还是有机会拿到流量的，只是拿到的流量会少一点或者需要的时间长一点。但“猜你喜欢”的流量要么有，要么无。例如，如果“猜你喜欢”的某个因素特别是点击率没做好，那么商家根本拿不到这个渠道的流量。

（1）在影响手淘首页流量的这些因素里面，最重要的是点击率。如果点击率做不好，就很难获取“猜你喜欢”的流量。点击率达到多少才达标并没有固定的标准，主要依据类目和竞争环境来定。如果竞争环境激烈，竞争对手的点击率都做得很好，那自己的点击率肯定要特别高才能在竞争中取胜。尤其是在同款比较多的情况下，对点击率的要求更高。

（2）加购率和收藏率是仅次于点击率的核心因素。在操作手淘首页流量时，一定要想办法提高加购率和收藏率。商家可以做一些活动，如加购和收藏送优惠券、加购和收藏购买可以优惠 5 元等，想办法让买家点击进来后对宝贝产生加购和收藏行为。

（3）价格区间和主图也是影响“猜你喜欢”流量的重要因素。价格区间是“猜你喜欢”流量的入池标准之一。有时 90 元的价格可以拿到“猜你喜欢”的流量，但 85 元却拿不到。价格区间也不是固定的，要根据不同的类目来定。所以最佳的方法就是先分析竞争对手，看他们拿到"猜你喜欢"流量的最低价是多少，然后自己的宝贝只要高于这个价位就可以了。"猜你喜欢"对主图也有要求，如果主图不能满足手淘首页主图的规则，宝贝就无法入池。目前，信息流渠道主要是从银河素材中心抓取主图，所以商家一定要按照银河素材中心的规则上传图片。

（4）UV 价值、坑位产出，以及转化率也很重要。特别是 UV 价值和坑位产出，这两个指标属于客单价和转化率的综合数据。商家要想办法让买家提高客单价和转化率，如可以设置第二件半价或者关联销售的活动来促使买家尽量购买更多的产品。

3.3.4　做好主动触达，为宝贝打上精准标签

系统判断相似宝贝有两种方法：一是根据宝贝的标题和属性去判断；二是根据买家的行为反馈来判断。这两种方法实际上就是给宝贝打标。要做好"猜你喜欢"的流量，宝贝的标签尤其重要。商家在优化标题和属性时，已通过关键词的选择、属性的填写给宝贝打上了精准的初始标签，但还没有为它打上精准的行为标签。行为标签需要依据买家的行为反馈来给宝贝打标。因此，商家要做的是主动触达精准人群，依据他们的行为快速完成宝贝打标。

常用且可靠的主动触达方法有超级推荐触达、老顾客和微淘触达、精准活动触达等。

（1）超级推荐触达是目前比较常用的拉动"猜你喜欢"流量的操作方法。这个方法的操作原理很简单，即通过超级推荐触达去投放"猜你喜欢"的位置，从而主动触达经常浏览"猜你喜欢"同时也喜欢自己宝贝的买家。通过这些买家的行为完成宝贝的行为打标，这样就可以把宝贝展现到主动触达的精准人群的相似人群面前去了。

（2）老顾客和微淘触达也是非常有效的方法，因为老顾客和微淘粉丝本身就属于店铺的精准人群，主动触达这类精准人群相当于给宝贝打上了精准的行为标签。这样就可以触达这类人群的相似人群，把宝贝展现到相似人群面前去。所以在新品破零的时候，可以通过老顾客和微淘的粉丝给宝贝破零。但一定要记住，破零不要采用直接优惠的方式。直接优惠会降低客单价，不利于"猜你喜欢"流量增长。吸引老顾客破零，可以先让他们用原价购买，然后通过微信或者其他途径把优惠返给他们。这里要注意的是，商家要尽量让老顾客和微淘粉丝同宝贝产生更深的关系，也就是说不要让他们一进来就直接拍，而是先浏览、加购或者收藏，然后购买。如果老顾客和微淘粉丝同宝贝产生了深度关联，效果会更好。

（3）精准活动触达也可以拉动"猜你喜欢"流量。这里的活动必须是精准活动，也就是说，报名参加活动的人群必须与宝贝的需求人群高度吻合。如果不是宝贝的精准人群，流量是很难被带动的。例如，高客单价的产品去参加天天特价这样低消费人群的活动，这样的带动效果是非常差的。这里给商家推荐淘金币活动。淘金币活动的流量是有人群包的，其展现逻辑也是个性化推荐。简单来说，就是系统会让参加了淘金币活动的宝贝在精准人群面前展现。这就相当于触达了精准人群。但淘金币活动有一个缺点，那就是报名之后未必有流量。所以，如果参加淘金币活动，一定要配合直通车一起操作，这样效果会更好。

3.3.5 通过丰富宝贝标签与提升数据反馈放大流量

在完成宝贝的初始标签和行为标签的打标后，如果操作得当，宝贝一般会在10天之内进入"猜你喜欢"优选池。此时，商家要每天进入银河素材中的"猜你喜欢"优选池看看自己的宝贝有没有入池。

如果宝贝没有入池，说明前期的工作还有很多地方没有做到位，宝贝暂时还不满足"猜你喜欢"的推荐要求，这个时候要去分析未入池的原因。一般情况下是宝贝本身不符合"猜你喜欢"的要求或没有打上精准的标签这两个原因。如果宝贝本身不符合"猜你喜欢"的要求，这属于选款问题，也就没有操作的必要了。如果还没有打上精准的标签，系统不知道把宝贝推荐到什么人群面前去，在这种情况下，商家要做的就是进一步引进精准人群来点击、加购和收藏宝贝，为宝贝打上更加精准的标签。

如果宝贝入池了，说明前期的选款和打标工作做得不错，宝贝已经满足了"猜你喜欢"的推荐要求，接下来要做的就是把宝贝人群标签进一步放大，提升宝贝的各项指标数据，从而让系统给宝贝匹配更多的人群。

能不能放大"猜你喜欢"流量主要取决于以下两个方面。

第一，宝贝的精准标签够不够丰富。每一个宝贝都不止一个精准标签，宝贝身上的标签越丰富，它覆盖的人群就会越广，这样系统才可以把宝贝推荐给更广的人群，从而获取更大的流量。

第二，宝贝的各项数据反馈够不够好。在同一个人群中，满足买家需求的宝贝不止一个，系统会根据宝贝的点击率、加购率和收藏率、停留时长等数据反馈来决定优先推荐哪个宝贝。

宝贝的各项数据反馈好，就会被系统优先推荐，从而获取更大的流量。

因此，当宝贝入池之后要做的就是丰富宝贝标签和优化宝贝的各项数据。宝贝标签由初始标签和行为标签组成。而初始标签主要是在入池阶段发挥作用，在流量放大阶段作用不大，通过优化初始标签去把宝贝的人群标签做丰富是很难的。因此，在流量放大阶段要想丰富宝贝的标签，主要是优化行为标签。商家要吸引更多不同类型精准标签的人群进来点击、加购、收藏和购买自己的宝贝。

在优化宝贝行为标签上，可以借助超级推荐这些付费工具快速达到优化宝贝行为标签的目的。超级推荐的展现位置本身就是在"猜你喜欢"的位置上，超级推荐的人群和"猜你喜欢"的人群吻合度非常高。另外，超级推荐还有一个非常大的优势，它能使用达摩盘的人群，因此商家可以把宝贝投放到用达摩盘组合的不同类型标签的精准人群面前去，通过这些不同类型标签的精准人群的点击、加购、收藏等行为来给宝贝打上更加丰富的行为标签，以此达到放大流量的目的。

除了丰富宝贝的行为标签，商家还要注意维护好宝贝的点击率、加购率和收藏率、停留时长等数据指标。如果这些数据反馈不好或者反馈不如竞争对手，即使标签足够丰富，也没办法获得大的"猜你喜欢"流量。因此，在添加新的超级推荐人群定向的时候，一定要先测试数据，只有数据达到了要求才能放大这些定向的流量。如果数据不达标就应马上停止投放，以免因数据反馈太差给宝贝带来负面影响。

3.4 "猜你喜欢"流量的稳定之术

大部分商家在做"猜你喜欢"流量时都面临着一个比较头疼的问题，那就是"猜你喜欢"流量很不稳定——它来得快，流量也非常大，但是去得也快，如今天还有大量的单品流量，明天的流量就所剩无几了，到了后天，已经完全没有这方面的流量了。那么，怎样做才能让"猜你喜欢"的流量稳定呢？

到目前为止，长期、稳定、大量获取"猜你喜欢"的流量比较难。小类目相对来说容易一些，对于大类目来说更是难上加难。对于这一点，平台表示现在没想让这部分的流量更稳定。因此，商家要做到完全稳定也不太现实。商家能做的是让"猜你喜欢"流量持续时间更长一点，毕竟"猜你喜欢"流量非常大,如果能多稳定一段时间,那么多增加几千笔销量是完全可能的。要怎样做才能让这部分的流量持续更久一点呢?

(1)要明确影响"猜你喜欢"流量展现时长的因素有哪些。系统会根据产品的点击率、单坑产出权重及潜力值确定展现时长。所以,要让"猜你喜欢"流量展现得更久,必须维护好点击率,做好坑位产出,并向系统释放宝贝有很大潜力的信号。这里的潜力主要体现为各项指标的环比增长,特别是销量的环比增长。例如,某宝贝今天销量为150单,明天销量为170单,后天销量为200单,依次递增,系统就会觉得这个宝贝有比较大的潜力,也就会让它展现更长的一段时间。

在操作"猜你喜欢"流量时,一定要注意宝贝的各项指标最好是呈递增趋势的,至少也要稳定不下滑。特别是销量,如果这个指标下滑,"猜你喜欢"流量会下滑得非常厉害。商家要关注这些指标,一旦发现指标下滑,马上采取措施。

(2)付费推广要配合好。操作"猜你喜欢"流量往往会配合付费推广。很多商家在"猜你喜欢"流量做起来后,付费推广占比依然很高,这是不利于"猜你喜欢"流量稳定的。

正确的做法应该是在确定流量提升后慢慢收缩推广费用。这个推广费用只要能保证直通车或者超级推荐权重不下降就可以。因为这段时间哪怕不依靠付费推广也可以做到销量递增,"猜你喜欢"流量也可以继续增长。但是当增长到一定程度后,无论是流量还是销量继续增长都会比较困难,甚至还会出现下滑的现象。如果销量连续几天下滑,系统会判定宝贝已经没有增长潜力,"猜你喜欢"流量会紧跟着下滑。这时商家要做的就是再次向系统释放宝贝还有潜力的信号,也就是让销量继续递增。这时就必须依靠付费推广了。如果之前付费推广的费用没有压缩,此时再用付费推广去做销量递增,效果并不好,甚至根本无法实现销量递增。但如果之前已经收缩了推广费用,此时加大推广力度,相当于把推广费用恢复到之前的高峰状态,这样递增效果会比较明显,且预算也不会超出太多。

在利用直通车或者超级推荐稳定"猜你喜欢"流量时要注意引进来的流量一定是精准流量。直通车或者超级推荐稳定"猜你喜欢"流量也是有前提的——只有引进的流量是精准流量,才会产生积极的促进作用。否则,如果利用直通车或者超级推荐拉进来的流量都是不喜欢这个宝贝的人群流量,虽然也能成交很多订单,向系统释放出很有潜力的信号,但这样不仅不会稳定手淘首页流量,反而会带来负面影响。

直通车或者超级推荐带动"猜你喜欢"流量一定要满足两点：一是流量的精准性； 二是标签的丰富性。流量的精准性是基本的要求。如果引进的流量不精准，点击率、加购率和收藏率等各项数据指标都会变差。这样不但不能稳定"猜你喜欢"流量，反而会让流量严重下滑。标签的丰富性能帮助商家把流量放大。宝贝的标签越丰富，覆盖的人群越多。如果标签做得特别窄，很难拿到特别大的流量。因此，商家要在保证流量精准性的前提下把宝贝标签做得更丰富一些。

除了利用直通车或者超级推荐等付费推广工具去稳定"猜你喜欢"流量，商家还可以利用淘金币等精准营销活动去稳定流量。商家如果发现"猜你喜欢"流量下滑，可以先增加付费推广的预算拉动一下，然后报名一场活动。之所以要用付费流量，是因为从报名活动到审核通过、上线至少需要一个星期的时间。这一个星期必须通过付费来保量。等活动申请通过，一场活动也可以帮助稳定"猜你喜欢"流量，甚至可以更进一步放大"猜你喜欢"流量。在利用淘金币等精准营销活动稳定流量时，同样需要保证流量的精准性和标签的丰富性。

（3）在通过注入大量的流量和销量稳定"猜你喜欢"流量时，一定要注意不要轻易去改标题、属性和价格。因为标题、属性、价格都是影响手淘首页流量的因素，对它们进行修改很容易造成人群标签的紊乱，从而导致与手淘首页流量入池标准不吻合。例如，宝贝的原本价格为90元，这一价格满足手淘首页入池的标准，但如果降价至85元，就有可能不满足入池标准了。因此，保险起见，当获取了"猜你喜欢"流量后，暂时不要修改这些因素，以免造成流量下滑。

第 4 章

店铺基础运营

4.1 新品破零的方法与技巧

1. 上新当天给粉丝优惠

拥有一定数量的客户和粉丝群的老店铺，可以在每次上新时给粉丝优惠。只要款式好，又有合理的优惠，粉丝通常都会购买。这样破零不会有任何压力。此外，粉丝本身就认可店铺和产品，也更容易让他们收到货后快速给予好评和上传买家秀。

2. 用微商模式破零

微商是从身边人开始发展交易的一种生意模式。做淘宝也可以利用这种模式去做新品破零。例如，先从身边的人开始成交，利用老顾客帮助推广，在每次上新后给老顾客优惠的价格，类似于微商的代理价，然后激励他们去朋友圈推广，推广成功奖励现金，或者免费送产品。不用担心老顾客不帮忙推广，只要奖励给到位就一定可以吸引人帮忙推广。和第一个方法一样，用微商破零也需要有老顾客基础。

3. 直通车与低价模式配合

破零就是做到有成交人数，而"成交人数=访客数×转化率"。在破零之前，转化率是比较低的，所以要想办法提高转化率。低价是快速提高转化率的方法之一。例如，商家可以设定营销活动，购买两件只要一件的价格，但不是马上减价，而是要先拍下，收到货后申请一件退款，即选择"仅退款退运费"模式。这样做的好处是买家收到货后会尽早来确认收货，甚至评价。

新品一般没有多少访客，所以只提高转化率还不够，还要引进流量。这就需要充分发挥直通车的作用。这对于有一定资金的卖家来说不失为一个好方法，虽然前期会投入一点直通车费用，但这部分投入可以培育质量得分。使用这种方法一定要先测试好款式，有把握再操作，否则会白白浪费资金。

4. 免费试用

对于免费的产品，无论是老顾客还是陌生人，都愿意去尝试。所以上新时，商家可以推出几个免费试用的名额，既可以给老顾客，也可以给淘宝直播平台的主播、达人等拥有符合店铺人群流量的人。这种方法非常适合客单价不是很高的产品。因为客单价不高意味着成本也不会太高，那么免费试用产品成本也承受得起。

5．爆款带动新品

若店铺有爆款，可以采取购买爆款送新品或者新品半价等优惠手段。但是要求买家必须两个宝贝都原价拍下，等收到货确认收货以后退差价。这样操作一方面可以提高爆款转化率，另一方面也能达到新品破零的目的，一举两得。

6．"暗度陈仓"

如果有砍价的买家看中了店铺某个产品，但是那个产品多一单少一单都无关紧要，那么商家可以"暗度陈仓"，引导买家拍下新品，但发货还是发给买家看中的那个产品，并给买家一个优惠价。

但是，如果买家对这一行为有疑虑甚至反感，就不要强迫买家，要尊重买家的选择。此外，也可以向买家解释清楚，之所以这么做是想给新品积累人气，相信很多买家还是乐意的，毕竟能享受到优惠价格，且不会有什么影响。

7．淘宝客推广

这是前两年特别火的模式。当时淘宝客建立了很多群，专找有优惠券的商家合作。商家也会主动联系淘宝客，给他们大额的优惠券让他们去推广，同时给予比较高的佣金。通过这个手段很容易完成破零。不过该方法对于没有积累淘宝客资源的商家来说可能很难操作。

4.2 如何做好产品定价

俗话说，定价定生死。可见定价在市场营销中的重要性。做淘宝，价格也是影响交易成败的重要因素。不同的店铺和操盘手在商品定价方面有不同的方法。特别是在非标品中，同样的一件商品，不同商家的定价可能有很大的差异。那么，有哪些好的定价方法呢？

1．自身情况定价法

给产品定价，不能盲从，不能看竞争对手定价多少自己就定价多少，而是要根据自身情况。给产品定价，要么差异化，要么低价。简单来说，就是先看自己是否有能力把差异化做好。如果能，可以定高价；如果不能，就只能低价处理。做不好差异化，就说服不了买家购买自己的产品。在这种情况下，只有低价切入才能给买家一个购买的理由。

2．成本加成定价法

成本加成定价法，即以产品成本为导向，根据产品成本、运营成本及目标利润进行定价。这是一种简单且目前应用相当广泛的定价方法。

3．市场竞争定价法

市场竞争定价法是指通过研究竞争对手的生产条件、服务状况、价格水平等因素，并依据自身的竞争实力、参考成本和供求状况来确定商品价格。这种方法以竞争者类似产品的价格作为自身产品定价的参照。简单来说，就是根据竞争对手的定价来定价。这也是目前应用较多的一种方法。

4．撇脂定价法

撇脂定价法又称高价法或吸脂定价法，是指产品刚投入市场时将价格定位在较高水平（即使该价格会限制一部分人购买），在竞争者研制出相似产品前，尽快收回投资并获取利润，随着时间推移，再逐步降低价格使新产品进入弹性大的市场。一般而言，全新产品、受专利保护的产品、价格弹性小的产品、流行产品、未来市场形势难以测定的产品等，可以采用撇脂定价法。除此以外，原创产品、品牌新品的前期定价，也可以采取这种定价法。简单来讲，就是在竞争对手还没有加入前，以高价获取利润，等竞争对手加入后，再采用其他的定价方法。

5．市场导向定价法

市场导向定价法包括价值认同定价法和需求差别定价法。价值认同定价法是指根据消费者对产品的价值认同来定价。若消费者对产品的价值认同度高就定高价，反之则定低价。需求差别定价法是指根据消费者的需求差异来定价。

6．渗透定价法

渗透定价法是指新产品投入市场时价格定得相对较低，以吸引大量消费者，快速抢占市场。这也是常见的定价策略。很多商家一开始会以低价的方式切入，等销量积累起来、直通车质量得分多起来、免费流量带动起来后就恢复正常定价。这种定价方法适合那些对价格比较敏感的产品，如女装。

7. 根据产品结构规划定价

大部分店铺的产品不会只有一个款式，在产品款式比较多的情况下，商家一般会根据不同的目的将产品划分为引流款、活动款、日常款、利润款、形象款等。引流款和活动款可以采用低定价的方法，因为要靠这些款去做爆款。而要做爆款就要求产品在竞争环境中有优势，这个优势包含但不限于价格。日常款正常定价就可以。利润款和形象款则以获取利润为主，不用拿来做爆款，可以高定价。

4.3 商品结构规划的五大矩阵

商品结构规划不仅影响销售业绩，还影响店铺抵御风险的能力。很多店铺"打了爆款全店活，爆款倒下全店死"，就是因为没做好商品结构规划，导致整个店铺抵御风险能力差。

那么，怎样才能做好商品结构规划呢？目前，常见且比较合理的商品结构规划是五大矩阵规划，即引流款、日常款、活动款、利润款和形象款。这五种不同的款式在店铺中分别扮演着不同的角色，各自发挥着重要的作用。

1. 引流款

这五种不同的款式不一定每家店铺都有，但引流款是每家店铺的必备款式。那么，什么样的款式适合规划为引流款呢？一般来说要具备以下特征。

（1）市场需求大，必须是大众款。差异化比较大的小众款不适合做成店铺的引流款。因为引流款一定是适应人群比较广的商品，否则很难发挥引流的作用。选择引流款要以店铺的定位为基准，特别是在当前人群标签影响很大的时代，脱离店铺定位会对店铺人群产生负面影响。

（2）点击率和转化率要高。一般来说，引流款是店铺的爆款，而转化率差的款式是很难做成爆款的。现在免费流量大部分都与点击率和转化率挂钩，如搜索流量、手淘首页流量等都和点击率与转化率有很大的关系。没有较高的点击率和转化率，很难带来更大的免费流量。

（3）价格有一定的优势，供货必须稳定。引流款要承担店铺大部分流量的引入，加之其作为大众款竞争会比较大，所以要脱颖而出就需要具备一定的价格优势。引流款的性价比要比较高，性价比低的款式是没办法作为引流款的。同时，供货一定要稳定，不能轻易断货，毕竟培养一个引流款不容易。

对于引流款的营销，一般前期会依靠直通车或者智钻等付费手段快速积累销量和抢占排名，以获取大量的免费流量。因此，在做预算时，引流款的预算占比会比较高。此外，如果引流款还能承担起店铺其他款的搭配会更好。例如，引流款是毛衣，可以围绕其开发一些搭配毛衣的外套或裤子，尽可能实现流量价值最大化。

2. 日常款

日常款也是店铺商品结构规划中必备的一种款式。一般来说日常款款式是最多样的。它的作用会根据实际情况发生变化。日常款可以在引流款快要衰退的时候变成引流款，也可以在做活动的时候变成活动款，甚至必要时还可以成为利润款。很多时候，日常款会围绕引流款展开。例如，当引流款无法满足引进流量中的某一类人群的需求时，就可以拓展到日常款，以补充引流款的不足。

对于日常款的营销，一开始不会直接安排大量的推广费。每个店铺的预算有限，不会直接利用大量的付费推广去对日常款进行测款、主推，而会先利用引流款的流量，观察日常款的表现趋势。只有在各项数据表现不错，有能力成为主推款的情况下，才会给日常款更多的推广预算，使其成为引流款。当引流款快要进入衰退期时，商家要在日常款中迅速找出潜力款，把原本引流款的大部分预算转移到这个潜力日常款上，然后迅速将其发展成引流款。

3. 活动款

活动款主要是为了做活动而规划的。不同的店铺对活动款的安排不一样。有些店铺没有专门的活动款，活动期间会把引流款或日常款变成活动款；而有些店铺是有专门的活动款的，这些款只用来参加活动。

在把引流款或日常款变为活动款时，一定要先明确参加活动的目的是什么，活动能带来什么样的好处，会产生什么样的负面影响，尤其要评估和分析降价促销带来的负面影响。很多商家因为没有做好这些评估和分析，造成参加一次活动反而流量下滑的后果。

4. 利润款

利润款主要是用来创造利润的，一般具备以下特征。

（1）多是小众产品，明显倾向于某一类人群的需求而不是大部分人群的需求。因为是小众产品，很难跑量，所以很难成为引流款。

（2）市场竞争相对较小，产品利润空间大。

对于利润款的营销，操作之前一定要做好人群的数据分析。具体来讲就是要精准分析产品符合哪类人群的需求。无论是标题优化还是详情页的优化，抑或是付费推广，都必须以精准的方式切入，重点考虑人群的特性。

5．形象款

形象款是品牌和店铺的形象担当。很多店铺对这种款式没有规划。尤其是比较小的店铺，没有品牌知名度，更没有品牌调性，对于这种款式的规划就更加少了。

以上五种款式是商品结构规划中常见的五大类。这五大类并不是一成不变的，而是会相互转化的。例如，在特定情况下，引流款可能会变成活动款，日常款也可能成为引流款。强调商品结构规划，不是要严格为商品分类，而是要形成整体的布局，多角度定位商品的角色，让它们在各自的领域发挥各自的作用，最终实现整体利益最大化、风险最低化。

4.4 从运营角度做好图片拍摄

在淘宝上购物，买家只能通过图文或者视频来判断产品的好坏与效果。商家也只能利用图片、文字或视频从不同的角度、场景应用、细节等方面去展示产品。因此，要想吸引买家的眼球，视觉效果尤为重要。

谈到视觉效果，很多商家首先想到的是美工的能力、详情页的设计和主图的优化。这是把视觉的压力都转移给了美工和设计。事实上首先要注重的是图片本身的拍摄。美工的能力、详情页的设计、主图的优化只能起到锦上添花的作用。如果图片本身拍摄不佳，再怎么优化也难以达到想要的视觉效果。

经常会碰到这样的情况：某款产品经多方数据分析是一个潜力爆款，当用直通车去推广时，无论如何都没能把点击率提升起来。在这个过程中美工做了无数主图也想了无数创意，可就是没有效果。这时，如果让摄影师换个角度，打破原有的风格重新拍摄这款产品的图片，并替换原有图片。很快，直通车的点击率就提升了，且非常高。这就是图片拍摄的作用。

对于女性产品，这类情况非常多。女性对图片是非常敏感的。同样的产品，拍摄的角度、风格不同，搭配的装饰不同，她们会给出截然不同的评价。

下面从运营角度谈谈摄影和运营的交互工作。

1. 拍摄前的交互工作

在正式拍摄前，运营人员首先要做好以下工作，然后和摄影师进行深度沟通，准确传达自己的理念和要求。

（1）正式拍摄前要先分析产品的购买人群，然后站在买家的角度去思考他们最关注的是什么。一般来说，此时购买人群的大概画像在运营人员的脑海里已经产生了，只是个别特殊产品会存在人群差异。这时一定要重新分析和思考，避免拍摄失败。

（2）把产品的卖点都罗列出来。产品的卖点既要求是产品拥有的特点，同时还要求是购买这款产品的消费者关注的点。因此，在罗列卖点之前，要做的就是熟知产品，如果对自己的产品不熟悉，是很难把卖点罗列出来的。运营人员可以先去看看同款或者相似款的评价和问大家，通过评论和问大家分析出消费者的关注点。如果这些关注点在自己的宝贝身上也有，就说明自己的产品有卖点。接下来要做的就是根据消费者的关注程度，以及和竞品的差异程度把这些卖点进行主次排序。

（3）结合买家人群的特点及产品的卖点确定拍摄风格。不同的产品类型在拍摄上会有很大的差异。这里可以将产品类型简单概括为两大类。第一类是标品类，是指有具体型号的产品，如华为mate10手机、佳能D200相机等。这类产品在拍摄时主要突出的应该是功能、品质，同时要让买家直观地看到使用场景的效果。第二类产品是非标品类，是指无法通过具体型号来区分的产品，如服装、鞋子等。非标品类产品在拍摄时应该主要突出个性化卖点、差异化卖点、多用性和产品的外观，还要特别注意角度和搭配。

2. 拍摄时的交互工作

在正式拍摄时，建议运营人员多跟摄影师沟通产品的人群特点、宝贝的卖点信息及图片想要呈现的风格，特别是产品想要描述的使用场景等。这样摄影师才有可能拍出符合理想效果的图片。以下几点在拍摄时一定要注意。

（1）背景一定要选好。这两年很多女装商家之所以愿意花费很大的成本去国外拍摄，是因为背景在摄影上是很重要的元素之一。背景可以衬托主题、营造情境、增加美感等。

（2）不要喧宾夺主。拍摄图片的最终目的是突出产品，而不是展现背景或其他因素。因此，要协调好产品与背景等其他因素之间的关系，不可喧宾夺主。

（3）要考虑拍摄角度。拍摄角度应尽量做到既不失美感又能凸显商品的真实感。这一点需要摄影师在实际拍摄中慢慢总结经验。

（4）要融入场景。拍摄图片时一定要把买家的使用场景融合进去，这样更容易触动买家。例如，母婴玩具可以拍摄成亲子互动游戏的场景，而不仅仅只是拍一个玩具。

（5）在学习的基础上微创新。新手商家要在短时间内自主拍出一套很好的图片是有难度的，可以先找一个标杆竞争对手，参考、学习他的拍摄技巧，如仿照拍摄角度、模特的姿势及背景去拍摄，在此基础上进行微创新。

（6）如果和模特合作，一定要签订合同，并获取肖像使用权，以免日后产生纠纷无法保障自己的权益。

4.5 产品主图优化思路与技巧

4.5.1 主图设计思路

一张好的主图，既能呈现美感，又能达到广告营销的目的。对于商家来说，呈现美也是为了营销推广。要做好营销推广，离不开对消费者的行为分析。因此，在优化主图和推广主图之前，商家先分析一下消费者产生点击行为的三个阶段。

1．产生需求

需求在很大程度上决定了买家是否点击产品，产生需求是买家产生点击行为的第一个阶段。商家要充分了解买家的需求，了解买家为什么要买这个产品，是给自己买还是送给朋友，以及会在什么场景下使用等。在做主图设计时，这些需求因素都要考虑进去。

2．寻找信息

当买家有了需求后，可能并不会马上点击。因为淘宝的商品很多，有不同的款式和价格，所以买家会寻找最能满足自己需求的信息。这个阶段商家要了解哪些信息是买家最关注的。在做主图设计时要把这些信息都考虑进去。

3．商品对比

淘宝上同款和相似款非常多，而买家最终只会挑选自己最中意的宝贝。为了让买家点击自己的产品，商家要寻找差异化，因此这个阶段商家要做的就是差异化分析。分析竞争对手的主图，看看哪些点是有差异的，然后在主图设计时要根据竞争环境去表达差异化。

买家产生点击行为的这三个阶段所关注的点就是商家设计主图的思路，同时也是商家应在主图上体现哪些内容。

4.5.2 主图设计原则

1．突出主题

有一个理论叫 3 秒法则，应用在淘宝主图上可以这么理解：必须让消费者在 3 秒之内注意到自己的产品，否则就会面临被忽略和关闭的风险。主图要在 3 秒内把相关信息传递给买家，只能有重点地突出主题，因为 3 秒承载不了太多的信息。要让一张小小的主图承载各方面的信息，包含一切消费者想了解的卖点，是无法做到的。承载的信息越多，在短时间内越难获取重要的信息，这样反而吸引不了消费者。因此，在做主图时要突出主题，突出重要信息，弱化次要的信息。

2．引导消费者进入想要突出的主题

有时虽然在主图上突出了主题，但消费者未必 3 秒内能抓取到，因此要学会引导消费者进入主题。例如，某款牛仔裤要突出的主题是翘臀，如果只放一张翘臀的图片，那么消费者未必能百分百看到卖点，甚至根本不会注意到这个细节；但如果在翘臀的位置画一条发光的曲线，就能迅速将消费者引入这个主题。

3．卖点差异化呈现

淘宝上产品同质化非常严重。特别是女装类目，很多商家的主图、卖点、文案都一模一样。如果某个文案效果好，其他商家就会跟风使用这个文案，以致最后消费者根本捕捉不到信息点。所以，卖点呈现要尽量差异化，尽量做到和别人不一样，这样才能吸引消费者选择自己的产品。

4．精准定位受众人群

不同年龄、性别、兴趣爱好及消费水平的消费者利益点不一样，一张主图不能突出太多的主题，同样也无法满足所有的消费者。因此，商家要精准定位受众人群。根据精准人群的行为习惯进行主图优化，更有利于消费者判断和分析商家的产品就是自己想要购买的产品。

5. 竖图思维模式

通过直通车竖图图片测试，商家会发现，同样的图片、同样的角度，一般竖图的点击率会高 10%～15%。无线时代，人们习惯从上到下浏览信息，所以竖图模式更容易让消费者捕捉到信息点。这里不是让所有的主图都采用竖图模式，只是可以利用这种思维模式来做图片的上下布局。

6. 巧用白底图片

白底图片在无线端的效果比较好。白底图片没有复杂的背景，因此比较有层次感，更能突出主题。而且商家用白底图片的情形比较少，用白底图片也算是差异化呈现。需要注意的是，用白底图片一定要先测试，用不好效果会很差。

4.5.3 六张主图的布局

了解了主图的设计原则，接下来要做的就是合理布局六张主图。有些商家六张主图的位置一半都没用到，有的甚至就用了一张图的位置。这种做法是不可取的。现在很多无线端消费者看完主图就下单，而一张主图很难解决消费者心中的疑惑。所以商家要充分利用所有主图，尽量做到在主图这一步就能回答消费者的主要问点。

第一张主图

这张主图一般会首先展示，是最重要的主图。商家布局时要遵循前面讲的主图设计原则中的大部分原则。第一张主图既要做到美，又要突出重点，还要能达到广告营销的目的。第一张主图是提高点击率的主力。

第二张主图

在天猫店铺中，按照天猫主图规则，这张主图不能拼接，不能有水印，不能包含促销的文案，也不能出现图片留白，所以可以直接上白底图。但如果是淘宝店铺，这张主图建议展示想要突出的次要信息。因为第一张主图为了突出主题，只放了重要信息，为了更好地帮助买家进行选择，这里要进行信息补充。

第三张主图

这张主图建议尽量起到详情页的作用。不是说把详情页做成一张长图放上来，而是要突出一些买家想了解的其他内容，即把详情页的一些重点内容在这张主图中呈现出来。例如，可以是一张品质细节展示图，让买家能感受到产品的品质。

第四张主图

这张主图以突出场景化呈现，让买家知道在哪些场景可以使用这个产品，从而使买家对产品的使用更直观。

第五张主图

对于这张主图，天猫店铺可以放商品品质细节图，让买家充分感受产品的品质；如果是淘宝店铺，建议放白底平铺细节图，因为有很多渠道需要这种白底平铺细节图。

第六张主图

这张主图是竖图，也就是 800 像素×1200 像素规格的图，供无线端在竖屏展示时使用。这张图一定要注意先测试它的方图，只有方图效果好，才能改为竖图传上去。很多商家从来不做测试，随便拍一张满足要求的图片就放上去，结果不但没有提高点击率，反而降低了点击率。

最后提醒商家，每一次更换主图一定要保证新的主图是经过测试的，且新主图的效果一定要比原来的主图效果好。如果更换不当，反而会导致流量的下滑。所以，如果不满意现有主图，可以把新主图拿到直通车测试一轮，在确认新主图比原来主图的效果好后再进行更换。

4.6 详情页设计与优化

商品详情页实际上包含商品主图和商品描述页两大部分。通常是把商品主图单独拆分开来讲的，所以本节内容中的详情页仅指商品描述页，不涉及商品主图。

商品详情页能体现商品价值并引导买家了解商品。详情页设计得好不好，直接关系到店铺的商品转化率，而一个好的详情页就好比一个优秀的导购员。

详情页是给买家看的，目的在于让买家通过它来了解产品，产生信任，最后购买产品。因此，在设计详情页时，要先定位买家群体。

进入"生意参谋—市场—搜索洞察—搜索人群—输入宝贝的核心关键词"，在这里可以看到宝贝的核心关键词对应的人群，通过这个搜索数据可以大致定位宝贝买家群体的性别、年龄、职务及消费水平等。如图 4-1 所示,通过图中的数据可以分析出搜索该关键词的买家主要为 18~24 岁的在职人士,并且以刚毕业参加工作的人群为主。为什么会得出这样的结论呢?因为数据显示,18~24 岁的群体占比最高,为 45.33%;从职业的角度来看,公司职员占比最高。把年龄和职业这两点结合起来就能了解到这是一群刚毕业参加工作的职员。

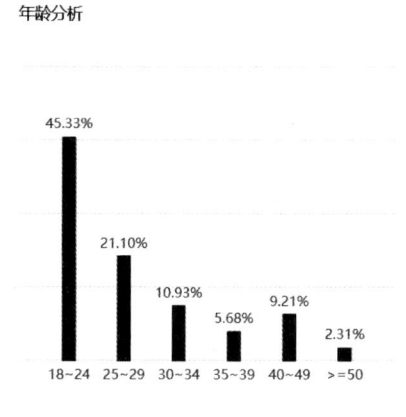

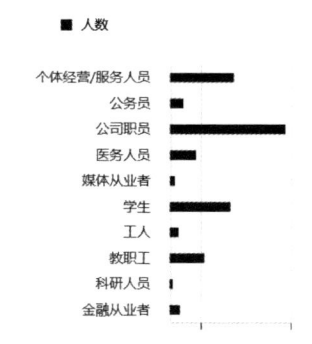

年龄分析

- 18~24: 45.33%
- 25~29: 21.10%
- 30~34: 10.93%
- 35~39: 5.68%
- 40~49: 9.21%
- >=50: 2.31%

职业分析（人数）

- 个体经营/服务人员
- 公务员
- 公司职员
- 医务人员
- 媒体从业者
- 学生
- 工人
- 教职工
- 科研人员
- 金融从业者

图 4-1

设计详情页前一定要花精力去了解到底是什么样的人在购买产品。例如,买家来自哪些城市,一般在什么时候购物,收入水平和社会地位如何,这些人最稀缺的人文关怀是什么,购买这款产品最关注的是什么,有哪些因素会影响他们的购买决策等。简言之,就是先把买家的画像和关注点梳理清楚。

在定位好买家人群后,要进一步了解和分析这类群体的喜好、购物心理,重点了解这类群体最关注的产品内容是什么。同时,也要思考产品有哪些卖点正好和定位人群的关注点吻合。

详情页设计就是把产品卖点和消费群体的购物需求完美结合，充分迎合这类人群的关注点和喜爱点，避开担忧点和反感点。

至于要如何设计和安排才能打动买家、更好地迎合买家的购物需求，则要根据不同情况具体分析。不同的类目、不同的营销目的在详情页的设计方法上是不一样的，不同的消费群体和不同的消费需求方法也不一样，不可能有统一适用的设计模板。下面具体谈谈详情页设计一般要注意的几块内容。

第一块，创意海报图

根据3秒注意力原则，第一块必须有足够的吸引力，能吸引买家继续往下看。了解了消费群体最容易受什么吸引，然后在这一块就要重点突出这个吸引点。如果第一块的内容没做好，后面的内容做得再优秀整体效果也会大打折扣。一般来说，第一块的内容很大程度上决定了买家是否继续浏览宝贝详情。

第二块，核心卖点突出

详情页要做的就是把产品的信息和卖点传递给买家。一个宝贝的信息和卖点有很多，所以要找出核心卖点，而核心卖点要根据产品的人群需求点来提炼。需要注意的是，卖点提炼要尽量做到差异化，也就是和同行比起来要不一样。如果这些卖点同行都有，就没那么大优势了。当然，不是说同行用了的点就不能用，有些卖点是买家最关心的点，是必须要用的。这里强调的是尽量增加一些同行没有提炼出来但又是买家关心的卖点。

第三块，产品尺码参数

这是必须有的板块，目的是让买家清楚了解产品的信息，以免收到宝贝时不符合要求或者低于心理预期而产生不满。

第四块，产品多角度全方位展示

从不同的角度展示产品，让买家全方位了解产品。这里要注意一点，有些产品如果SKU（一般指库存保有单位）特别多，展现时用一两个SKU重点展现，其他的并列展现即可，千万不要所有SKU都重复展现一遍。例如，一件衣服有五个颜色，如果每个颜色都详细地从不同角度、不同场景重复展现，那么买家全部看完可能要花好几分钟，而很少有买家会这样耐心看下去。因此，只需要挑选一个有代表性的颜色详细展示，其他颜色并列展示就可以了。

第五块，细节图展示

细节图最重要的是展示出产品的品质。很多商家的细节图根本没有拍出产品的品质效果，有的甚至就是从大图上截图作为细节图。这样还不如不做，因为达不到任何目的，甚至会给消费者造成不好的体验。做细节图，要充分考虑买家最关心的细节问题，并用心将其呈现给买家。

第六块，紧迫感策略

简单来说，就是要给出买家选择自家宝贝的理由。这个理由可能是产品品质比别家好，可能是性价比比别家高，也可能是自家的服务比别家好。这一块的内容不但要给出买家购买自家产品的理由，还要给出必须现在购买的理由，也就是所谓的紧迫感。例如，现在购买第二件半价、仅限今日等。

第七块，包装与售后服务

这一块的内容主要包括店铺资质、生产车间情况、品牌相关内容、产品外包装情况、退货流程、快递选择等。

以上七块内容是详情页一般需要展示的内容。不用完全按照这个顺序，不同的类目排序有不同的技巧和策略，如以下排序就比较适合女装类目。

（1）海报区。海报区要有第一块的内容，这样才能迅速吸引买家。第一块尽量不要做关联。很多商家把关联放在最前面，特别是主推款的前面，这是错误的做法。买家进入页面，最感兴趣的肯定是点击的这个款，而关联只有在买家不喜欢这个款时，才有可能被选择。如果买家点击进入宝贝页面，发现最前面放的是关联宝贝而不是要看的宝贝，体验感会变差。不过有一种情况关联宝贝可以放在最前面，那就是把爆款和主推款关联到其他转化率比较差的款上。因为这个款转化率差，买家就算点击进来也极有可能跳失。但若关联上爆款，也许能把本来会跳失的流量转移到爆款上去。

（2）引导语。通常，海报区下面是引导语。引导语可以是简单的文字，也可以是感性的表达，总之要对进入这个页面的买家进行适当引导。引导语不能太啰唆，因为买家是没有耐心读完太多的文字的。关键的文案可以用色彩突出或者放大的方法来提醒买家注意。

（3）产品参数区。主要放置产品参数，如模特身高、体重、尺寸对应的参数等。

(4) 产品展示区。在产品展示区，最前面要有卖点提炼。一个卖点配一张图，这张图片不要展示所有的卖点，那样会让买家抓不住重点。卖点一定要突出，不能让买家去猜测；不要有太多的文字或者有让买家看不懂的文字；所有卖点必须围绕人群展开。卖点提炼完成后还要全方位展示产品。卖点提炼和全方位展示产品可以融合在一起，不一定要先提炼完卖点再去全方位展示产品。这个区域还可以做关联搭配。关联搭配不是随便关联宝贝，而是直接关联模特身上的搭配，如卖的是上衣，模特的裤子店铺里也有，那么就可以做一个关联。

(5) 细节实拍区。细节实拍有两种常见的展示方法。第一种是品质展示法，即通过细节放大来展示产品的品质。这种方法一定要对每一个细节做一个解释，引导买家了解这个细节想展示的是什么。例如，想展示手工工艺，放置一张精致的手工工艺细节图，下面要有一行文字指出这是手工工艺精致的效果。第二种是卖点重复展示。对于重要卖点，可以通过细节实拍进行第二遍重复描述，进一步加深买家对产品卖点的印象。

(6) 紧迫营销。给出促使买家现在就购买产品的理由，如不买会错过优惠等。

(7) 温馨提示。主要包括一些退货和售后流程，以及引导评价的提示等。

(8) 关联销售。关联销售一般放在最后面。如果买家看完这个产品不满意，那么他还有机会看关联产品。关联销售一定要做，但尽量不要套用模板。有些商家为了省事，利用第三方模板让所有产品都关联一模一样的产品，这是没有什么效果的。要根据每一个产品的特点去做关联销售，要去猜测买家为什么不购买这个产品，然后关联上与之互补的产品。

总之，详情页设计要围绕两个点：一是了解买家的消费需求和购物心理，二是根据这些消费需求和购物心理引导买家了解这个产品，并使之对这个产品产生兴趣，建立信任，完成购买。

4.7 影响转化率的主要因素

转化率是提升销售额的重要指标之一，也是影响搜索流量的重要因素之一。如果转化率没做好，很难获得比较可观的搜索流量，更别说提升销售额了。影响转化率的因素有很多，如品牌知名度、产品选择、技术优化等，但主要是以下几个方面。

1. 款式

款式，尤其是非标品款式对转化率的影响非常大。这种影响主要体现在流行风格、款式细节、款式受众面、场景应用范围等方面。有时候商品的转化率一开始就由款式决定了。受欢迎的款式可能不做优化转化率也比较高，这也是要花很大精力和财力去测试款式的原因。测试款式的目的是了解买家对款式的认可度。如果大家都不认可，那么这个款也就没有必要做过多操作了。

2. 视觉

从进入买家视线，被买家点击，到最后被买家购买，在这个基本的购物流程中，视觉起到了非常重要的作用。在淘宝做生意，视觉效果的好坏直接决定了产品转化率的高低。

因此，装修弄得好、主图做得好、详情页设计得好的宝贝，相对来说转化率就会比较高。很多运营人员会认为视觉是美工的事，与自己无关。其实，在视觉方面，优秀的运营人员所起到的作用要比美工大。运营人员往往是最了解产品、最了解买家人群的人，也是最懂得买家在意什么、喜欢什么的人。因此，运营人员知道产品的哪些卖点刚好与买家的需求点契合。在视觉方面，运营人员一定要起到沟通和引导作用，向美工准确传达卖点信息和买家的需求信息，帮助美工完成视觉方面的工作。

3. 价格

在线下实体店购物，要对比产品，需要从这家店走到另外一家拥有这个产品的店，所以很难把大部分的同款拿到一起对比。但在淘宝购物不一样，买家只需要打开淘宝网，搜索一个关键词，就可以找到许多同款和相似款，对比起来非常方便。因此，要提高转化率，除了做好自己的产品，还要考虑竞争环境，要有说服买家购买自己产品而不是竞争对手产品的理由。这个理由主要体现在差异化和低价两个方面。由此可见，价格也是影响转化率的重要因素。总的来说，低价要比高价的转化率高。在同等情况下，价格越低，转化率相对来说越高。如果做不好差异化，做低价也能提高转化率。

4. 客服体验

现在的买家越来越注重体验。很多时候，买家花钱买的不仅是产品，还包含产品相关的服务体验，而产品服务体验中客服体验很重要。特别是那些咨询率高的店铺，客服体验尤其重要。店铺客服人员在服务买家的过程中，产品讲解专业能力、快速反应能力、耐心倾听能力、热情服务能力等都会影响买家的购物体验，从而直接影响到转化率。

5. 评价

评价主要体现在差评和好评这两个方面。好评可以大大提高转化率。因此，商家可以通过一些有奖活动引导买家做出具体的、有价值的评价，鼓励买家主动晒出比较好的产品实物图。同时，也要想办法杜绝差评的出现。

有人说，不要太在乎评价，无论产品多好，服务多好，总会有人不满意，总会有人给差评。话虽这么说，但还是要尽量杜绝差评。毕竟现实中，爆款最终因差评而"陨落"的案例非常多。

也有人认为差评解释得好比好评还管用。这个观点有可取之处，但留下差评用来做差评营销存在很大风险，所以差评解释只建议在完全没办法改掉的情况下才做。

有些商家会在差评下回复"一定是同行派来的"，并且还有辱骂买家的行为，这种做法是最不可取的。就算对方真的是同行故意找碴儿，这样的解释在真正的买家眼里也没有任何意义。反而，这种低素质行为还会让买家反感。所以当一些不好的评价没办法删除时必须进行解释。需要注意的是，在解释时一定要体现卖家应有的担当和责任感，让每一个买家都能看到这种积极的态度。

6. 销量

相对来说，销量高的产品转化率会高很多。对于一些差异化不明显的产品和标品，销量对转化率的影响尤其重要。有这种情况：某些产品一开始转化率总是很难提升起来，但渐渐地它的转化率就比之前高了，而商家好像也没做什么优化。这极有可能就是销量提高了的缘故。这也是很多商家前期愿意亏本做活动以快速提高销量的原因。通过提高销量来提升转化率的操作方法对于小类目、标品和没有差异化的大众款式来说非常有效。其中的原理很容易理解，毕竟很多人都有从众心理，大部分人会更愿意相信销量高一些的商品。

7. 关键词人群的精准度

在商品的流量渠道中，搜索流量是占比比较大的流量，而搜索流量是通过关键词引进的流量。每一个关键词都有对应的人群，关键词的选择其实就决定了引流人群。因此，关键词选得精准，转化率相对来说就会高；反之，转化率就会低。

8. 店铺活动

店铺的优惠活动和营销活动可以激发买家购买的欲望，从而提高转化率。每一次大促活动时，转化率明显会比平时高。因此，商家可以针对店铺做一些活动，如淘抢购等官方活动或店铺自主设计的活动等。

4.8 影响点击率的主要因素

点击率是淘宝数据考核中非常重要的指标。很多商家在开通直通车提高质量得分时才去关注点击率。其实，点击率的影响不止在直通车上，可以说只要与流量相关的方面，点击率都起着重要作用。

点击量=展现量×点击率

点击量由展现量和点击率这两个因素决定。点击率的高低直接影响点击量的高低。例如，一天100万次的展现量，如果点击率只有5%，那么只能带来5万次的点击量；而如果点击率是6%，那么每天就可以增加1万次的点击量。如果转化率是1%，就相当于多了100个订单。其实，在实际过程中增加的还不止1万次的点击量，因为点击率除了直接影响点击量还会间接影响展现量。无论是搜索流量还是推荐流量，点击率都是重要的权重指标。点击率越高往往排名也越靠前，而排名靠前就能获得更多的曝光机会，所以点击率高还会大大提升展现量。这样一来，对点击量的影响就更大，很有可能只需要把点击率提升1%，就能增加几万次的点击量。

可见，点击率对流量影响非常大。那么影响点击率的因素主要有哪些呢？

1. 款式

点击率是产品对买家吸引力度的一种表现，能反映出一款产品受市场欢迎的程度。产品越受大家喜欢，点击率就越高。而款式在很大程度上决定了点击率的高低，所以如果想获得理想的点击率，就必须做好选款这项工作。否则，无论后期怎么优化对于点击率的提升都会很难起作用。

款式的受欢迎程度是由对应的人群决定的。所以在选款时，要先了解和分析人群画像，即要知道目标人群的年龄、性别、消费能力、社会地位、购物行为习惯及购物偏好等。只有这样才能知道他们喜欢什么类型的产品，他们关注的卖点是什么，进而选出吸引相关人群的产品款式。

2. 主图

主图是影响点击率的重要因素之一。如果主图选得不好或者做得不好，那么对点击率的提升会有很大影响。

一张高点击率的图片要满足以下几个基本要求。

（1）图片呈现的方式和风格要与产品需求人群喜欢的风格一致。例如，产品的实际需求人群是喜欢新潮、时尚的人群，而图片却拍成了复古风，这样的图片就会很难获得好的点击率。

（2）图片要简洁、清晰、美观。有些商家把主图做得特别复杂，一张主图拼接了很多人物，放了很多文案。在无线端，这样的图片反而会不利于点击率的提升。因为无线端的屏幕比较小，放上太多的内容根本就没办法吸引买家的注意力。

（3）内容要明确，卖点要突出，层次要分明。主图最重要的功能就是吸引买家点击。因此，要把买家最关注的卖点体现出来。一般体现一个卖点就够了，千万不要堆砌过多的卖点。

（4）主图注意差异化。有些从档口拿货的商家，使用的都是档口提供的图片，且连主图都是原样采用的，这也不利于点击率的提升。因为这张图在多家店铺中同时出现，买家往往只会点击其中一个。

3. 标题优化

标题优化对点击率也有很大的影响。它对点击率的影响不是在标题的视觉上，而是在关键词上。关键词的背后是实际需求人群的需求。因此，选择了什么样的关键词在很大的程度上就决定了会引进什么样的流量。如果关键词的选择不精准，人群不对应，那么买家就算看到产品也不会点击，因为他不是这个产品的需求者。

4. 销量和价格

在同等竞争环境下，如果其他方面大致相同：销量越高，点击率就越高；价格越便宜，点击率也越高。尤其是那些差异化比较小的产品，销量和价格对点击率的影响会特别明显。所以某些很普通没有差异化的经典款，之前可能点击率一直都很低，但销量提高或者价格降低后，点击率就会突然提高。

5. 宝贝排名的位置

开通过直通车的商家应该深有体会，如果把位置卡在首屏，那么点击率往往会很高；但如果跌至 20 名以后，点击率就会变得比较低。这种情况与产品的排名位置有关。人们习惯从上到下浏览，因此上面的产品更容易被查看和点击。而对于排名靠后的宝贝，有很多的同款和相似款排在它的前面，买家点击了前面的同款，基本不会点击排在后面的相似产品了。

4.9 必须解决中差评

可能每个卖家都会为了中差评而苦恼。其实很多时候，中差评并不代表产品不好或者服务太差。品质、服务再好的产品也很难避免中差评的出现，因为让所有的人都对自己产品满意是很难做到的。

例如，某个款花了大量的推广费，眼看就要成为爆款，突然来一个致命的中差评，而且还是买家不愿意修改的中差评，那么这个款就会被扼杀在摇篮中，而之前的付出也都会打水漂。所以，在日常运营中，一定要努力避免中差评出现。

那么，作为卖家应该如何做呢？下面为大家介绍一些效果不错的方法。

1. 用自动评价的工具压制中差评

淘宝的评价规则中有这样一条：经过双方都评价了的评价才会在前端显示。也就是说，如果买家给了差评，卖家不回评，那么这条评价是不会在前端显示的。评价规则还又有一条，如果买家给了评价，卖家没有回评，交易成功后 15 天系统会默认为好评。也就是说，一条差评最多能被压制 15 天。

也就是说利用好这两条规则能把中差评展现的时间延后 15 天。千万不要小看这 15 天，有时能决定某个款的生死。所以，卖家可以利用第三方自动评价工具，在规定时间的最后一刻抢评，不要买家一评价完就马上把评价放出来。

有些卖家会质疑，这样操作岂不是一些很好的评价也无法展现吗？确实是，但一般影响不大。因为总有办法让一些好评展现，如有些买家会主动要求返现，这些人的评价肯定是好评，就可以先放出来。另外，还可以通过老顾客做一些好评。有一定量的好评就够了，最主要的还是避免展现差评，因为十个好评都难以抵消一个差评带来的负面影响。

2. 通过包裹引导买家好评

对于引导买家给好评，见效最快的方法是好评返现。早几年，卖家只要在包裹里放上一张好评返现的好评卡，就能得到很多精美的评价。但后来《中华人民共和国反不正当竞争法》出台，其中第八条第一款规定：经营者不得对其商品的性能、功能、质量、销售状况、用户评价、曾获荣誉等作虚假或者引人误解的商业宣传，欺骗、误导消费者。相应地，淘宝也出台了相关规则，禁止卖家做好评返现。

不过卖家还是可以在严格遵守法律法规的前提下，用奖励的方式引导买家评价的。不管买家给予好评还是差评，只要用心评价，卖家都应给予奖励。可能有的卖家会担心买家因此不给好评。实际上，来领取评价奖励又给差评的买家还是很少的。而且这样操作还可以吸引那些对产品满意的买家及时做出评价。

3. 收货关怀回访

当买家收到货时，卖家可以主动拨打电话关怀回访。例如，问一问买家对产品及服务的满意度，倾听买家对产品的建议；如果卖的是功能性产品，还可以说明一下使用注意事项。总之，就是让买家充分感受到卖家的真诚和用心。有些卖家做电话回访，第一句会问"您觉得我们的产品怎么样"，然后直接就问"能不能给我们一个五星好评"。这种功利性的问话会让买家很反感，只会弄巧成拙。电话回访的最终目的是争取买家给五星好评，但回访一定要真诚，争取得到买家的认可。最后在回访结束时加一句"感谢亲给我们提的建议，如果您觉得我们的产品还不错，可以给一个好评鼓励，谢谢亲"。这才是正确且得体的做法。

4. 电话回访请求删除中差评

很多给中评的买家，并不是不满意所买的产品，而是认为中评就是中等的意思，也不是很差。针对这种买家，基本上只要打电话向他解释，并告诉他中差评对自己影响很不好，他就会改为好评。

当然，还有的买家确实对产品不满意。这些买家一般又分为两种。一种是打电话过去，买家会直接抱怨是什么问题。这种情况还是比较好处理的，只要弄清是什么原因导致买家给出负面评价的，然后协商解决方案，基本上买家都可以把差评改掉。另一种是打电话过去话还没说完买家就直接挂掉。这种情况处理起来会比较头疼，因为买家根本不给沟通的机会，没办法了解买家不满意的原因，也无法通过努力让其感受到自己的诚意。对于这类买家，卖家一定要有耐心，可以多打几次电话，但不要一天连着打好几个。如果买家接了电话，那么卖家的态度一定要诚恳，先安抚买家的情绪，尽可能拿出让他满意的改善措施，如安排快递人员上门为他退货并承担来回运费。如果买家还不满意,就继续提出协商方案,直到他满意为止。如果评价影响严重,那么多退一点钱也没关系。如果买家一直不接电话,那么卖家可以尝试通过手机号加微信,或者寄送一些礼品,在礼品中随寄一份说明原因并请求谅解的信。在整个沟通的过程中,卖家注意言辞要恳切,要努力打动对方并最终修改评价。

4.10 有价值的评价需要引导

卖家一般都会特别关注评价尤其是中差评,但多采用事后处理的方式,即中差评出来了才想着如何去修改。真正有价值的评价需要卖家在事前就引导好。

那么,要如何去引导买家给出有价值的评价呢?下面推荐几种方法。

1. 做好开箱体验

在产品同质化越来越严重的今天,服务和体验才是取胜的关键。卖什么都是在卖体验。而对于网购来说,开箱体验尤其重要,因为开箱的那一刻承载了买家的期待。如果开箱体验做得好,买家体验感会好很多。这种好的体验感会直接影响买家对产品的满意度。

例如,一位买家特别喜欢购买某品牌的零食,基本上都是一大箱一大箱地购买。除了零食本身口感不错,它的开箱体验感好也是买家大量购买的原因之一。无论是搞笑的语句,还是提供的开箱工具,该品牌都能让买家感受到用心服务。

2. 讲故事

好的故事能够触动买家,甚至能把缺点变成优点。因此,策划一个能引起共鸣的故事可以引导买家用心做出有价值的评价。

例如,一位买家在淘宝上购买了一份土特产,开箱时发现里面有一封包装很精美的信,信中讲述了卖家是如何独自经营这家店铺的,谈到了希望,也谈到了那份艰辛。相比普通的营销信,这封信的内容不仅别出心裁而且真实感人。信封里还附有几张明信片,都是和日常农产品相关的照片。就产品本身来说,买家可能觉得比不上其他店铺,但看到故事,联想到创业的艰辛,可能就会被卖家的故事打动从而用心给出好评。

3. 收货确认提醒

大部分买家是没有主动评价的习惯的。除非特别喜欢或者特别不喜欢，否则通常不会主动去评价。

正因如此，卖家可以主动给买家发消息提醒。不是直接要求买家给好评，而是从服务买家的角度出发，如问问买家是否收到了货，在使用过程中是否有什么疑问，对产品是否满意，也可以告知一些使用产品需要注意的事项等。总之就是让买家感受到真诚。这样大部分买家都会回馈这份用心，认真对产品做有价值的评价。但如果碰到非常反感这种行为的买家，一定要懂得适可而止。

第 5 章

商品运营节奏

5.1 商品导入期的操作方法

一个商品就好比一个人的人生，会经历一个生命周期。商品的生命周期一般分为四个阶段，如图 5-1 所示，包括导入期、成长期、成熟期和衰退期。在不同时期，运营人员要做的工作也不同。下面来看导入期要怎样安排工作内容，以及要注意哪些事项。

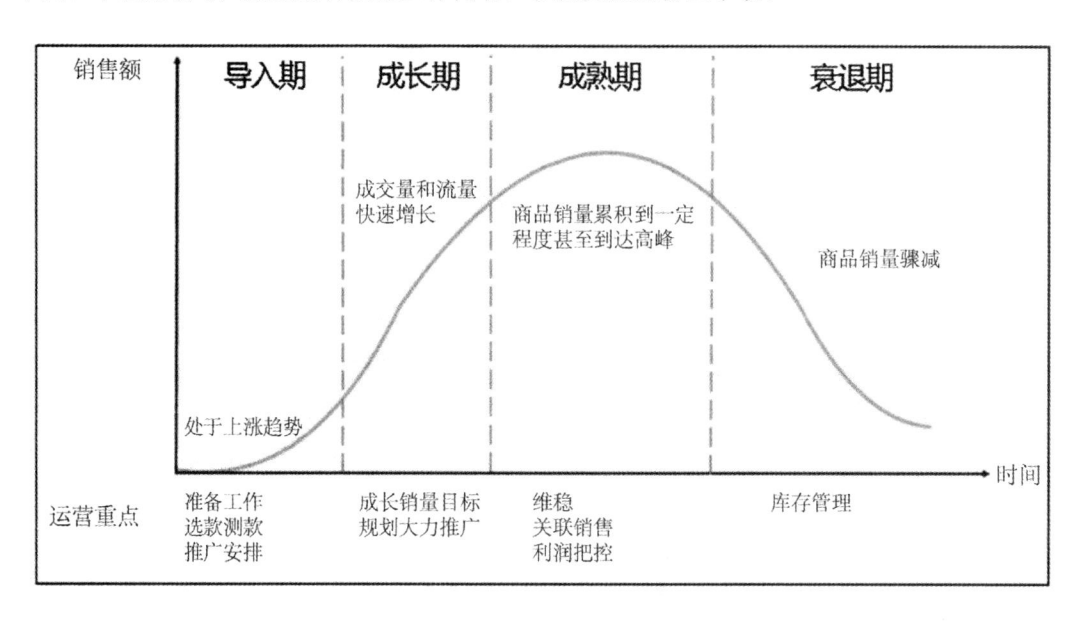

图 5-1

1．初选款

初选款是第一步要做的。要先布局好整个店铺的产品矩阵，这个要根据自己的精力来决定，如果精力足够，品类可以规划得多一点；如果精力有限，规划一两个品类也可以。初选款需要做一些简单的数据分析，主要从大盘的角度展开分析。

如图 5-2 所示，先要去"生意参谋"中的"市场"板块了解每一个品类在市场大盘的发展趋势，然后选择处于上升趋势的市场，因为如果选择的是下滑市场，强行去操作很难有比较理想的效果。特别是季节性比较明显的产品，一定要做好这一步的分析。只有把握好市场的需求趋势，才能达到事半功倍的效果。

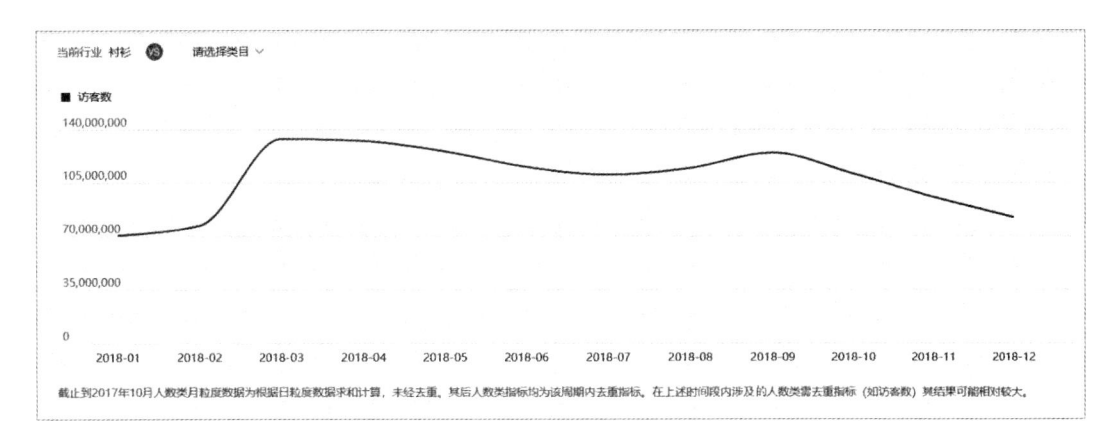

图 5-2

通过市场的发展趋势选定了子类目，接下来还要分析子类目属性的热销情况。从属性的热销度了解这个行业比较受买家欢迎的属性是哪些，最近流行的元素有哪些等。如图 5-3 所示，可以了解到最近 30 天衬衫类目下，"长袖+常规""单排多扣+长袖""长袖+通勤""常规+单排多扣""通勤+常规"这几类组合的属性市场需求比较大。商家选款，就可以选择长袖、单排扣、通勤、常规这些类型的款式。

图 5-3

除了考虑市场趋势，还要考虑竞争情况。在品类规划时，一定要分析市场的竞争度，要根据自己的实际情况去选择市场。如图 5-4 所示，在"生意参谋—市场—市场大盘—卖家概况"中可以查看有交易的卖家数分布情况，从这些数据中可以了解到市场的竞争激烈程度。

卖家概况				
子行业分布				
子行业	卖家数 ↓	父行业卖家数占比	有交易卖家数	父行业有交易卖家数占比
连衣裙 较前一月	1,244,351 -0.85%	53.72% -1.60%	157895 -8.56%	24.81% -4.35%
裤子 较前一月	1,167,699 +1.25%	50.41% +0.47%	205075 -4.10%	32.23% +0.32%
T恤 较前一月	1,072,602 -1.91%	46.30% -2.65%	114571 -12.35%	18.00% -8.32%
套装/学生校服/工作制服 较前一月	981,343 -0.62%	42.36% -1.38%	94889 -12.94%	14.91% -8.93%
毛针织衫 较前一月	950,103 +3.55%	41.01% +2.76%	142920 -11.70%	22.46% -7.63%
卫衣/绒衫 较前一月	844,651 +3.35%	36.46% +2.56%	122981 -16.35%	19.33% -12.49%
短外套 较前一月	825,619 +1.52%	35.64% +0.75%	98515 -14.10%	15.48% -10.15%

图 5-4

通过以上这些初步的市场数据分析，商家可以选出一批款式作为初选款。至于具体数量要依实际情况而定。

2．做好宝贝的前期准备工作

在初选款完成后，就要开始宝贝的前期准备工作了。这里首先要做的是分析每一个款的消费人群。这一步非常重要，此后的很多优化工作都是建立在这一步基础之上的。商家要对每一个款的购买人群进行分析，了解消费者的年龄、收入、职业、地域、属性偏好、购买行为偏好等。只有了解了每个款的消费人群，才能了解每一个宝贝的卖点。

接下来就要根据消费人群和卖点去优化宝贝的视觉和撰写标题。标题优化和视觉优化在第 2 章和第 4 章已经分别谈到过，这里不再赘述。

3．认真做好测款和定款工作

根据市场大盘初选的款式也不一定是适合店铺的款式，所以做好了宝贝的前期准备工作，还要对这一批初选款进行测试。

测款的方法有很多，可以利用直通车测款，也可以利用店铺流量或者老顾客测款。无论用哪一种方法，目的只有一个，那就是引进流量用来分析数据。

如图 5-5 所示，把每一个款式的点击量、点击率、加购量、加购率、收藏量、收藏率、转化率、退款率等的数据都统计出来，然后分析这些数据是否达到了潜力爆款的要求，是否值得继续操作，以及这些款式应该如何规划，如哪一些应该规划为引流款、哪一些应该规划为日常款、哪一些应该规划为活动款、哪一些应该规划为利润款等。

产品	点击量	点击率	加购量	加购率	收藏量	收藏率	转化率	退款率	直通车ppc
产品1									
产品2									
产品3									
产品4									
产品5									
产品6									
产品7									
产品8									
产品9									
产品10									
产品11									

图 5-5

什么样的数据才算达到了潜力爆款的标准呢？很多人会参考行业均值，但行业均值因受多方面的影响，误差很大。最可靠的是参考自己店铺的历史数据。这就要求运营人员保留或者总结过去款式的相关数据，然后从中找出一定的规律。例如，过去的款式大部分爆款点击率都在 8%以上，那么现在就可以以 8%的点击率作为爆款的参考数据。在参考店铺的历史数据时，要注意细分到类目、季节，不能拿完全不一样的类目做参考，因为有些类目本身数据就存在很大的差异。

4. 基础销量破零与基础评价的包装

在确定款式后，就可以做基础销量破零及一些必要的评价包装了。很多商家认为应该在测款之前就进行基础破零和基础评价的包装。这不太现实，因为测款之前的款式只是初选，一般会是一批，如果每一个款式都安排基础破零和基础评价的包装，很难全部都做好。而在测款之后，可以根据款式的数据结果有针对性地安排基础销量破零和基础评价的包装。对于没有潜力的款式，暂时可以不操作。这样可以将节省的大量成本集中投入到潜力爆款上，达到的效果也会更好。

5. 安排推广

基础销量做好、基础评价包装完毕，接下来就可以安排推广了，包括直通车等付费推广及其他推广等。推广要根据自己店铺平时的操作来安排，要做到每天都有一定的成交量。最常见的推广方式是直通车推广。前期宝贝本身没有流量，要做到每天都能成交，就必须从外部引流，而直通车只要付费就能引来流量。

5.2 商品成长期的操作方法

如果操作得当，宝贝很快就可以从导入期进入成长期。一般来说，需要 7～10 天。如何判断宝贝是否进入了成长期呢？只要查看相关流量和销量即可。如果搜索流量和搜索流量带来的销量都连续一周呈环比递增就说明宝贝已经进入了成长期。

成长期是非常关键的时期。这一时期如果运营人员操作不当，刚成长起来的宝贝有可能会夭折。那么，成长期应该如何操作呢？总结起来有以下三点。

1. 制定合理的销量目标并严格执行

当宝贝开始进入成长期，要马上制定销售目标。一般来说，目标完成时间设置为两周左右即可，因为大部分宝贝的成长期都是两周左右。商家需要把这两周时间内每天要达到多少销量、搜索带来多少销量、推广带来多少销量，都先做好目标规划，然后做成表格，如图 5-6 所示。

日期	目标销量	搜索目标销量	推广目标销量
第1天			
第2天			
第3天			
第4天			
第5天			
第6天			
第7天			
第8天			
第9天			
第10天			
第11天			
第12天			
第13天			
第14天			

图 5-6

那么，销量目标要如何制定呢？

首先可以分析竞争商家，看看他们每天能成交多少单，转化率是多少，然后根据这些竞品的数据制定目标销量。

如图 5-7 所示，进入"生意参谋—竞争—竞品识别—顾客流失竞品推荐"，快速找到有哪些竞争宝贝。除此之外，还需要监控一些同款和相似款，把这些同款和相似款每天搜索的订单数、推广的订单数、搜索的转化率及推广的转化率都挖掘出来。

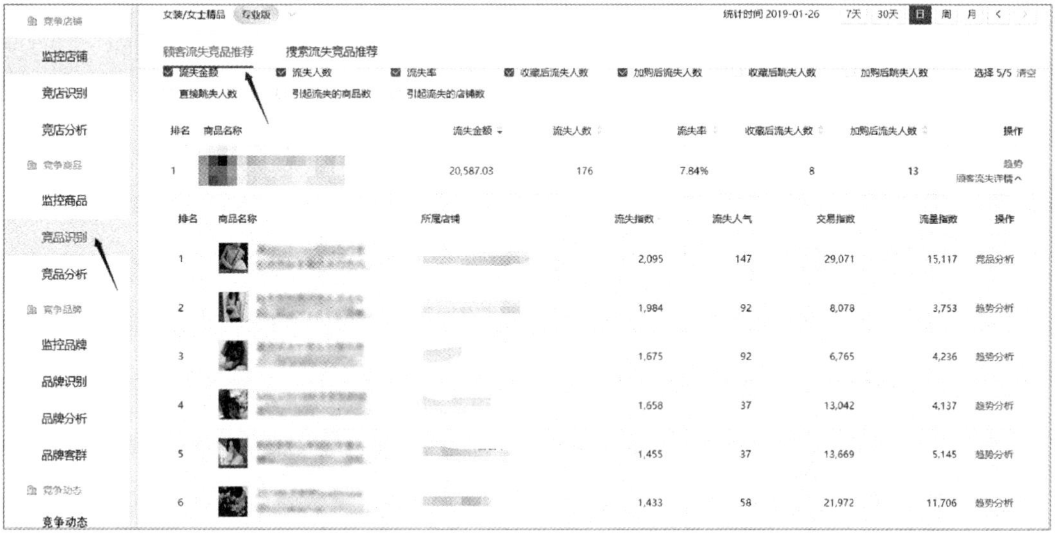

图 5-7

进入"生意参谋—竞争—竞品分析—选择分析日期—入店来源"，在这里可以查看竞品每天每个渠道的客群指数和支付转化指数，如图 5-8 所示。

为了帮助商家把生意参谋的指数还原成具体数值，这里做了一个 Excel 表格，如图 5-9 所示。商家只需把支付转化指数、客群指数输入到这个表格中，就可以得出实际转化率和实际支付买家数。（温馨提示：如果生意参谋算法升级改版则需要另找参考方法。）

需要注意的是，设置的目标销量要高于竞争对手每天的销量。例如，竞争对手手淘搜索是每天 200 单，那设置的目标销量就要做到手淘搜索高于 200 单。由于是在成长期，一下子达到这个目标会很难，毕竟这是别人成熟期的销量。商家可以一步一步慢慢来达成目标。例如，14 天后达到 200 单以上，然后根据这个目标去规划好这 14 天的销量，可以第一天 10 单，第二天 15 单，第三天 25 单，如此保证螺旋上升即可。

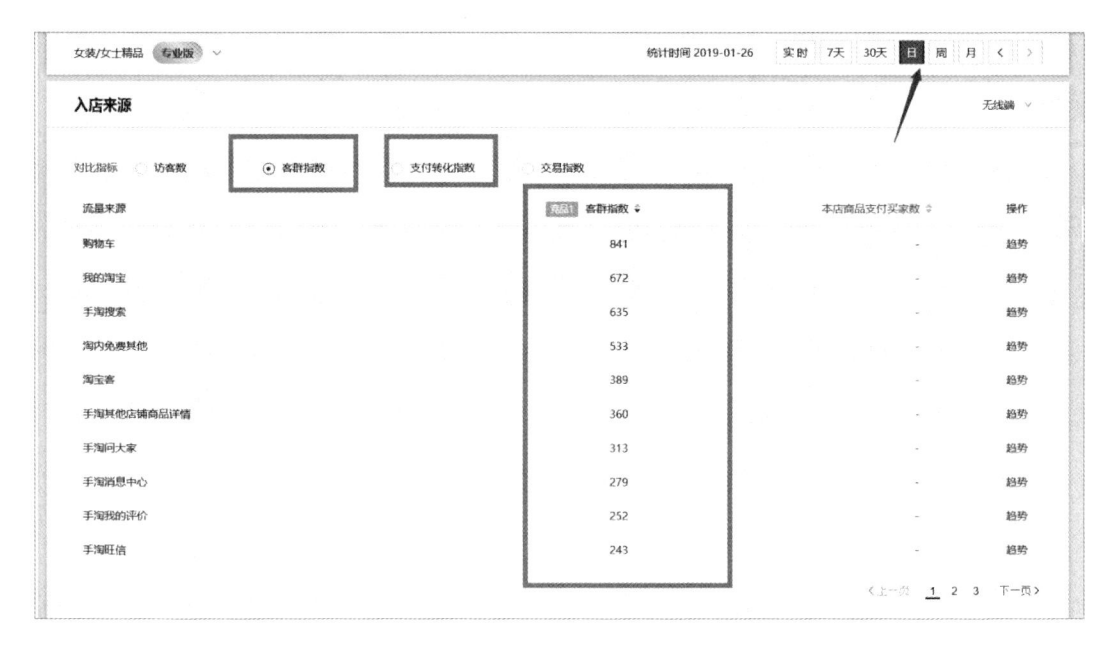

图 5-8

图 5-9

一旦做好目标销量规划,就要严格去执行。还要做到搜索转化率高于竞争对手的转化率,并且要求每天都要做到。例如,竞品是每天 1.5%左右的转化率,那么自己每天都要做到 1.5%以上的转化率。在成长期销量方面做不到每天高于竞争对手没关系,但转化率方面必须做到每天高于竞品。如果搜索转化率低于竞品,会很难把搜索流量做起来。

2.加大推广力度冲销量积累权重

虽然在导入期已经开始做推广,但这只能算小试牛刀。导入期利用直通车推广,顶多算是在培育质量得分和积累一定的销量。在宝贝进入成长期一两周的时间,商家一定要加大推广力度冲销量。这段时间直通车、智钻等付费推广工具一定要利用好，要舍得投入。当然，要在合理的预算范围内，不能盲目投入。

如果有条件和资源，可以在这两周中安排一场聚划算或者淘抢购活动。如果要做爆款，这个时候安排活动冲一波销量快速积累人气，对于宝贝和店铺的权重积累都是很有帮助的。虽然活动的权重对自然搜索的影响不是特别大，但积累的销量对整个宝贝还是有影响的。这一期间做大促活动是非常合适的。前提条件是一定要预估好活动销量，如果感觉活动销量不会太乐观就不要做，否则会有负面影响。因此，要么不做，要做就一定要把销量做起来。另外，如果是参与聚划算活动，最多预热一天就够了，因为预热期间会影响转化率，有可能造成搜索流量下滑。

3. 维护好宝贝的各项数据

一个宝贝能不能获得好的流量，主要看这个宝贝的各项反馈数据是否比竞品好。这些反馈数据主要包括点击率、转化率、销量、跳失率、UV 价值等。如果这个宝贝的反馈数据高于竞品，淘宝肯定会把流量分配给这个宝贝；反之，淘宝肯定会把流量分配给竞品而不是给这个宝贝。因此，要及时监控宝贝的各项数据。一旦发现有异常，要及时分析原因并通过优化解决问题。

5.3 商品成熟期的操作方法

在宝贝从导入期进入成长期后，销量及单品访客都会每天递增，而且增长的趋势还很乐观。但是，这种持续递增会慢慢达到一个高峰值，到了这个峰值，就算再加大推广力度，宝贝的自然搜索也难以持续增长。这说明宝贝已经进入了成熟期。成熟期的工作主要包括以下几个方面。

5.3.1 把控好利润

在宝贝进入成熟期后，第一件要做的事是算账，算一算这个宝贝从上架开始到现在为止一共投入了多少费用，亏损或者盈利了多少。这对很多利用付费推广来打爆款的商家尤其重要。很多商家经常会犯这样的错误：看到宝贝销量一天天增长，就觉得付费推广带来的帮助非常大，于是继续加大投入力度。结果销量可观，但钱反而是亏的。

因此到了成熟期，要算一算到目前为止一共投入了多少钱、每天单品能盈利多少。成熟期的宝贝销量已经稳定，如果每天还是亏的，那就意味着会一直亏下去。在成长期允许亏本是因为知道后面还会继续增长，但到了成熟期后增长的空间已经不大，所以这个时候是不应该亏本的。

此外，还要算一算，要多久才能完全实现单品、整体都能获得利润。例如，如果按照目前每天的利润，可能需要两个月才能回本，但这个单品马上就要过季了，没有两个月的时间，说明这个宝贝可能最后会亏本。这个时候商家就要重新调整运营策略，不能持续不计后果地投入，新的运营策略要保证在产品生命周期内做到整体盈利。

5.3.2 做好关联搭配

当单品到了成熟期，商家还要思考如何让买家买得更多。最常见的手段就是做好关联营销、搭配套餐、满减活动等，即将店铺的其他商品巧妙地组合起来，让顾客在购买这个款的同时也购买其他的款。

1. 关联营销

在宝贝进入成熟期后，商家可以在详情页里关联上一些其他产品，以此来提高客单价或者减少流失量，如图 5-10 所示。有些商家会质疑，在详情页关联会不会影响买家体验？如果关联销售做得好，迎合了买家的需求，不但不会影响买家体验，还能起到促进作用。

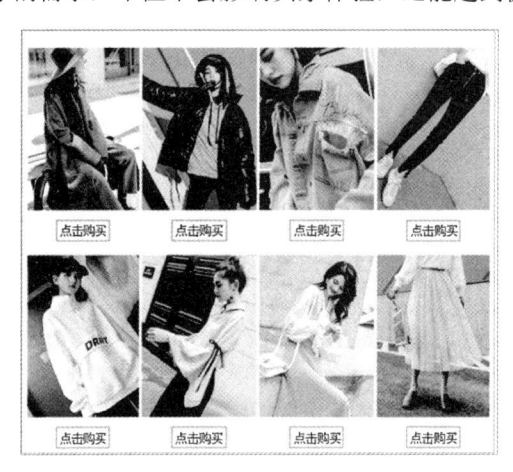

图 5-10

在详情页做关联营销一定要把握好技巧。例如，在成熟期做关联营销一定不要关联替代品。因为处于成熟期的宝贝还需要花比较大的精力去维护它的转化率。如果关联了替代品，就有可能促使部分买家去购买替代品而放弃购买这个宝贝。这就相当于降低了宝贝的转化率。在成熟期做关联营销，要思考买家在一定的消费场景下，除了买这个宝贝还愿意同时购买什么产品。如图 5-11 所示，商家在详情页把模特身上的搭配产品关联起来。这样方便那些看中模特整个穿搭的买家一起购买，免去了买家寻求搭配产品的烦恼。这种关联模式就是一种不错的选择。

图 5-11

2. 搭配套餐

搭配套餐也可以促使买家多买。如图 5-12 所示，商家把裤子和外套一起搭配销售就是一个不错的选择。商家在做搭配套餐前一定要进行数据分析，要分析哪些商品买家喜欢和这个产品一起购买，然后把这些商品做成搭配套餐。套餐可以享受折扣优惠，这样便可以引导买家同时购买多件。很多买家原本只打算买一件，但看到搭配套餐后很喜欢，而且还有优惠，自然愿意多买。

图 5-12

3. 满减活动

通过满减或者第二件半价等优惠活动也可以做到让买家多买。如图 5-13 所示，该商家做了"全场满 300 减 30/满 600 减 60"的活动。如果买家对店铺的多个产品都有需求，就会同时购买多件。

图 5-13

做满减活动要注意技巧。如果优惠力度已经比较大尽量不要采用直接满减的方式。现在很多买家看到有满减活动，为了获取优惠会多拍几件达到满减要求，然后马上又把多余的申请退款。自从淘宝采用平行优惠的方式后，这种现象很常见。如果买家这样操作，那么满减活动不仅没有达到让买家多买的目的，反而会提升退款率。因此，对于优惠力度很大的活动，建议商家用收货后退差价的方式退款给买家，不过一定要在详情页说明。如果优惠力度不是很大，那直接满减也没关系，影响也不会特别大。

5.3.3 做好维护，延长生命周期

在成熟期，商家还要做好商品维护，让成熟期的生命周期更长。主要从以下两个方面去维护。

1. 评价的维护

评价对商品的生命周期影响非常大，一个不好的评价足以让一个爆款很快消亡。不好的评价分为两种：一种是差评，一种是评语写得很差的好评。对于差评的处理，第 4 章已提到，这里不再赘述。真正让人头疼的是那些虽然给了好评但评语写得很差的评价。这种评价没办法修改和删除，所以商家要尽量引导买家写好评语。

2. 优化流量结构

商家把一个款做到了成熟期，每天销量也不错，但是依靠一两个流量渠道做起来的。这种情况风险非常大。一旦这一两个渠道稍微出现异常，就会给这个宝贝造成致命性打击。为了避免这种情况，商家要尽量优化流量结构，尽量做好每一个流量渠道。

5.4 商品衰退期的操作方法

一个宝贝在热销一段时间后，可能因为经营不善或者行业客观原因（如季节更替）出现销量下滑，特别是出现流量持续下滑，怎么优化都无法改善的情况，这说明宝贝已进入衰退期。那么，衰退期要安排哪些工作呢？

1. 库存清理，资金回笼

进入衰退期后，库存积压是很多商家面临的比较大的问题。有些宝贝衰退期来得快而急，往往会导致库存大量积压。甩掉这些沉重的库存，释放资金压力是商家在衰退期的一项重要工作。

对于库存的清理，有以下两种常见的方法。

（1）自身店铺活动清理库存，即在自己店铺自主策划营销活动。通过这些营销活动快速把积压的库存清理出去。常见的营销方式有直接降价、组合其他商品优惠打折、老顾客低价销售、转化为赠品快速带动其他款的销售等。

（2）官方活动清理库存，即参与淘抢购、聚划算等官方活动。这些活动有比较大的流量优势。只要通过报名，往往能冲击一波很大的销量。这种活动不太适合基础差的商家，因为基础差的商家很难通过这些活动的报名审核。

2. 收缩推广费用

在宝贝进入衰退期后，商家要马上收缩推广费用。这个时候一定要做到付费推广直接盈利，即一定要做到完全盈利。商家采用付费推广是希望它能带动免费流量，帮助宝贝成长。既然宝贝已经进入衰退期，付费推广也就无法实现这一目的了。所以如果不能获得利润，多卖一件反而是增加了商家的负担，还会占用店铺的推广费用。如果有库存压力，为了清理掉库存即使保本或者略亏也可以。这里要注意，此时的盈利是指除去退货还能直接获得利润。很多商家没有考虑退货率，表面上看推广是盈利的，但如果除去退货，实际上并没有获得利润。

3. 关联销售，带动下一款

有些商家不存在库存压力，那么在宝贝进入衰退期后可以想办法把这款的余热转移到新的更有潜力的款式上去，以帮助新款快速打爆。

可以把有潜力的爆款关联到这个衰退款的详情页上，引导买家关注和购买潜力爆款，为潜力爆款增加流量和销量；也可以做搭配营销，把潜力爆款和这个衰退款做成一个搭配链接，以比较低的价格一起搭配销售；还可以直接把这个衰退款当成赠品，免费赠送给购买潜力爆款的买家等。总之，目的只有一个，就是尽力把流量和订单转移到潜力爆款上，帮助潜力爆款成长。

4. 做好复盘工作

有些商家从来都没有复盘的习惯，甚至觉得复盘就是浪费时间。其实，复盘是非常有必要的，可以帮助商家避免犯同样的错误；也可以帮助商家固化操作流程，让商家下次操作的时候更有效率和方向感。此外，复盘还可以帮助商家校验方向。很多新的想法、新的灵感都是在复盘中产生的，所以一定要重视。

复盘很简单，按照以下几个步骤去执行就可以。

（1）回顾目标规划。一般来说，商家在主推某个款时，都会先有一个规划，包括流量规划、预算规划等。而回顾目标规划的真正目的是为复盘提供思路，让商家知道接下来应该讨论什么。如果没有这一步，整个复盘会没有方向感，在讨论时也没办法聚焦问题。

（2）结果与目标规划的对比。回顾完目标规划，要拿实际结果和目标规划对比，找出实际结果和目标规划存在哪些差距。无论结果是好还是差，只要和目标有较大的差距，商家都要把这些点找出来。

（3）讨论和分析产生差距的原因。实际结果和目标规划存在比较大的差距肯定是有原因的。商家要清楚是什么导致实际结果和目标规划不符的，是实际操作的原因，还是设定的目标有问题，然后针对这些问题进行分析和讨论。

（4）总结规律。无论是做得好的地方，还是做得不好的地方，都要从中总结出规律。好的地方总结规律是为了下次借鉴，不好的地方总结规律是为了避免重蹈覆辙。最好能根据这些规律固化整个操作流程，以便下次可以遵循整个流程来操作。

第 6 章

直通车的推广优化

6.1 直通车测款

决定直通车推广效果的主要是产品和款式。如果选择的款式不好，或者选择的款式不适合做直通车推广，那么无论怎么操作也很难达到理想的效果。因此，测款就成了直通车推广的第一步工作。

利用直通车测款有很多方法，甚至可以说每一个直通车车手都有其独特的测款方法。这里主要介绍两种比较经典且有效的方法。

6.1.1 广撒网法

第一步，多款策略

先把自我感觉不错或者其他途径数据反馈不错的款式全部加入直通车。当然，需要根据预算来决定款式的数量，如果预算比较多，款式多一些会更好；如果预算比较少，每一批选择最有把握的三五个款式也可以。

第二步，多计划策略

把选定的款式加入多个计划中同时推广。至于到底开多少个计划也要根据预算来定，如果预算高，可以多开一些；如果预算低，开 4 个计划就可以。

第三步，多词策略

同一个款式开多个计划就是为了添加更多的关键词，因为一个计划只能添加 200 个关键词，4 个计划就可以添加 800 个关键词。对于这 800 个关键词的选择不用要求太严格，只要它们的最优类目是这个款式的类目，且这些关键词不会错误描述就可以。当然，选择的关键词也需要有一定的展现指数，如果展现指数非常低，就没有任何意义了。一定要注意每个计划不能加入相同的关键词。为了避免有些关键词在表现上不一致但实际在淘宝系统后台属于同一个词的情况发生，建议通过第三方工具查询一下这些关键词在直通车的展现数据，然后按照展现数据的降序去添加关键词。

第四步，低价策略

按照多款、多计划、多词策略，如果每一个款有 800 个关键词，而且至少是三五个款同时推，也就意味着会有几千个关键词同时推广。如果按照正常出价或者高价，预算肯定不够，且会浪费很多钱，所以出价的时候要尽量低一点。为了能够获取流量，在选词时要尽量选择市场均价相对来说较低的关键词，这一数据可以在直通车流量解析中看到，也可以利用第三方工具统一查询。

第五步，观察数据和调整出价

完成了前面四步，就要正式进入推广期了。这期间会有流量进来，要重点分析这些流量情况，对数据表现比较好的关键词要提价。因为一开始用的是低价策略，如果一直低价，很难有好的效果和流量，所以要及时对那些表现好的关键词进行提价。注意每次提高的幅度不要太大，后期如果表现好可以再提高。这些表现更好的关键词会带来更多的点击量，以便进行下一步的数据分析。

第六步，数据分析和款式评测

一般 7 天左右就能积累一定的点击量供商家进行数据分析。这里的 7 天不是固定时间，而是由积累的点击量决定的，如果 3 天能积累到比较多的点击量，那么 3 天后就能分析和评测款式；而如果 10 天还没有积累足够多的点击量，那么也不能分析。具体点击量要达到多少才可以进行数据分析要看类目，不同的类目，要求也不一样。但至少点击量要有说服力，尽量排除偶然因素，如某款式只有 10 个点击量，但只有一个人购买了也不足以说明这个款式好。

分析数据主要看点击率、加购率、收藏率等指标。如果点击量大还需要参考转化率。具体数据多少才算达标也要看类目和店铺。有时同一个类目不同店铺参考的数据都会不一样，因为不同的运营模式会导致这个数据结果不一样。如果有过去的数据统计，可以参考这个数据。例如，某位商家专门做了一个统计表格，将每一个测试款的数据都统计起来登记到表格里，和爆款、没做起来的款的数据进行对比后发现了一个共同点：最后做起来的款式，加购率都在 8%以上，前期点击率都在 3%以上。所以，后来该商家在测试款式时，就会重点关注点击率大于 3%、加购率大于 8%的款式。其他商家也可以采用这种方法，在日常运营中对数据进行统计，让数据来辅助自己决策。

以上是使用广撒网法测款的整个流程。它的优点是不依赖经验，而是通过数据测试出款式。如果是新手，对款式选择没有任何经验，只要懂得分析数据，就可以通过这个方法来测试。用这个方法来测款，成本也可控，不至于因为操作不好而翻车。此外，采用这种方法来测款的同时还能测词，款式测出来后基本上也测出了哪些词会表现好。广撒网法也存在一些缺陷。一是很容易忽略掉一些好款。因为出价太低，可能会导致某些款式因为没有数据或者数据表现不好而让商家误认为款式不好。二是如果计划权重低，加进去的关键词质量得分都很低，这样的测试方法根本拿不到点击量，也就达不到测款的目的。三是对于季节性产品来说，这种方法容易耽误时间。采取这个方法，往往仅测款就需要 7 天甚至更长的时间，测试完之后还需要时间进一步做推广。这样产品的营销节奏会大受影响。

6.1.2 精准快进快退法

第一步，计划设置

在正式推广前需要进行计划设置，主要包括时间折扣的设置、地域的设置、日限额的设置等。时间折扣的设置主要是重点投放产品购买人群的高峰期，其他时间尽量采用最低折扣或者不投放。地域的设置主要是精选产品购买人群的城市，一般选择 10 个左右的城市就够了。日限额的设置要根据实际情况而定，不能太低，至少要保证每天都能带来目标点击量。

第二步，精选一两个款式

广撒网法本质上是大范围测试款式，一批至少选三五个款式甚至更多款式同时测试。它的套路就是不管三七二十一，先把感觉还不错的款式都测试一番再说。但精准快进快退法要求必须精选款式，测试时款式不能太多，最多两个，且这两个款必须是通过一系列的数据分析或者依据自身经验从拥有的款式中精心选取的最有爆发潜力的款式。

第三步，精选关键词

要选择和宝贝相关性非常强的关键词，特别是人群要吻合，即搜索这个关键词的人群必须是对该宝贝有购买欲望的人群。同时，选择的关键词搜索指数不能太低，不能选择太长的关键词，要以二级词或者长尾热词为主，尤其要以"属性词/卖点词+核心关键词"这种类型为主，选择的关键词质量得分最好在 8 分及以上。

第四步，出价抢排名

出价抢排名并非一定要抢首屏或者前三位，而是要尽量做到快速带来点击量，然后实现测款的目的（带来点击量之后分析数据）。要快速积累点击量，前期最直接的方法就是提高出价，抢比较好的排名。

第五步，分析数据和款式评测

按照以上方法，一般 3 天就能积累足够的点击量来分析数据。仅从点击量来说，如果预算足够，那么一天时间就够了，但为了排除偶然因素，还是建议 3 天左右再开始分析。分析的指标主要是引流能力、点击率、加购率、收藏率和转化率。如果数据未达到潜力爆款的标准值，立即淘汰这个款式重新寻找款式。

这种测款方法的优点是速度快、节奏快，不耽误时间，无论是款式还是关键词都是经过精心选择的，所以相对来说把握性也要大很多。此外，这种方法还有一个优点是更容易快速带动手淘搜索流量和手淘首页流量。但这种方法也有一个缺点，就是太依赖经验，对于新手来说，失败的可能性会很高，亏损的可能性也比较大。

总之，无论采取什么方法，测款的目的都是带来流量之后分析数据，所以商家要做的就是选择一条最适合自己目前状况的方法，努力把流量引进来。

6.2 直通车关键词质量得分的提升

同样的宝贝，同样的关键词，有的人开通直通车只需几毛钱就能带来一个点击，有的人则需要几块钱才能带来一个点击。造成这个差距的原因就在于质量得分。

根据直通车的扣费公式（扣费=下一名的出价×下一名的质量得分/自己的质量得分+0.01）可知，要想降低平均点击扣费，就必须提高自己的质量得分，因为在这个公式中唯一能自己控制的就只有质量得分。根据直通车的排名规则可知，当质量得分高的时候，商家可以用相对低的出价把宝贝展示在前面的位置以获取更多的展现机会。

在直通车人群溢价功能出来后，有些商家认为，今后直通车质量得分将不再重要，人群才是最重要的。其实，人群固然重要，但只要直通车的扣费公式没有变，直通车的排序规则没有撒开质量得分，质量得分就还会像以前一样重要，而优化直通车质量得分也仍将是优化直通车的重要方向。

在优化质量得分前，要清楚影响质量得分的因素有哪些。

6.2.1 影响质量得分的因素

1. 相关性

相关性是指关键词与宝贝类目、属性及宝贝本身信息的相符程度。关键词与宝贝类目的相关性主要体现为宝贝发布的类目和关键词的最优类目的一致性，关键词与宝贝属性的相关性主要体现为发布宝贝时选择的属性与关键词的一致性，而关键词与宝贝本身信息的相关性则主要体现在宝贝标题信息和直通车推广内容信息上——如果某个关键词是宝贝标题用到的，特别是在直通车的推广标题中也出现过，那么该关键词与宝贝的相关性就会提高。

2. 创意质量

创意质量是指推广创意近期动态反馈的关键词所在宝贝的推广创意效果，包括推广创意的关键词点击反馈、图片质量等。

3. 买家体验

买家体验是指根据买家点击关键词进入店铺后的购买体验和账户近期的关键词推广效果给出的动态得分，主要包含直通车转化率、收藏率和加购率、关联营销、详情页加载速度、好评率和差评率、旺旺反应速度等因素。

清楚了影响质量得分的因素，接下来就要分别从这些因素出发去优化提高质量得分。

在优化一个关键词的质量得分时，要分析这个关键词哪些方面做得还不够好，注意先从问题比较明显的方面开始优化。

如图6-1所示，点击质量得分的分数就可以看到这个关键词的质量得分情况。如果出现灰色格子，说明在这个方面存在比较明显的问题，灰格越多问题越严重，所以要先从灰格比较多的方面开始优化。

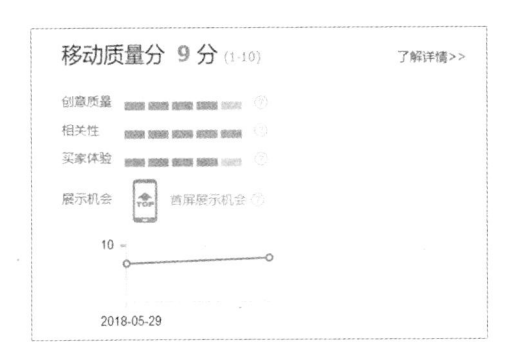

图 6-1

6.2.2 如何提高质量得分

1. 通过优化关键词的相关性来提高质量得分

（1）因为关键词与宝贝信息的相关性会影响质量得分，所以要把关键词放在宝贝的标题和直通车推广标题里面。

有时候关键词虽然在宝贝标题和推广标题中都有出现，但它的质量得分并没有提高，甚至有可能还降低了。那么，怎样撰写标题才能提高质量得分呢？

官方没有公布撰写标题的方法，但商家可以自己尝试。在做优化之前，可以先统计关键词的质量得分情况，看看哪些关键词是 10 分、哪些关键词是 9 分、哪些关键词是 8 分，然后去优化宝贝标题和推广标题。在优化完成后再查看关键词的质量得分，如果质量得分下降了说明之前的优化做得不好；如果质量得分瞬间上升了，说明优化成功了。很多时候，可能只需要改一下宝贝标题或者推广标题，质量得分马上就能提高至 10 分。不过要注意的是，如果搜索流量起来了，就不要去修改宝贝标题，因为这时修改可能会导致搜索流量下滑，但是这时可以修改直通车创意标题。

（2）因为关键词与宝贝属性的相关性会影响质量得分，所以在选择关键词时，尽量选择与宝贝属性一致的关键词。选择关键词也有技巧，要根据宝贝的属性和类目去选择，而不是盲目地选择。

（3）因为关键词与宝贝类目的相关性会影响质量得分，所以要尽可能做到关键词最优类目和宝贝发布的类目一致。

2. 通过优化创意质量来提高质量得分

创意质量主要体现在图片质量和点击率两方面。图片质量方面，只要图片不违规、清晰达标就可以，基本上大部分商家都可以做到。如果创意质量这个指标没有满格，主要是因为点击率比较差，所以要思考如何提高点击率。

在提高点击率时，先要了解这个关键词的点击率需要达到多少才算合格。有些商家已经把点击率做到8%，可是质量得分还是不高，因为该行业的均值是10%，所以就算达到了8%仍然不合格。因此，一定要先查看点击率的行业均值。如图6-2所示，进入直通车"工具流量解析"，然后输入要分析的关键词，最后点击"竞争流量透视"就可以看到每个关键词的行业数据。有了这个行业数据，接下来要做的就是想办法把点击率提高到这个均值的 1.5 倍以上。提高点击率可以从以下几个方面入手。

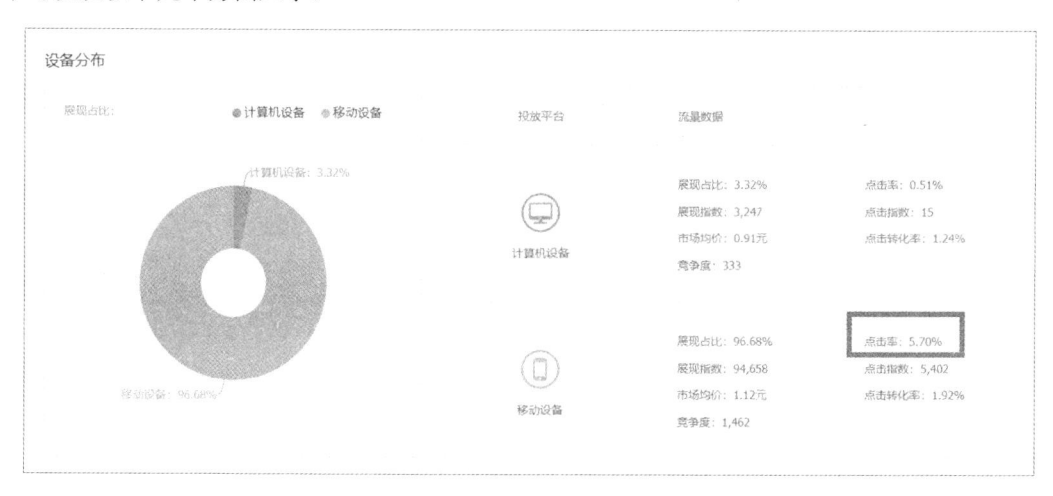

图 6-2

（1）关键词排名。一般来说，首屏位置的点击率会比其他位置点击率高很多，这也是要在养分阶段尽量去抢首屏的原因。在预算不够的情况下，宁可每天只开几个转化率高的时段和地域，也不能让关键词排名太靠后，因为排名太靠后，点击率就会差，点击率差了质量得分就会差，质量得分差了PPC（点击付费广告）就会高，排名就会更加靠后。如此陷入恶性循环，最后会完全带不来流量。相信这一点很多商家都体会过，每次只要一降低直通车出价，点击率就紧跟着下滑，如果不拉回来，那么第二天质量得分也紧跟着下滑，紧接着几天下来，整个直通车都没有什么流量。出现这种情况，这就是因为降低直通车的出价后，关键词排名下滑影响了点击率。

（2）图片的拍摄。很多人在优化直通车点击率时，想的都是如何做好创意图片，如何写好创意图的文案。殊不知，拍摄才是获得优质图片的基础。特别是对于非标品类目来说，图片的拍摄直接决定了点击率的高低。如果图片拍摄得不好，就算后期再用心优化也很难达到满意的效果。

（3）款式的选择。款式是否被买家喜欢直接决定了点击率的高低，因此选款很关键。

（4）关键词的选择。关键词是联系买家和商品的一座桥梁。每一个关键词都对应着一批搜索人群，只有产品和人群的需求相符，是这类人群喜欢的产品，买家点击产品的可能性才高。因此要根据人群选择关键词。

（5）创意图片。一张好的创意图可以大大提高点击率，这也是很多商家经常做一些比较幽默的图片去吸引买家的原因。对于很多新手尤其是没有专业美工的小卖家来说，做一张创意图有一定的难度，这个时候就需要学习和微创新了。

例如，可以搜索一个核心关键词，看看创意图做得好的商家，特别直通车排在前三位的商家，然后进行学习，取长补短，做出满意的图片，去自己的店铺测试。

（6）销量。对于卖点不是特别鲜明的产品来说，销量对点击率的影响非常大。例如，某商家是卖裤子的，会发现某产品前期销量低的时候点击率很低，但销量起来后点击率就会特别高。对于这类产品，商家可以通过做活动的形式快速把销量提起来，然后配合直通车去推广。

（7）精选点击率高的地域和时间段。在直通车报表中找到地域列表，然后选择点击率比较高的地域进行投放。截至2019年9月，直通车官方报表只能看到省级地域的数据，但很多第三方工具可以看到具体的市级数据，商家要尽量精确到市级。同理，点击率低的时间段不投放或者按30%折扣投放。

（8）优化搜索人群。点击率的高低代表了买家对产品的喜爱程度，而搜索人群的目的就是尽可能地将宝贝展现在指定的人群面前，让直通车的流量更精准。在精准人群面前提高溢价、把宝贝展现到精准人群面前，这样点击率才会高。

（9）优化关键词匹配模式。直通车有精准匹配和广泛匹配两种模式。如果采用了广泛匹配后点击率低有可能是因为系统匹配了很多不精准的人群，这个时候可以改用精准匹配。但是，在用精准匹配时一定要先测试对比两种模式下的点击率，因为有时广泛匹配的点击率可能高于精准匹配的点击率。因此商家要根据具体情况去选择关键词匹配模式。

3. 通过优化买家体验来提高质量得分

影响买家体验的因素主要有直通车转化率、收藏率和加购率、关联营销、详情页加载速度、好评率和差评率、旺旺反应速度等。其中影响最大的是转化率。如果某个关键词的买家体验感差，往往这个词的转化率也比较低。所以，要优化买家体验，就必须提高转化率。同时，也要提高其他各项指标。

6.3 直通车关键词的优化流程

对于直通车来说，款式是核心，关键词是关键。直通车除了定向推广，其他的流量都来自搜索渠道，而搜索必然要和关键词挂钩，因此优化关键词也就成了直通车日常优化与维护工作中非常重要的一项。

直通车关键词优化是一个循序渐进的过程，主要分为以下三个步骤。

第一步，养分

有人会问：我加进去的关键词质量得分都只有 8 分左右，是选词有问题还是计划权重有问题？

此时不必在意质量得分的高低，因为质量得分是养出来的，而不是选出来的。通过观察会发现，最后真正带来大流量和高成交的关键词往往一开始都只有 8 分左右，而一开始加进去就是 10 分的关键词最后反而没有发挥特别大的作用。

在关键词养分期间点击率，以及加购率和收藏率都很重要，其中点击率尤为重要。在养分期间可以暂时不用关注转化率。

养分的时间不能拖得太长。其实，只要点击率够高，收藏率和加购率不差，基本上 3~7 天时间足够把分养起来。在养分期间点击率至少要达到行业均值的 1.5 倍，尽量做到达到 2 倍。

在养分期间还要注意一点，那就是点击量不能太少。在预算允许的情况下，要尽可能带来更多的点击量，因为点击量太少，基本上质量得分也很难养起来。

第二步，关键词的综合优化与维护

当质量得分养起来后，PPC 自然就会降下来，这个时候就要开始做关键词的综合优化和维护了。

关键词的综合优化是指围绕目的展开优化。因此，在开通直通车之前必须先明确目标，然后一步一步朝着这个目标走下去。例如，想通过直通车带动自然搜索，那么就要确保优化是带动了自然搜索的，如果直通车一直在加大推广力度，但自然搜索却毫无起色，就得停下来等找到原因并解决问题后再继续。一般来说，如果在直通车推广一周后自然搜索流量还没有起色，那么接下来也不会有太大的改变。这种情况极有可能是因为自然搜索本身没有做好。直通车只是一个加速工具，如果自然搜索本身就没有做好，那么投入再多也不会有效果。

关键词的维护主要是维护点击率、转化率、PPC 和 ROI（投资回报率）等。如果这些指标变差，质量得分很快就会掉下来。

第三步，不断给关键词"换血"

在推广了一段时间后，关键词会积累一定的数据，这时已能分辨出哪些关键词比较好、哪些关键词比较差。对于比较差的关键词，要删除或者优化；对于比较好的关键词，要尽可能让其把作用发挥到最大，同时，还要分析这些关键词背后的人群，了解为什么这个关键词的效果好，然后根据这个词的特性去寻找更多的新的关键词添加进来。很多商家常犯一个错误，一旦直通车稳定了就不再添加关键词了。事实上，不同时段会有好的关键词涌现，所以一定要及时找到和添加好的关键词。特别是飙升词，容易被忽略，而实际上这种词的 PPC 低，使用起来有时会给商家带来意想不到的惊喜。

6.4 直通车主图的优化技巧

直通车主图在设计和要求上与商品主图相比有很大的不同。直通车主图除了要考虑普通主图的要素和要求外，还需要考虑投放位置、投放策略，以及投放的关键词和人群。位置、策略、关键词和人群不一样，直通车主图的要求就会不一样。

运营人员在让美工做直通车主图前，一定要先根据投放的位置、策略、关键词和人群来确定图片应该重点突出什么，然后把相关思路和建议传达给美工。

那么，如何才能做好一张高点击率的直通车主图？以下是几点建议。

1. 根据主推关键词人群需求来确定直通车主图应该展现的卖点

在做直通车主图时，要先分析主推关键词对应的买家需求点和关注点，然后将其在主图中重点呈现出来。例如，买家搜索"高跟鞋细跟女"这个关键词，说明这个买家想要买的是细高跟的女鞋，那么，直通车主图就要重点突出"高跟"和"细跟"这两个卖点。除此之外，还要进一步分析买家产生需求的原因。例如，买家要购买细高跟鞋子可能是为了显腿长，那么直通车主图就要突出这个款显腿长；有些买家购买细高跟鞋子可能是为了搭配一条连衣裙，那么直通车主图就可以把连衣裙的搭配场景融合进去；有些买家购买细高跟鞋子可能是因为职场需要，那么直通车主图就可以体现职场的干练。总之，就是根据买家的需求来确定创意主图应该展现的卖点。

2. 向竞争对手学习，并取长补短

有时候仅凭一己之力可能很难做出一张高质量的创意图，在这种情况下就要向竞争对手学习并取长补短。

在学习竞争对手的创意图时，一定要先分析其点击率高的原因。有些宝贝点击率高并不是因为它的主图做得多好，创意有多优秀，而是因为它的款式特别好、拍摄效果特别好，这两种优势是学不会的。

除了学习，还要取长补短，使图片更加吻合主推关键词背后的人群。

3. 对每一张图的数据进行留存，学会分析和总结

很多商家测试过不少图片，但从来没有把这些图片的测试数据保存下来，也从来不去分析和总结这些图片好或者差的原因。

一定要养成保存数据的好习惯，可以做一个 Excel 表格，每测试一张图都把对应的点击率、转化率与加购率和收藏率数据记录下来。这些数据要经常分析和总结，对于数据表现好的图片，要分析它为什么好，然后把这个结论用在以后的图片制作上。例如，在多张点击率高的图片上有一句相同或者相似的文案，这可能意味着这个文案带来了高点击率，所以今后做其他的图片，就可以优先考虑放上这个文案。同样，还需要分析数据表现差的图片，找出表现差的原因，避免再出现类似的问题。

6.5 直通车精准优化玩法

开通直通车，每个人都有自己的技巧和玩法。其中，精准优化玩法和低价引流玩法是商家经常用到的。精准优化玩法的核心在于"精准"二字，这种玩法从一开始选款到后期所有优化都围绕"精准"展开，操作起来主要分以下几步。

第一步，精选款式

在精准优化推广玩法中，选款和测款需要单独进行。在测款之前必须有一轮选款，这里选款可以根据市场流行趋势、流行属性、店铺数据分析、老顾客反馈等来进行。选款是为了让所测试的款能够顺利推广起来。

第二步，测试款式

（1）添加一定数量的关键词。这些关键词要符合两个要求，一是不能包含同一个卖点的词根。例如，某商家卖的是牛仔裤，选择的关键词都包含了"阔腿牛仔裤"这个词根，这样的选词是有问题的，很容易因为选词太片面造成最后的数据不准确。二是这些关键词不能过度精准。只要人群一致、能正确描述宝贝即可，太精准了反而会误导数据。当然，如果想用过度精准的关键词也可以，但是这就要求在进行数据分析的时候对数据指标的要求更高，不能参考平常的标准。

（2）选完词之后就要开始出价推广了。要用3～7天时间把流量引进来，而且要以打散式引进来，即引进来的流量不能集中在某一个关键词上，否则数据偶然性太大。要尽量把点击量打散，让大部分的关键词都能匹配上一些流量。

（3）积累够了点击量就可以开始分析数据了。数据分析主要看点击率、收藏率和加购率及引流能力，同时也要稍微看一下直接转化率，但如果前期点击量不高可以忽略直接转化率。如果没有经验可以参考行业平均值。在直通车后台有一个竞争分析的工具，从这里面可以查看大概行情，在直通车流量解析里也可以看到关键词平均数据，根据这些数据可以判断点击率是好还是差。等到积累了一定经验后尽量不要参考这些数据了，因为每个店铺因为风格定位、操作手法不一样，多少会和大盘的数据存在出入，所以此时最好的方法是参照过去积累的经验。例如，某店铺做女装类目，通过积累下来的数据分析，发现做起来的款在测试期间的加购率几乎都在6%以上，点击率在2%以上，那么再进行测款时，这两个数据就可以拿来参考。

第三步，精选关键词

其实第二步在测款的同时还测试了关键词。这也是为什么在第二步的时候要选择不同卖点的关键词而不是精选包含同一卖点的关键词，如果精选同一个卖点的词去测款，一方面可能增大偶然性导致数据不准，另一方面也没办法测词。通过第二步积累的数据，商家大概能分析出哪些关键词适合自己的宝贝，哪些关键词不适合自己的宝贝。商家要把表现好的关键词抓取出来，分析这些词为什么表现好，并重点分析这些关键词背后的人群。这里的人群分析可以参考生意参谋专业版市场行情中的搜索人群画像。在这些分析基础上，再精选类似的其他关键词，一般精选 50~100 个即可。

第四步，精选地域和时间折扣

要根据宝贝的需求人群精选投放地域和时间段。投放地域要精确到市，主要是根据第二步的测试数据和生意参谋市场行情的买家人群画像和搜索人群画像选择比较精准的地域；投放时间段是根据商品的转化率来确定的，注意一定要参考转化高峰期。

假如不知道什么时候才是转化高峰期，可以通过直通车后台算出来。直通车后台会显示每一个小时的订单数和访客数，把数据进行统计就会知道什么时候是转化高峰期，如图 6-3 所示。

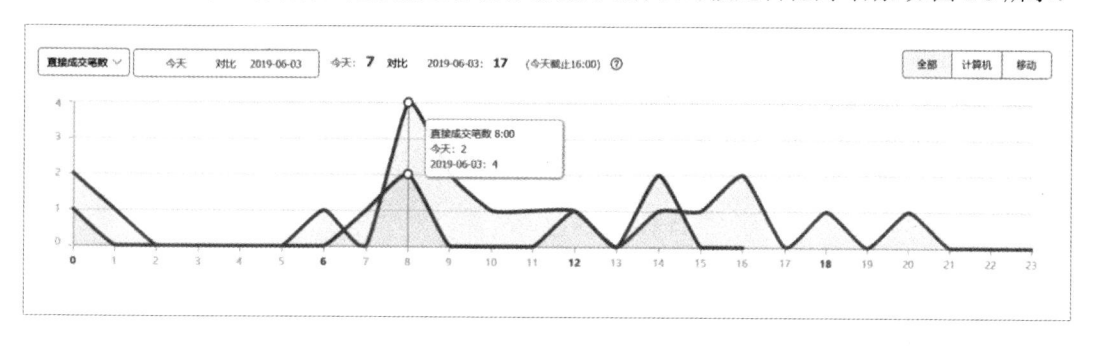

图 6-3

第五步，培育质量得分

在正式推广前，需要先把关键词的质量得分培养起来。质量得分的优化可以参考本书 6.2 节的内容。培育质量得分时间不能太长，一般花费 3~7 天时间。养分时，不一定要把所有的关键词都优化到 10 分，因为质量得分优化是整个直通车优化过程中都需要做的，前期重点培育一两个流量大、效果好的关键词即可。

在培育质量得分期间，最好设置一个合理的预算。这一期间为了获得好的点击率，关键词出价一般都比较高，并且直通车 PPC 相对来说也会比较贵，如果花费不够但是点击量已经够了那就不要急着加预算，要看效果如何，效果好可以增加，效果不好一定不要增加。当然，如果点击量不够就必须加，因为这样很难培育好质量得分。

第六步，根据数据优化和维护直通车

在质量得分培育完成后，就可以放开预算了。在培育质量得分期间，预算一般都是只要能带来足够培育质量得分的点击量就可以了，但质量得分培育完成后就需要放开预算。

接下来的重点工作是降低 PPC、提高销量、提升转化率。这三项不一定每一项都要做到极致，因为有时候这三项是有冲突的。例如，要冲销量，必须有足够的点击量，但是想要更多的点击量，往往需要针对关键词出价更高，而针对关键词出价更高以后，往往 PPC 也会高，这样也就不能达到降低 PPC 的目的了。因此要在这三项中找到一个平衡点。在推广直通车的时候一定要明白现阶段的目的是什么。例如，现在的目的是冲销量，那么可以把销量当成主要指标，但如果目的是盈利，那么首要要参考的指标就是 ROI，PPC 和销量尽量做好即可。

一般到了这一步商家最关心的就是如何降低 PPC。降低 PPC 有两种途径：一个是提高质量得分，另一个是直接降低出价。直接降低出价其实也需要先提高质量得分，如果不提高质量得分，那么一旦降低出价就会没有流量。所以降低 PPC 的整个过程其实就是边提高质量得分边降低出价的过程。

很多商家经常会犯同一个错误：看到质量得分提升后马上就去降低出价，也不关注点击率这些指标的变化。这种做法最后会导致点击率降低，质量得分下降，这样就又回到了原点，相当于之前的质量得分白养了，得不偿失。因此要在保证点击率、质量得分的情况下去降低出价。

6.6 直通车低价引流玩法

低价引流玩法也是一套比较不错的直通车操作方法。这套方法曾风靡一时，整个电商圈大部分的操盘手都在用这套方法。

低价引流玩法的核心是低价和高流量，简单来说，就是通过大量获取低价流量达到比较高的成交量。这套玩法特别适用于大类目，如女装、女鞋、女包等。但对于小类目和标品来说，采用这套玩法的效果就比较差。运用低价引流玩法主要有以下策略。

1. 多款多子类目策略

大部分商家做直通车推广都喜欢把所有的费用砸在一个款或者少数款上，在他们看来，直通车需要花钱才能买到流量，所以要把钱花在最有潜力的款上。把所有流量和成交量都集中在一个款上，这种思路从精准的角度来说是正确的，但是精准推广基本上每一个商家都在用，想要通过某个宝贝快速获取大量的点击量，就必须去抢关键词的排名，通过提高出价和其他竞争对手竞争，这样就会导致 PPC 过高。可见，在同等预算的情况下，这种精准推广难以带来比较好的效果。如果换一种思路，同样的花费，不去抢排名，虽然每个款可能每天只能带来几十或者百余个流量，但如果有 20 个这样的款，是不是一天也能有不少的访客呢？而且不去抢排名，PPC 也会比较低，同样的预算，可能带来更多的点击量和更高的销售额。

多款多子类目策略就是基于这个思路，不去花高价和别的商家抢关键词的排名，而是设置一个合理的出价，通过多款多子类目去拉流量。

2. 多计划多词策略

目前直通车一般都可以开 20 个计划，还有一些可以开 50 个计划。采用精准优化操作方法的商家往往都是一个宝贝一个计划，这样便于针对宝贝进行精细化管理。而采用低价引流玩法的商家，其实可以利用这么多的计划对多款多子类目做同步推广。这样做，可以打破淘宝一个单元最多只能添加 200 个关键词的限制。

对于大类目来说，有流量的关键词是非常多的，有时候 200 个关键词确实满足不了低价引流的要求，因此可以把每个宝贝都同步加入不同的计划里，然后添加不同的关键词。例如，把同一个宝贝加入 20 个推广计划中，每一个计划添加 200 个关键词，那就相当于同时在推广 4000 个关键词，如果平均每一个关键词带来一个访客，那么每款一天就能带来 4000 个访客，如果同时这样操作 10 个款，那就相当于每天可以带来 40 000 的访客。采用这种方法操作时要注意，关键词不能重复出现在不同的计划里，如果重复出现，也只会展现一个关键词，这样就浪费了坑位。

有人会问，去哪里找那么多与宝贝相关的精准关键词呢？其实这是有技巧的，在选择关键词时，做法和精准推广不一样，精准推广因为出价很高，必须保证关键词的高度精准，但是做低价引流，不需要这么严格要求，关键词只要满足类目最优、人群相关即可，不要求属性等高度相关。类目最优是为了保证质量得分。如果关键词不属于最优类目，这种词往往质量得分只有 2 分，而 2 分的质量得分是根本带不来流量的。人群相关是为了保证转化率。如果引进来的人群根本不是有需求的人群，那么几乎不会转化。例如，某商家的产品是短袖 T 恤，长袖 T 恤的关键词也可以用，因为长袖 T 恤这个关键词的最优类目同样也是 T 恤类目，一般类目最优的话能保证质量得分在 6 分左右，有了 6 分的质量得分就可以在无线端展示，也意味着可以给店铺带来流量。加上"长袖"这个关键词背后的搜索人群也和产品的购买人群一致，买家也会有购买这个产品的需求。

可能有些商家会想，买家搜索长袖 T 恤，他会购买短袖 T 恤吗？对于女性买家来说，购买的可能性非常大。这就好比一个女孩子逛商场，她可能一开始是想要买一条连衣裙，但最后连衣裙没买却买了一件 T 恤，因为在商场逛了一圈，她并没有找到自己喜欢的连衣裙，而是看到了自己喜欢的 T 恤，于是她选择购买 T 恤而不是最初想要购买的连衣裙。

消费者一开始的需求只能表明他更倾向于某一类商品，而在他见到了满意的产品以后才会决定购买。所以，只要这款宝贝符合人群的需求，对人群有吸引力，就能激发买家的购买欲。这其实类似于推荐流量，在买家没有这个需求时激发他的需求从而让他产生购买行为。这个方法也是利用了很多买家一开始根本不知道自己想要买什么，只有在见到了产品之后才知道自己想要什么的心理。选用人群相关关键词其实就相当于把产品展示到他们面前去，因为长袖 T 恤和短袖 T 恤有可能是同一类人群在搜索。当然，买家搜索长袖 T 恤最终购买短袖 T 恤的可能性肯定会比购买长袖 T 恤的可能性低很多，但是没关系，因为采用的是低价引流法，没有增加预算就可以带来更大的流量，这样也弥补了转化率低这个缺陷。

3. 低价策略

采用多款多子类目策略和多计划多词策略有一个缺陷——转化率不可能太高。低价引流的原理类似于手淘首页，要曝光之后再激发买家的需求。在这种转化率不高的情况下，要想达到比较好的效果，必须让 PPC 低，所以低价引流玩法不能出价太高，要保证在低价的情况下引进流量。

商家要计算一下宝贝最高能承受多少 PPC，在出价时一定不能高于这个价格。如果计算有难度可以直接采用这个公式：PPC≤转化率×客单价×利润率。其中客单价和利润率是知道的，只有转化率可能不知道，所以需要预估大概的转化率，后期再根据实际数据进行出价的调高和降低。

那么，按照这个方法出价能带来流量吗？这与选词有关，如果按照精准优化玩法的思路选词，肯定带不来流量。选词必须结合出价，保证所选关键词的市场均价不能高于预估出价的2.5倍，而且尽量不要高于2倍。例如，算出的PPC最多能承受2角钱，那么就要尽量选择那种市场均价在5角钱以内的关键词。可以利用第三方工具找到大量满足要求的关键词，而且第三方工具还能看到每个关键词的市场均价。

以上就是低价引流的思路。这套玩法不会涉及太多的操作技巧和方法，关键在于懂得找词和出价。最后要强调的是，低价引流这套方法是存在一定局限性的，主要表现在以下三个方面。

（1）该玩法比较适合大类目，适合习惯逛淘宝的人群。小类目不适合用这套玩法，尤其是标品更不能用。因为小类目和标品本身有流量的关键词就不多，如果不去抢主流量关键词的排名基本上很难带来流量。

（2）该玩法必须在直通车计划权重比较高的前提下使用。如果低权重的店铺用这套方法，哪怕添加一万个关键词，也很难低价获取到大的流量。

（3）必须拥有足够数量的款式和子类目。采用这套玩法，货源必须丰富并且款式要比较好。如果店铺只有几个款，也没办法采用多款多子类目策略；如果款式不够好，无论用什么方法，都很难操作起来。

6.7 低价获取海量直通车定向流量

自2018年开始，直通车定向推广的效果越来越好，不仅流量大，而且PPC低，投入产出比很高。定向推广的整体效果在一定程度上甚至超过了关键词的效果，并且对带动手淘首页流量有很大的帮助。那么，直通车定向推广有哪些技巧？

定向推广是指根据买家浏览购买习惯和对应网页内容，由系统自动匹配出相关度较高的宝贝，并结合出价及宝贝推广带来的买家反馈信息进行展现。

从上述定义中，大致可以知道定向优化的方向。定向推广是根据买家的行为习惯和网页对应的内容来匹配相关度高的产品的，那么要想把自己的宝贝展现到买家面前，宝贝标签就必须精准，这是第一个优化的方向。定向推广是结合出价和宝贝推广带来的买家反馈信息进行展现的，因此要想获得更高的展现就要优化出价，让买家对宝贝有一个好的反馈数据，这是第二个优化的方向。总的来说，定向优化要做三件事：宝贝标签的打造、出价的优化、买家反馈数据的提升。

6.7.1 标题优化与属性优化

精准打造宝贝标签是定向优化的主要内容。宝贝标签包括初始标签和用户反馈标签，而初始标签主要由宝贝标题和属性决定。

标题和属性的内容一定要与宝贝相符。属性填写要正确而且完整，标题关键词的选择要与宝贝高度相符。另外，标题中要尽量多包含属性词、风格词、材质词等能精准表明客户偏好的词。定向推广后台的购物意图定向就是由宝贝标题和属性决定的。有时后台连一个购物意图都未推荐，很有可能就是标题关键词的选择和属性的填写存在问题。

在填写标题时，建议先搜索一个关键词，如图 6-4 所示，页面会弹出一些可筛选的属性，可以把这些属性和关键词都添加到宝贝标题中，前提是这些词必须和宝贝高度相符的。

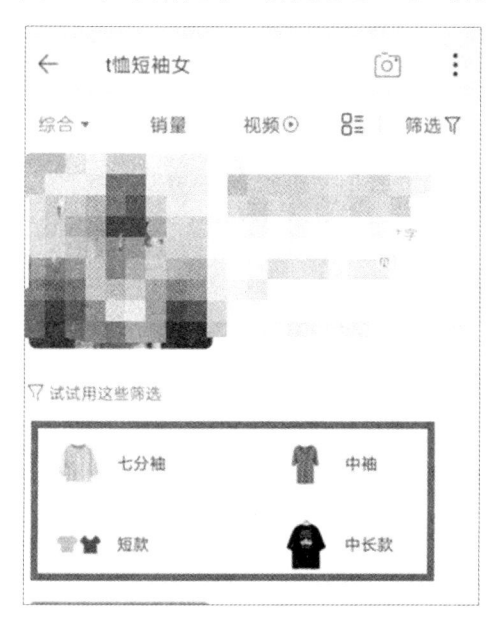

图 6-4

6.7.2 选择投放人群

人群的选择是定向推广中非常重要的环节，主要会对以下两个方面产生影响。

首先，人群的选择会直接影响到定向的效果。如果选择的人群不对，就相当于把宝贝投放到不精准的人群面前，效果自然会很差。

其次，人群不精准在前期会严重影响宝贝的入池。定向推广有一个冷启动期。在刚开始推广时，系统需要计算宝贝适合什么样的人群。所以，系统一开始只会少量展现宝贝，如果数据表现好，就会扩大展现；如果表现差，就会为了保证买家体验不再展现宝贝。如果一开始就投放错了人群，在冷启动期间数据表现差，那么后续要获得流量会很难。

商家应该如何选择投放人群呢？

1. 智能投放

如图 6-5 所示，在宝贝推广前期，建议暂停智能投放。智能投放是在综合评估访客、购物意图及其他等多种维度的基础上挖掘最适合该宝贝的人群的。它是根据历史数据来计算的，历史数据越好计算越精准。而在宝贝推广前期，没有积累足够的历史数据，这个时候流量很有可能不精准。因此建议初期暂停智能投放。

图 6-5

这里要注意，暂停智能投放的前提是投放了购物意图定向和访客定向的人群。有的商家在暂停智能投放后流量也没有了，就是因为没有投放购物意图定向和访客定向的人群。

等宝贝入池、数据稳定后需要打开智能投放。这时的数据已经积累足够，智能投放系统可以精准计算。

2．访客定向

如图 6-6 所示，访客定向主要分为两块：喜欢我店铺的访客和喜欢同类店铺的访客。

喜欢我店铺的访客是指近 3 个月内，浏览、收藏、加购物车、购买过我店铺商品的客户。这类人群对于店铺定位精准的商家来说效果很不错，而对于店铺人群定位很杂的商家来说效果就不太好了。因此是否投放要根据自己的实际情况来定，即如果店铺定位明确、人群精准就可以投放，否则不建议投放。

喜欢同类店铺的访客是指在近 3 个月内，浏览、收藏、加购物车、购买过同类店铺商品的客户。这里是否投放主要看自己的店铺在行业中有没有竞争优势、性价比高不高，如果性价比不错、销量也比较高，那么投放效果会不错，但如果性价比低、销量远低于同行，则投放效果会很差。

图 6-6

3．购物意图定向

如图 6-7 所示，在直通车的人群定向中，还有一个购物意图定向。购物意图是系统根据投放的宝贝标题、属性筛选出的可以代表该宝贝的多种关键词的组合，如"蕾丝连衣裙"对应的就是"蕾丝连衣裙"购物意图的买家人群。买家人群的购物意图可以通过其在淘内触达的商品分析出来。

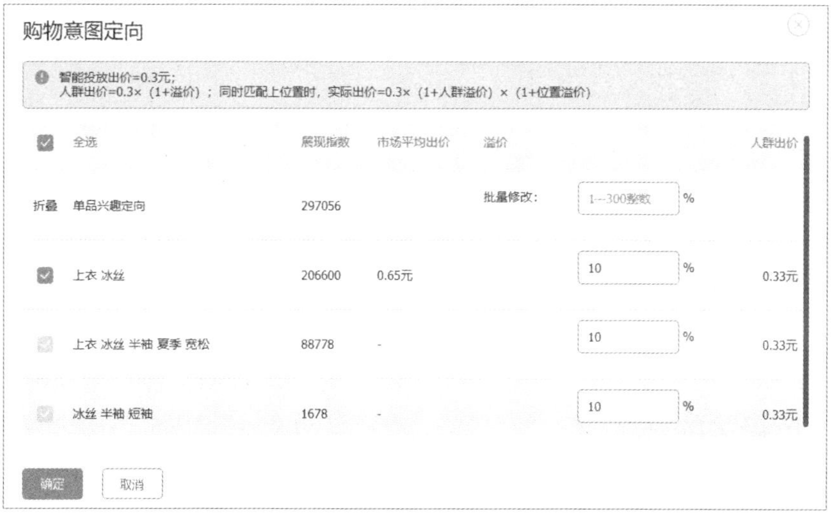

图 6-7

这类人群在定向前期建议优先投放。因为它挖掘了买家潜在的偏好,是非常精准的流量,且整体流量大,但在投放时一定要注意系统推荐的意图是否与宝贝相符,是否突出了宝贝的卖点。

很多刚上架的宝贝可能不会有购物意图定向人群,因为系统可能还没有开始抓取。这个时候可以先开关键词计划,也可以先开定向的其他人群。还要注意的是,购物意图要经常查看,因为它不是固定的,每隔几天系统会根据数据重新计算,有可能会出现一些更加精准的标签,要及时加进去。

6.7.3 创意图片的设置

目前,手淘首页"猜你喜欢"位置的流量在定向流量中占比很大,而手淘对图片是有一定要求的,如果不能满足这些要求,则没有资格获取这块的流量。

如图 6-8 所示,来到展现位置,查看"猜你喜欢"的位置后面,如果打上了绿色的"√"说明合格,如果打的是红色的"×"则说明不合格。点击红色的"×"这个标志,会弹出详细的创意要求介绍,要按照这些要求去修改图片。

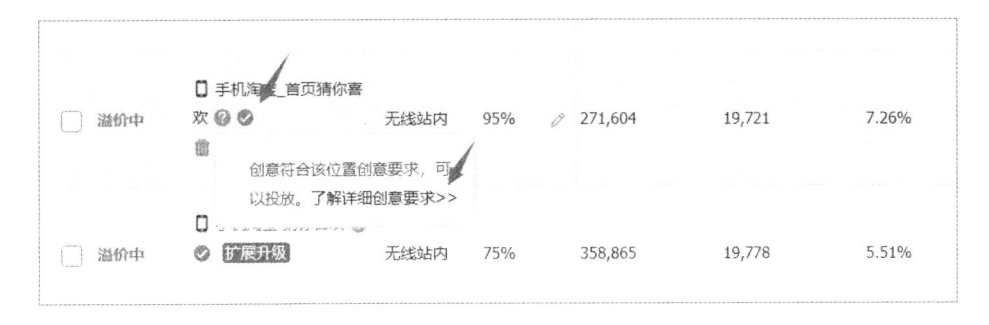

图 6-8

6.7.4 位置投放的技巧

如图 6-9 所示，可见展示位置下的通投位置。前期要尽量阻止通投的流量进来，因为它的流量数据很差，点击率非常低。有商家会想，这个又不能关闭，要如何阻止呢？其实如果暂停了智能投放，这个地方的流量就会很低，基本上就相当于阻止了。有些商家可能没有开购物意图定向，又不适合开其他访客定向，只能开智能投放，那么可以把智能投放的出价拉得比较低。例如，只出 1 角钱，然后通过"猜你喜欢"的位置和人群的溢价投放去把出价拉回来，这样也可以最大化地阻止这一块的流量进来。

图 6-9

目前来说，效果比较好的主要还是手淘首页"猜你喜欢"位置的流量。开通直通车的定向主要也是开这些位置，其他位置基本上都可以忽略。

6.7.5 出价的技巧

出价对于获取直通车定向流量来说是一门学问，需要一定的技巧才能操作好。一开始如果出价高了，后期很难降下来，因为直通车定向和关键词不一样，直通车定向是不能频繁调整出价的，否则会影响系统计算，导致本来流量很大的宝贝突然间没有流量。很多商家有过这样的经历，因为定向的 PPC 太高，就去调了几次出价，结果宝贝突然就没有流量了，而且恢复出价也获取不到这块的流量。所以一开始不能出价太高，如果出价太高，后期很难把 PPC 降下来，但是也不能出价太低，出价太低根本拿不到流量。那么如何出价呢？

可以根据公式去推算：PPC=转化率×客单价/ROI。

宝贝的转化率和客单价一般是已知的，如果是新品，可以以店铺其他相似款的转化率为参考，所以只要知道 ROI 是多少就能算出 PPC。

ROI 主要依据商家的目标而定，如果商家的目标是利用定向冲销量，宝贝只需做到 1.5 的 ROI 就满足要求，那么这个 ROI 就是 1.5，但如果商家的目标是不亏钱，宝贝需要做到 2.5 的 ROI 才能盈利，那么这个 ROI 就是 2.5。

在算出 PPC 后，不能直接按这个数出价，因为按这个出价基本上没有流量，所以在一般情况下，最后出价要在 PPC 的 1.5 倍左右。

在定好出价后，也不能直接在智能出价位置上出价，因为这个出价是包含出价和溢价的，所以在智能出价位置上只能按这个价格的 20%~50%出价，其他的人群、位置则要溢价。例如，计算出来的出价是 0.5 元，那么在智能出价位置上只能出价 0.1~0.25 元。人群和位置溢价可以根据"实际出价=出价×（1+人群溢价）×（1+位置溢价）"这个公式来计算。例如，最终出价是 0.5 元，已经在智能出价上出了 0.2 元，如果先不考虑人群，那么位置应该溢价 150%。

在出价后，可以设置一个日限额，如 50 元或者 100 元，过一两天再看能不能带来流量，如果没有带来流量，可以在人群和位置上增加一些溢价。例如，把原来的 150%的溢价调成 160%，通过慢慢增加的方法让它正好在一天之内把预算全部用完。每次调节的幅度不要太大，否则，一个上午就将预算用完了，再要降低出价就很容易影响整体流量。

当上述方案确定能带来流量时，再慢慢增加预算，可以观察两天左右看能不能每天把预算用完，如果能用完可以再增加；如果不能，就要分析当前的实际扣费达到了多少。如果实际扣费还能承受，可以继续调高溢价，但如果实际扣费已经超过了预算的 3 倍，就不能再增加了，否则最后就算把流量做进来，PPC 也会过高，而且很难降下来。

在出价方面除了可以用上述上坡法出价，还可以用下坡法出价。下坡法出价又叫高价切入法，就是先设置一个日限额，直接出高价，看需要多久才能用完预算，根据预算的消耗速度确定是否需要降价及降价多少，从而快速找到获取流量的出价临界点。例如，一开始设置日限额为 50 元，直接出价 2 元，如果 10 分钟这 2 元就用完了，再增加 50 元的预算，把出价降到 1 元，再观察消耗的速度，如果这次 4 个小时用完，可以再增加 50 元的预算，把出价降到 0.6 元，如果 0.6 元拿不到流量，可以提高到 0.8 元，如果 0.8 元能拿到流量，而且消耗速度也不是很快，就可以把 0.8 元当成出价，然后根据数据反馈做优化。

6.7.6 流量的放大提升

有些商家，只要看到定向的点击量不够就去提高出价。确实，提高出价有机会获取更大的流量，但出价提得越高，成本也就越高，而且后期很难降下来。因此，定向流量的放大不能单靠提高出价，还可以靠其他方法，如可以通过提升买家反馈来放大流量。利用出价技巧大概能知道出价多少时可以带来流量，如果每天能带来一两百个访客量，这时就不能再继续靠提高出价来放大流量，而要通过优化买家反馈数据来放大流量。买家反馈数据的提升主要体现在点击率、加购率和收藏率、转化率这三个方面，尤其是前两个方面。因此，当点击量达到每天一两百时，商家更多要做的是提升点击率、加购率和收藏率，要做到在同样的出价下，让每天的点击量越来越多。

6.7.7 整体效果的提升

在一般情况下，定向推广前期为了入池，PPC 相对来说会比较高，投入产出比会有点失衡，所以一旦入池，就要开始优化整体的效果，把 PPC 降下来，同时把投入产出比做好。

如图 6-10 所示，PPC 的降低主要有两种途径：一个是降低出价或溢价，另一个是提升数据反馈信息。通过降低出价或溢价来降低 PPC 的空间是有限的，如果数据反馈没有提升，PPC 降低会直接导致没有流量。因此，在降低 PPC 时，要把定向的数据反馈提上来，如果数据反馈好，同样的出价，可以带来更大的流量，这个时候才可以降低 PPC。

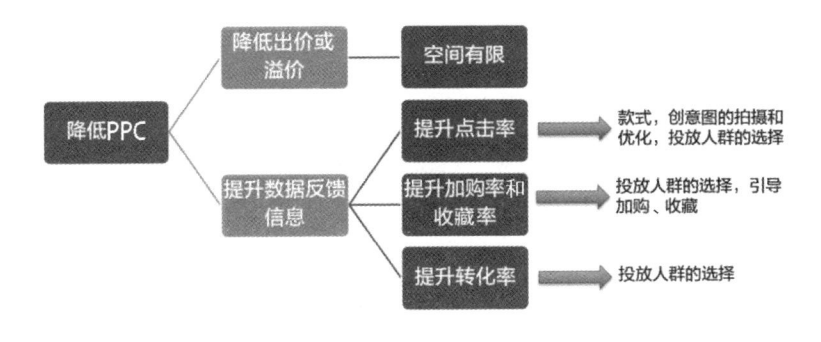

图 6-10

提升数据反馈信息需要从点击率、加购率和收藏率、转化率入手，而要做好这些因素需要从以下几个方面去优化。

（1）确保款式受买家喜欢。这是最基本的要求。所以在定向推广时，先要测款，如果数据证明款式比较好，就可以发力去推广；如果款式本身数据不行，那么后续优化的空间会很小。

（2）创意图的拍摄和优化。图片是影响点击率的重要因素。有些商家认为创意图的重点在于文案，其实对于定向推广来说，文案是很难满足要求的，所以重心应该在图片拍摄上。特别是要考虑场景搭配，而不能先随便拍几张图，完全依赖后期优化。做定向推广，一定不要忘记测图这一步。在推广关键词时，大多数商家知道点击率会影响质量得分，所以都很重视测图。但在做定向推广时，有些商家往往会忽略这项工作，不仅不测图，甚至会直接拿关键词测试好的图片来做定向推广。这种做法是不可取的，因为搜索和推荐是两种不同的场景，搜索效果好的图片在推荐场景中可能点击率很差。一定要通过定向测试找到最高点击率的图片，然后将其作为定向的推广图。

（3）人群的选择。开定向人群是由商家自己选择的，有些人群在分析的时候可能符合宝贝，但实际上却有可能根本不符合。因此，要及时分析人群的数据，把数据反馈差的人群暂停掉。

如图 6-11 所示，对于 ROI 的提升，主要有两种途径：降低 PPC 和提升成交额。提升成交额就是提升转化率和客单价。转化率的提升可以从位置选择、时间折扣和地域选择这几个方面去优化,也就是分析后台数据,把表现差的位置暂停或者降低溢价,把转化率低的时间段降低折扣,把转化率太差的地域关闭。而客单价的提升主要是做好关联销量和客服引导推荐。

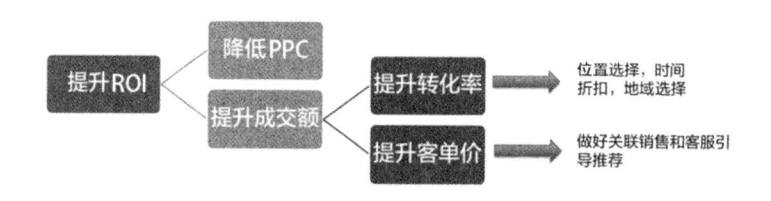

图 6-11

温馨提示:目前直通车定向功能正在向超级推荐迁移,如果不能开通直通车定向的可以移步到超级推荐进行推广,超级推荐操作思路和定向操作思路大致相同。

6.8 直通车精选人群的原理和优化技巧

如今,每天都有超过百亿的流量通过直通车进入平台。如果平台商家在通过直通车获取流量时不能做到将流量精细化,是很难消化利用这么多流量的,而且还会浪费很多推广费。这也是淘宝推出精选人群功能的原因。直通车的这个功能一经推出,就受到了很多商家的追捧,甚至不少商家认为:精选人群功能推出后,直通车质量得分变得越来越不重要,人群优化将是今后直通车的主流方向。

商家们虽然普遍看好直通车的精选人群功能,但真正懂得其原理和优化技巧的人并不多。因此这一节我们将重点介绍直通车精选人群的原理和优化技巧。

6.8.1 直通车精选人群的溢价原理

直通车精选人群功能实际上是通过对不同人群进行不同出价从而达到让流量更精准的目的。简单来说,就是在不精准的人群标签面前用低出价的方式让宝贝尽量不展现,而在精准的人群标签面前用高出价的方式让宝贝尽量多展现。因此要想优化好直通车精选人群,必须了解直通车精选人群溢价的原理。

直通车精选人群溢价是在关键词原出价基础上溢价。例如，关键词出价 1 元，搜索人群溢价比例 50%，则人群出价=关键词的出价×（1+人群溢价比例）=1×（1+50%）=1.5 元，扣费小于或等于溢价后的出价 1.5 元。

这里的"关键词的出价"相当于所有人群面前的出价，而"人群出价"就是指定的标签人群面前的出价。商家要做到在所有人群面前尽量低出价，在指定的精准人群面前尽量高出价。当然，在所有人面前出价也不能太低，如果太低会影响在精准人群面前出价，精准人群面前的出价是所有人群面前出价基础上的溢价，溢价范围一般是 5%~300%，如果原关键词出价太低，可能溢价 300%后，出价还是太低从而导致宝贝无法展示。另外不精准的人群不代表完全不会有成交量，只是相对来说这类人群产生购买行为的可能性比较低，如果出价太低直接屏蔽了这类人群，就会导致这里面一部分想要购买的人没有机会购买，这显然与商家的目标不相符。

6.8.2 直通车精选人群的展示原理

直通车精选人群的后台有很多标签，在做优化时，要先了解直通车精选人群的展示原理：针对不同的人群标签，出价高的优先展现；在出价相同的情况下，最早设置的优先展现。

出价高者优先展示大家都可以理解，因为直通车排序主要是依据出价和质量得分。在质量得分同等的情况下，出价越高，宝贝展现和曝光的机会就越大。

在出价相同的情况下最早设置的优先展现则比较难理解，这里举例说明。例如，所有的标签都出价 10%，第一个设置的标签是"女"，那么大部分展现都会给带有"女"这个标签的人群。因为一般来说，一个人的性别标签只会是"女""男"或"未知"，如果做的是女装，基本上大部分人群都是"女"这个标签人群，那么在所有标签都同等出价的情况下，最后大部分的展现肯定都会给"女"这个标签人群。这个时候，不太好进行数据分析，所以在设置人群标签时要注意人群添加的先后顺序。

6.8.3 直通车精选人群的圈定

1. 宝贝定向人群

如图 6-12 所示，宝贝定向人群是淘宝系统结合某宝贝的相关特征和属性，智能挖掘出对该宝贝感兴趣的一类人群标签。

宝贝定向人群主要有喜欢相似宝贝的访客和喜欢店铺新品的访客这两大人群。

（1）喜欢相似宝贝的访客是系统通过对某宝贝产品属性的详细分析，为商家找到喜欢同类型商品的消费人群，因此这类人群相对来说是该宝贝的高意愿买家，是值得商家投放和溢价的。

（2）喜欢店铺新品的访客是系统智能挖掘的对店铺上架新品感兴趣的人群。这类人群对新品更容易产生加购、收藏等行为，因此当刚上新的时候，投放这类人群效果是非常不错的。

图 6-12

2．店铺定向人群

如图 6-13 所示，店铺定向人群主要包括浏览过智钻推广的访客、店铺长期价值人群、智能拉新人群、浏览过猜你喜欢的访客、浏览未购买店内商品的访客、店内商品放入购物车的访客、购买过店内商品的访客、收藏过店内商品的访客、浏览过同类店铺商品的访客，以及购买过同类店铺商品的访客等。这些人群相对来说是比较精准的人群，但是要不要投放要根据实际情况来定，主要是了解该人群是否是宝贝所需要的人群及能否达到商家的营销目的。如果和宝贝购买的实际人群相似度很高且与商家的营销目的一致，就可以投放，否则不要投放。

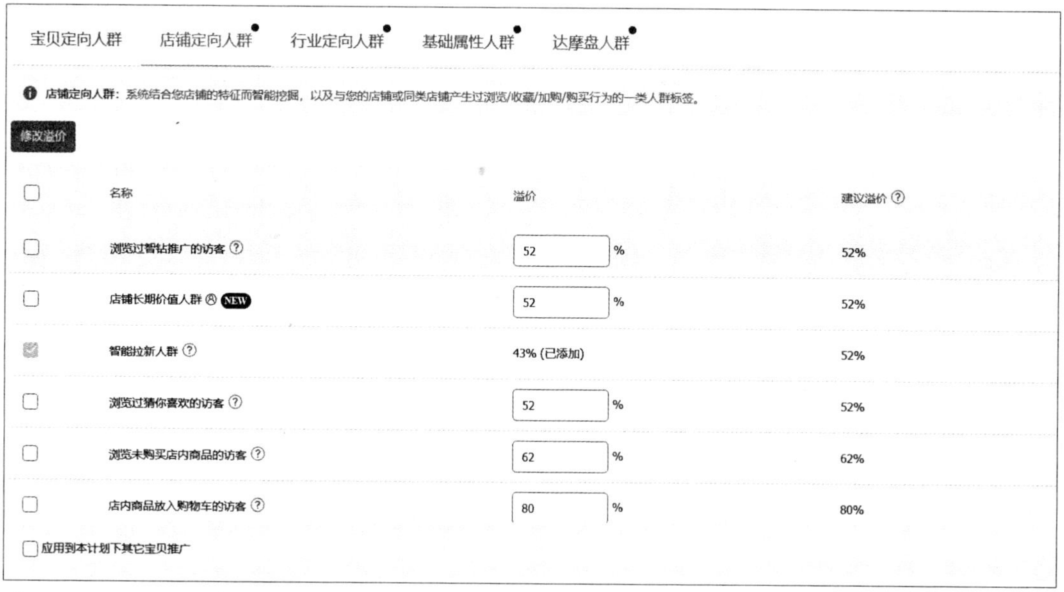

（注：版面原因，只截取了部分店铺定向人群。）

图 6-13

3. 行业定向人群

如图 6-14 所示，行业定向人群主要由行业偏好人群、行业优质人群、跨类目拉新人群三大板块组成。行业偏好人群（购物意向偏好人群）是指根据不同行业下，消费者对商品不同属性的购物意向进行人群圈选。行业优质人群是基于整个淘系的丰富标签，由平台配置推荐的个性化人群包，满足商家在活动节点或行业上的圈人需求。跨类目拉新人群是指圈定与某宝贝的类目关联性较高的其他类目的人群，如某产品是"半身裙"这个类目，那么系统首先要分析"半身裙"与哪些类目的关联性比较高，然后去圈关联性高的这类人群。

行业定向人群的流量很大，但是精准度不是很高，所以行业定向人群主要用来拉新。

4. 基础属性人群

如图 6-15 所示，基础属性人群是由人口属性人群、身份属性人群、天气属性人群、淘宝属性人群、节日属性人群五类人群组成，是系统基于一些基础的属性组合圈选的各类人群。这几类人群中不建议大家投放天气属性人群和节日属性人群，因为这两类人群整体效果比较差。其他人群可以根据宝贝的实际购买人群进行有选择性投放。不过一定要注意不要盲目选择，要先经过测试，只有测试的数据效果好才投放。

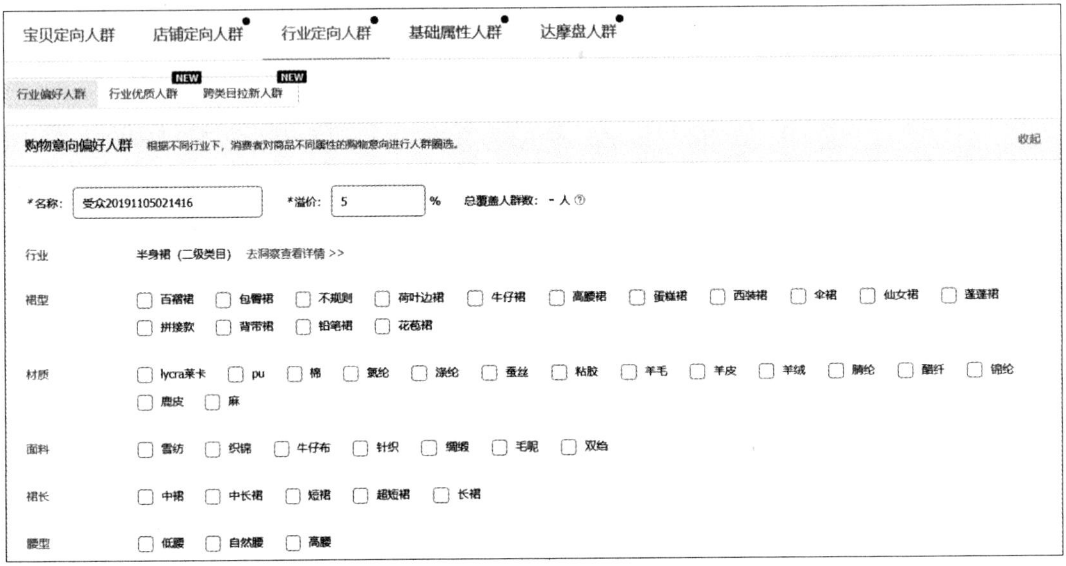

图 6-14

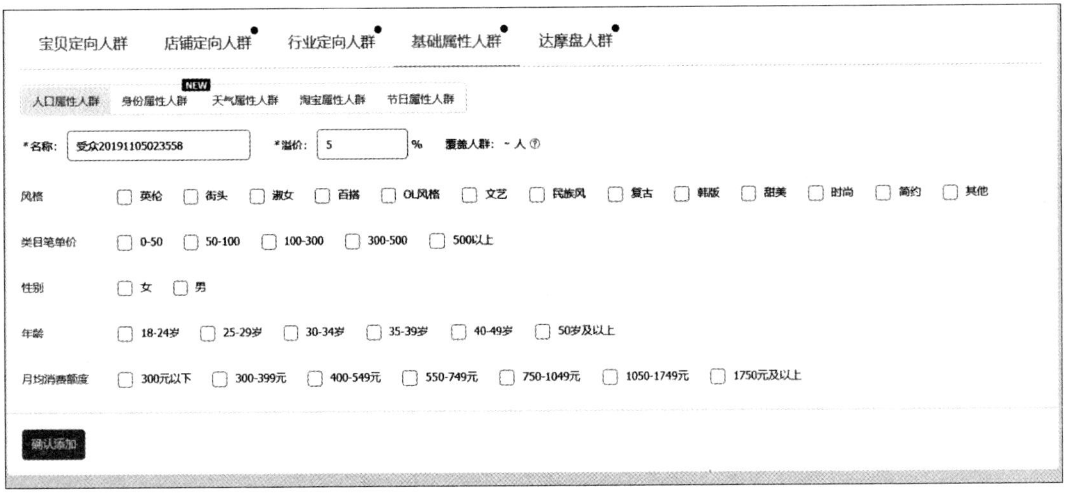

图 6-15

5．达摩盘人群

如图 6-16 所示，除了一些系统的固定人群，商家还可以在达摩盘根据自己的实际情况组合不同的人群，然后同步到直通车。达摩盘人群是基于达摩盘自定义组合圈选的各类人群。达摩盘人群的优点是人群组合非常丰富而且灵活，能完全根据自己的需求去组合特定的人群。但是达摩盘人群也有一个缺点，人群虽然丰富，但是显得有点杂乱，对于很多新手来说，面对这么多的人群，常常没办法从中快速组合出真正适合自己宝贝的人群。因此，对于新手，前期不建议投放达摩盘人群，可先投放前面的四类人群，然后慢慢尝试投放达摩盘人群。

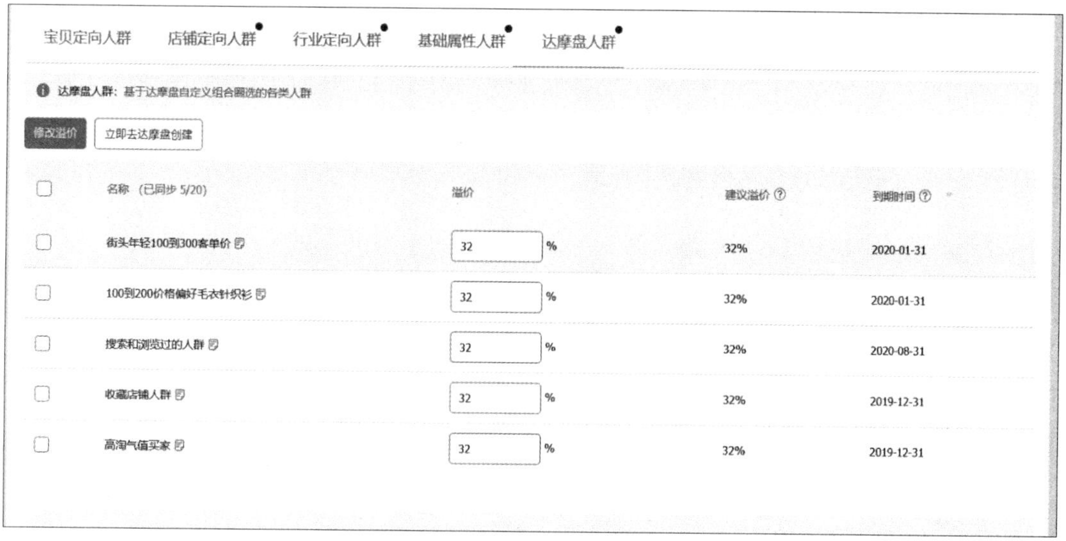

图 6-16

6.8.4 直通车精选人群的优化技巧

1. 关键词是基础

有些商家在优化直通车的精选人群时把重心全部放在人群溢价和人群标签的选择上，忽略了关键词在直通车精选人群当中的重要性。其实，直通车精选人群是建立在关键词基础上的，如果脱离了关键词谈人群，一切都是空谈。因为关键词的选择决定了人群的精准度，也决定了人群的覆盖数量，更决定了接下来的优化方向和溢价方法。

2. 在优化前先确定目前人群圈定情况，通过数据判断选词是否存在问题

因为直通车精选人群是建立在关键词的基础之上的，选择什么样的关键词就决定了人群是

什么样的。因此在优化前要先确定目前的人群圈定情况，通过数据判断选词是否存在问题，如果选词本身就存在问题，那么接下来无论怎样优化都难以达到好的效果。

确定所选关键词的人群圈定情况很简单，可以利用基础属性人群中的人口属性和身份属性人群标签去判断。每勾选一个人群标签，系统会展示预估圈定的人数，把每一个标签的圈定人数都采集出来，然后计算出这个人群在该大类人群中的占比情况。通过这些数据就可以知道目前所选关键词的人群覆盖情况。如图 6-17 所示，在年龄这个大类中，占比较高的是 40~49 岁的人群和 25~29 岁的人群，也就是说，所选关键词能带来的主要是这两个年龄阶段的人群，这个时候就要判断产品对应的需求人群和关键词能带来的人群是否一致，如果一致则说明选词没有问题，如果差异很大则说明选词存在问题。

为了更加直观地分析数据，建议把每一个大类的人群占比情况做成图表，然后逐一分析目前覆盖人群和商品实际需求人群的匹配情况。这里以图 6-17 所示的某连衣裙商品的数据为例，看看要怎样进行分析。

年龄	预估圈定人数	占比	风格	预估圈定人数	占比	类目笔单价	预估圈定人数	占比
18岁以下	10000	1.24%	英伦	10100	1.34%	0~50	75700	12.55%
18~24岁	127950	15.80%	街头	11100	1.48%	50~100	208300	34.54%
25~29岁	177200	21.88%	淑女	12400	1.65%	100~300	275050	45.61%
30~34岁	132200	16.33%	百搭	57300	7.62%	300~500	30650	5.08%
35~39岁	97350	12.02%	OL风格	13650	1.81%	500以上	13400	2.22%
40~49岁	183300	22.64%	文艺	161950	21.52%	总计	603100	
50岁及以上	81700	10.09%	民族风	145900	19.39%	未知	240950	
总计	809700		复古	58900	7.83%			
未知	34350		韩版	116850	15.53%			
			甜美	16150	2.15%	性别	预估圈定人数	占比
月均消费额度	预估圈定人数	占比	时尚	123750	16.45%	女	533100	67.23%
300元以内	186050	23.60%	简约	16500	2.19%	男	259850	32.77%
300~399元	54800	6.95%	其他	7850	1.04%	总计	792950	
400~549元	71700	9.10%	总计	752400		未知	51100	
550~749元	78250	9.93%	未知	91650				
750~1049元	87250	11.07%						
1050~1749元	121050	15.36%						
1750元以上	189150	24.00%						
总计	788250							
未知	55850							

注：此表由于四舍五入，存在占比总计不为 100% 的情况。

图 6-17

首先，分析性别人群占比情况。

如图 6-18 所示，在所选关键词下，女性占比 67.23%，男性占比 32.77%，整体上以女性占比为主，但就连衣裙来说，男性占比也不低。

仅从数据上来看，这个比例是存在问题的，因为男性占比偏高。在分析性别指标时，要结合选取关键词的具体情况来分析，不能因为是女性产品就否定男性人群，很多时候，男性人群的转化率比女性人群更高，整体效果更好。因此这里需要先测试两类人群的转化率，如果男性人群的转化率高，那说明没有问题，否则说明选词存在问题。

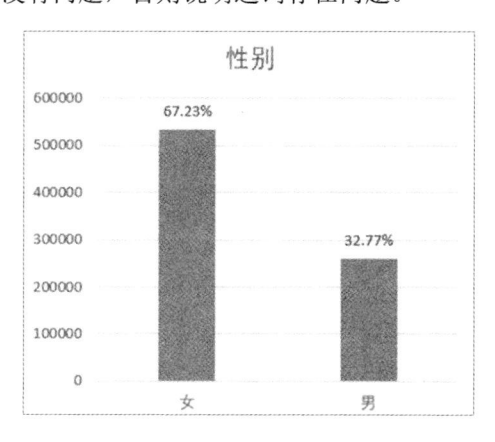

图 6-18

其次，分析风格人群的占比情况。

如图 6-19 所示，所选关键词的人群主要风格偏好是文艺、民族风、韩版、时尚这些风格。这个时候需要判断这些人群是否是相对应的宝贝需求人群，如果是则选词没有问题，如果不是，则说明选词存在问题。

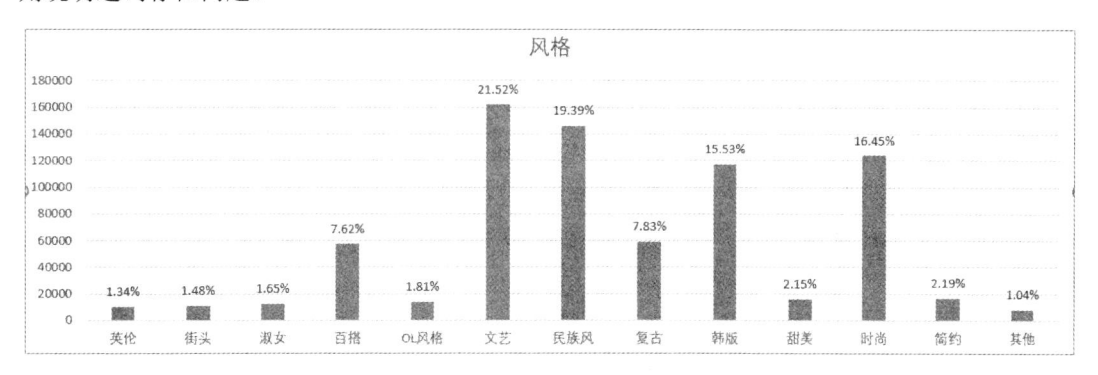

图 6-19

最后，分析年龄的分布情况。

如图 6-20 所示，占比最高的是 40～49 岁年龄段的人群，其次是 25～29 岁年龄段的人群。

这两类人群同时占比这么高，能满足要求的大概只有中老年女装了，因为中老年女装可以是顾客购买自穿，也可以是顾客给妈妈买。如果卖的连衣裙是年轻款，人群定位是25～29岁，说明圈定的人群和实际需求人群存在差异，也就是说在选择的关键词中，有一些可能带来了大量不精准的人群。碰到这种情况，就要对关键词做进一步分析，看看到底是哪些关键词带来了不精准的人群，这些关键词是否值得继续保留。

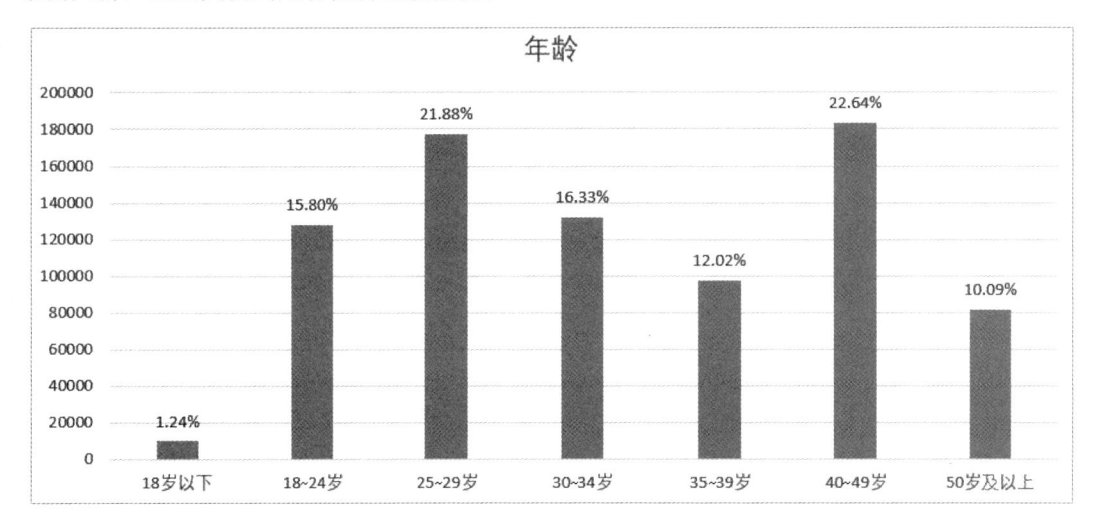

图 6-20

要判断具体某一个关键词背后的人群也很简单，可以新建一个推广宝贝，里面每次只添加一个关键词，然后去基础属性人群里看预估圈定人数。

例如，把几个大关键词分别单独添加进计划，测试覆盖人群，其结果如图6-21所示，连衣裙这个大关键词的预估覆盖人数非常大，而且主要是40～49岁和25～29岁这两个年龄段的人群。其中，40～49岁的人群占比最高，高达23.42%，25～29岁的人群占比也不少，达到了21.49%。这个时候就能知道之前数据异常主要是因为"连衣裙"这个词了。删掉"连衣裙"这个词，再去分析覆盖人群，主要占比人群就会变成25～29岁，这样就能与宝贝的需求人群相符了。

不过直接删除并不是最佳方法，因为"连衣裙"里面也有大量的25～29岁的精准人群，删除这个关键词相当于把这部分精准人群也放弃了。因此建议采用第二种方法，如果一个关键词既覆盖大量不精准人群，又覆盖大量精准人群，这种词可以单独开一个计划，然后采用低出价高溢价的方式，即对这个关键词低出价，在对应的精准人群标签上进行高溢价。例如，可以把

"连衣裙"这个关键词的出价设置成很低,让它在所有人群面前尽量不展现,然后对25~29岁这个年龄段的标签高溢价,让"连衣裙"在25~29岁的人群面前尽量展现。这样也就能实现保留精准人群、去除不精准人群的目的。

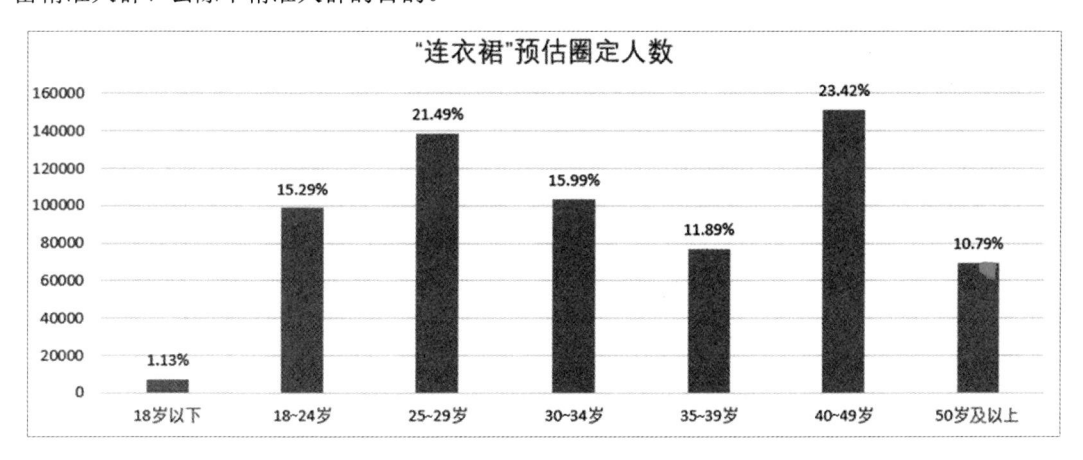

"连衣裙"预估圈定人数

图 6-21

3. 人群标签添加和溢价调整的技巧

把关键词人群分析完,确定了留下的关键词都是应该保留的,接下来就要对人群进行优化了。人群优化主要是人群标签的添加和溢价的设置与调整。

人群标签的添加很简单,直接把所有人群标签都添加进去然后通过低溢价测试数据就行。但是添加人群的先后顺序要有技巧,因为直通车精选人群的展示原理中有这样一条规则:在出价相同的情况下,最早设置的优先展现。

在测试人群时一般都是同等出价,所以越早设置,系统越会把人群展示在这个标签上。例如,"女"这个标签最早设置,那么只要包含"女"这个标签的人群都会在这个标签上展示,如果某个买家的人群标签是"女""韩版风格""25~29岁",但因为最早设置的是"女"这个标签,"韩版""25~29岁"这两个标签就不会展示,商家也就得不到相关数据,最后的测试结果也就会不准确。

因此添加人群标签的先后顺序应该是精准先于广泛,重要先于次要。也就是说要最先添加商品需求人群最精准和最重要的标签。

在添加自定义人群标签时,很多商家喜欢把多个标签组合在一起添加,如把"女""25~29

岁""韩版"这三个大类的标签组合在一起添加，这种做法是不妥当的。建议一开始最好单独添加，如"韩版"一个标签，"25～29 岁"一个标签，单独操作更加便于商家分析数据。等积累了一定的数据后，商家便可以根据这些数据去打组合拳。

至于要怎么设置溢价，只要清楚"最终出价=关键词出价+关键词出价×溢价比例"这个公式，以及结合关键词的覆盖人群就可以轻易知道应该出价多少了。

关键词的出价和溢价由关键词的人群决定，如果选择的关键词带来的流量都是精准的流量，就可以对关键词进行高出价，而不需要设置溢价人群或者稍微对精准人群溢价就可以，因为进来的人群本身就是精准的，完全可以直接对关键词进行价格管理。但如果选择的关键词里有大量的不精准人群，这个时候就要低出价，然后针对精准人群标签设置高溢价，这样操作可以阻止不精准流量进来。

除此之外，还需要结合后期的数据表现进行调整。调整思路包括以下几个方面。

（1）优先考虑 PPC 承受能力。在调整溢价时，一定要计算调整后的溢价 PPC 大概最高会是多少，是否能承受得起，如果能则可以调高，如果不能则暂时不要调。

（2）重点观察转化率和 ROI。人群溢价是为了让流量更加精准，让直通车效果更好。因此商家要参考转化率和 ROI 这两个指标去调整溢价。

（3）数据表现好的根据实际情况增加溢价，数据表现不好的果断降价或者删除。在增加溢价前一定要根据公式算一算，看看增加后是否能达到理想的效果，而不是盲目地增加。

（4）要考虑人群的整体容量，触及流量天花板时不要再增加溢价。如果关键词排名已经非常靠前，假设某一个关键词已经展现在首屏第一个位置，那么再提高溢价也不能提升排名带来更多的曝光。

（5）溢价幅度不能过大，要根据效果试探性地设置溢价。

6.9 直通车如何带动免费流量

如果只看数据，目前很多商家的直通车是严重亏本的。为什么严重亏本商家还不停地往里面投钱呢？因为商家希望通过直通车带动免费流量，所以才会采用这种战略性亏本的方法。

战略性亏本的目的肯定不是亏本,而是通过直通车的亏本去带动免费流量的增长,最终获得利润。但遗憾的是,很多商家往往是直通车亏了几十万,免费流量却一直带动不起来。

为什么会这样呢?为什么通过直通车带来了大量的销量,但是免费流量一直拉动不起来呢?

其实直通车只是一个锦上添花的工具,只有商家本身拥有了获取免费流量的能力,直通车才可以让商家快速获取这些流量,且获取的流量更多、持续的时间更久。如果商家本身就没有获取免费流量的能力,就算直通车耗费再多,效果也不会特别明显。单靠直通车带动全场是很难做到的。

直通车带动自然搜索的关键主要是销量权重和行为标签。因为直通车可以带来销量,而免费流量的因素中正好有一项是销量权重,直通车能带来点击量、加购量和收藏量,这些又可以帮助宝贝打标。如果商家的这些条件正好吻合自然搜索的需求,那直通车就可以带动免费流量,但如果商家本身自然搜索就做得不好,那是不可能带动免费流量的。

因此,直通车带动自然搜索和手淘首页等免费流量的前提条件是商家本身已经把影响免费流量方面的因素都做好了,只缺销量权重和行为标签。但如果缺的不是销量权重和行为标签,或者虽然开通了直通车,但没有带来销量和精准人群的点击量,这样也是无法带动免费流量的。

如果商家希望利用直通车来带动免费流量,一定要去观察免费流量和直通车流量的发展趋势。例如,商家开通了一个星期的直通车,且直通车也带来了一定的销量,这个时候,商家就要去查看想要带动的免费流量是否也有不错的上升趋势,如果有,说明直通车是有一定的带动效果的,可以加大推广力度,过一星期左右再观察、分析数据,看看想要带动的免费流量是否又有上升,如果又上升了,说明达到目的了。但如果直通车花费不少,也带来不少订单,可免费流量如手淘搜索和手淘首页流量上升的幅度非常小,这个时候就要注意了,可能影响免费流量的因素,商家根本就没有处理好,在这种情况下仅靠直通车去带动免费流量是很难的。

6.10 直通车数据分析与问题诊断

直通车的数据一般都很详细,根据这些数据可以分析和诊断出直通车存在的问题及优化的方向。因此利用数据去诊断和分析直通车是每一个车手和运营人员应当具备的能力。

1. 分析商品点击量,明确直通车的现状

直通车后台有一个直通车报表功能,通过该功能可以了解到整个账户、计划、单元等的数

据情况。

分析直通车的点击量趋势,根据点击量趋势来判定最近直通车的优化情况,如图6-22所示。一般需要结合PPC来分析。

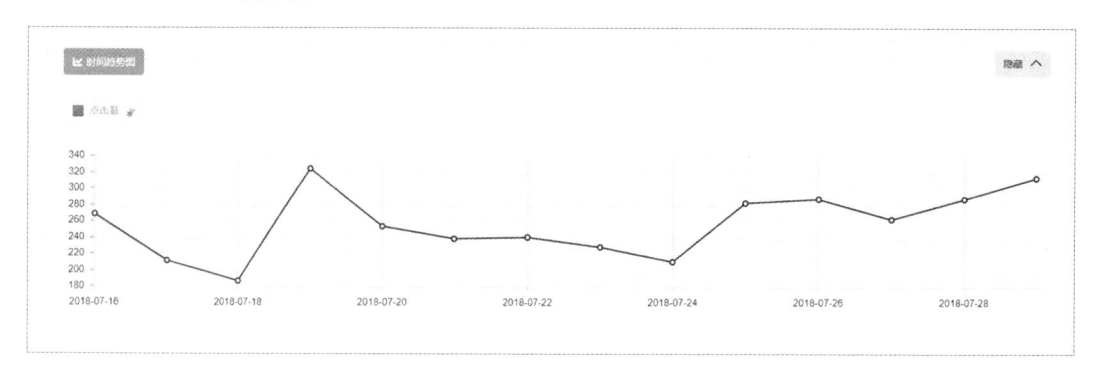

图 6-22

(1)点击量增长,PPC保持平稳。这种情况一般由两个原因造成:第一是市场处于增长趋势,如产品进入旺季;第二是直通车质量得分得到了提升或点击率得到了提升。无论哪种情况,都是比较好的现象。如果款式数据不错,那么这段时间要加紧推广,趁着增长趋势快速把款打爆。

(2)点击量增长,PPC上升。这种情况可能是提高了出价造成的。在出现这种情况时,要重点关注成交量、转化率和ROI这三个指标数据,如果这三个数据都表现不错,那么可以继续观察和保持,但如果数据不好,就要谨慎分析是否值得再投入。

(3)点击量增长,PPC下降。这种情况是一种比较理想的情况,可能是因为最近的质量得分得到了比较大的提升,所以接下来重点要做的就是维护好数据。

(4)点击量下滑,PPC稳定。出现这种情况可能是因为市场下滑、质量得分和点击率下降或者竞争对手争夺。针对这种情况,每一个因素都要有对应的优化策略。市场下滑指市场进入衰退期,这段时间需要注意直通车的投入产出比,要以盈利策略为主;质量得分下滑需要分析下滑的原因并优化提升;点击率下滑更加要注意,因为点击率下滑之后紧接着就是质量得分下滑,进而会导致连点击量都带不进来;竞争对手争夺要大致了解是哪一些竞品在争夺,然后根据数据情况决定是否提高出价进行争夺。

(5)点击量下滑,PPC上升。这是极其危险的情况,可能是因为质量得分下滑严重,并且点击率也下滑。碰到这种情况,要先优化质量得分再考虑进一步提升流量,千万不要一直通过提高出价的方式去强行拉更多的点击量。

（6）点击量下滑，PPC下降。出现这种情况可能是因为自身降低关键词出价或者市场衰退导致竞争对手减少，也有可能是因为质量得分低难以获取流量。无论是哪一种情况，都要先分析款式未来的前景，如果前景不乐观，那么就要采取以盈利为主的策略；如果前景比较乐观，可能是质量得分下滑造成的，就要先优化关键词的质量得分。

PPC分析一定要结合具体的关键词，不能只看商品的整体数据，因为对于直通车来说，很多时候一个大关键词的数据会影响整体的数据。

2. 根据位置和点击率的数据判断是否能调节关键词出价

在一般情况下，要想在保证质量得分的前提下降低关键词出价，需要分析两个因素：目前所处的排名和点击率。

当宝贝在关键词下处于前三名特别是第一名时，一定要经过仔细分析才能降低出价，否则稍有不慎就会导致点击率降低和质量得分降低。此时，由于位置优势，点击率本来就比较高，就算图片质量不太好，点击率也会高很多；如果降低出价必然会导致排名下滑，而排名下滑就意味着点击率会降低，而低于该关键词的行业均值，则质量得分不会降低，但如果降低出价后点击率低于该关键词的行业均值，肯定会导致质量得分降低。

因此，当关键词处于前三位或者首屏位置时，要先分析目前的点击率是处于非常高的状态还是稍微高的状态。这个可以在流量解析工具中的竞争流量透视中看到。如果目前的总击率处于非常高的状态，可以放心降低出价，因为就算降低后点击率也不至于太差。例如，目前的点击率是15%，而平均能达到5%以上的点击率就不会降低质量得分，故就算由于降低出价跌下前三位，点击率也可以做到高于5%。但是如果目前的点击率只是稍微高，那就不能降低出价，必须先进行点击率的优化，只有当点击率大大高于能稳定质量得分的数据时才可以去降低出价。

有些商家每次一降低出价，点击率和质量得分就下滑，就是因为点击率不够高。如果只是由于抢占了比较好的位置，勉强提高质量得分的点击率，一旦降低出价，排名就会下跌，点击率肯定跟不上，在这种情况下质量得分下跌是正常的。

有商家会问，如果某产品目前处于首屏，点击率只稍微高于行业均值的点击率，如果降低出价又没办法稳住点击率从而导致质量得分下滑，但是如果不降低出价PPC又太高，自己没办法承受这么高的推广费用，该怎么办？

碰到这种情况，可以先设定日限额。例如，某商家只能承受 200 元一天的预算，就把日限额设定为 200 元，消耗的过程中再不断地优化创意图，等点击率提高，达到可以降低出价的标准值后，再降低出价和恢复日限额。

3．注意关键词点击量的转移

有时，在降低某个关键词的出价后，这个关键词的点击量会突然大跌，但其他关键词的点击量会紧跟着增长，这是因为广泛匹配导致了关键词点击量的转移。碰到这种关键词转移的情况，要分析之前是不是因为广泛匹配效果不好所以才降价，如果是，就要分析转移到的关键词数据情况如何，以及广泛匹配与精准匹配流量的占比情况。如果之前这个关键词带来的精准流量比较多，而且数据表现不错，那么可以把这个关键词改为精准匹配模式，不要再让广泛匹配的流量转移。如果这个关键词的数据表现一般，而且本身广泛匹配的词也多，就要对这个关键词进行降价。

4．注意汇总数据的误导

如图 6-23 所示，不少商家在优化关键词的出价时，会把最近 7 天、最近 14 天或者最近 30 天的数据调取出来，看到表现好的数据就提高一下出价，看到表现不好的数据就降低一下出价，结果越优化数据越差。

状态	全部	关键词	质量分 计算机	质量分 移动	今天10:00-11:00平均排名 计算机	今天10:00-11:00平均排名 移动	出价 计算机	出价 移动	展现量	点击量	花费	点击率	平均点击花费	投入产出比	点击转化率	总成交笔数
未开启		流量智选词包	-	-	-	-	≤0.46元	≤0.63元	-	-	-	-	-	-	-	-
推广中		黑色半身裙	-	-	无展现	移动4~6条	0.10元	0.60元	139,286	12,570	¥7,653.55	9.02%	¥0.61	3.79	2.61%	328
推广中		查看历史报表 关键词全景图	8分	10分	无展现	移动4~6条	0.10元	0.58元	147,489	12,183	¥6,992.46	8.26%	¥0.57	3.20	2%	244
推广中		秋冬半身裙	-	-	无展现	移动4~6条	0.10元	0.59元	16,884	1,377	¥743.50	8.16%	¥0.54	1.85	1.16%	16
推广中		职业裙 半身裙	7分	10分	无展现	移动前三	0.10元	0.55元	13,002	976	¥522.49	7.51%	¥0.54	3.33	2.15%	21
推广中		半身裙秋	9分	10分	无展现	移动4~6条	0.10元	0.50元	9,555	742	¥355.51	7.77%	¥0.48	3.89	2.16%	16
推广中		秋冬半身裙中长款	9分	10分	无展现	移动前三	0.10元	0.40元	6,012	560	¥223.43	9.31%	¥0.40	4.07	1.79%	10
推广中		法式复古半身裙	9分	10分	无展现	移动前三	0.10元	0.54元	6,805	526	¥275.75	7.73%	¥0.52	1.06	0.57%	3
推广中		黑色半身裙秋	9分	10分	无展现	移动前三	0.10元	0.54元	8,972	509	¥264.79	5.67%	¥0.52	4.15	2.16%	11
推广中		中长款半身裙开叉	8分	10分	无展现	移动4~6条	0.10元	0.55元	4,987	473	¥252.38	9.48%	¥0.53	3.56	2.11%	10

图 6-23

为什么会这样呢？因为大家看到的数据是汇总统计的数据，而汇总统计的数据容易受到某个大量数据的误导。例如，某个关键词整体数据表现很差，实际上只是某一天的数据差，但是因为这一天的数据量太大，拉低了整体的数据，而排除这一天外其他日期的数据是表现很好的。对于这种关键词，随意降低出价，可能效果反而会越来越差。另外，如果在优化出价时只看整体数据，也会看不到优化好的数据情况。例如，某个关键词之前表现不错，便提高了出价；第二天再来看数据，由于选用的是整体数据，就会发现这个数据还是很好，于是继续提高出价；第三天再来看，发现数据依然表现挺好，所以继续提高……实际上，可能第二天就已经达到最好效果了，之所以数据一直表现好，是因为之前的数据基数太大，就算优化后数据没有多少增长，也会表现很好。

因此一定要注意查看所要优化关键词的报表数据，在报表数据里可以看到每一天的数据及整个走向，这样才不会受到汇总数据的误导。

最后要提醒各位商家，直通车数据分析能力是一项非常重要的能力，大家一定要在平时多观察自己宝贝的数据，多分析数据背后的各种因素，及时调整和采取补救措施。

第 7 章

数据化运营

7.1 生意参谋指数换算

2018年，生意参谋进行了一次比较大的改版，市场行情数据指数化是这次改版最大的变化。这一变化让很多商家在进行竞品分析和市场分析时手足无措。在生意参谋改版前，商家们购买生意参谋市场行情，主要是用它的竞争分析来监控竞争对手每天的销量、转化率甚至每一个关键词的转化率，然后根据这些具体值去优化自己店铺的数据。在数据指数化后，这些具体值都没有了，商家们无法了解对手的转化率是多少，也就不知道自己在优化数据的时候应把转化率控制在多少；无法了解对手每天的销量是多少，也就不知道应该把自己的数据优化到多少才合适。因此在生意参谋改版后，有些商家会不惜花高价去购买那些指数还原的第三方工具。在生意参谋刚开始改版时，这样的一个第三方工具常常标价几千元，但有的商家会愿意花钱去购买这样的工具。

既然生意参谋的具体数据这么重要，这里就来谈谈如何把生意参谋的指数还原成具体的数据。不过这里也提醒大家，不要过分在意实际数据，要学会用指数去做数据分析，因为未来数据管控肯定会更加严格，指数化肯定是未来的发展趋势，只是现在如果商家还没有完全习惯指数的话，也可以先将之还原成实际数据。要把指数还原成实际数据，先要了解指数和实际数据之间的关系。

如图 7-1 所示，进入"生意参谋—竞争—竞品分析"，选择自己的某个宝贝，然后向下滚动显示页面，一直拉到"入店来源"的数据板块。

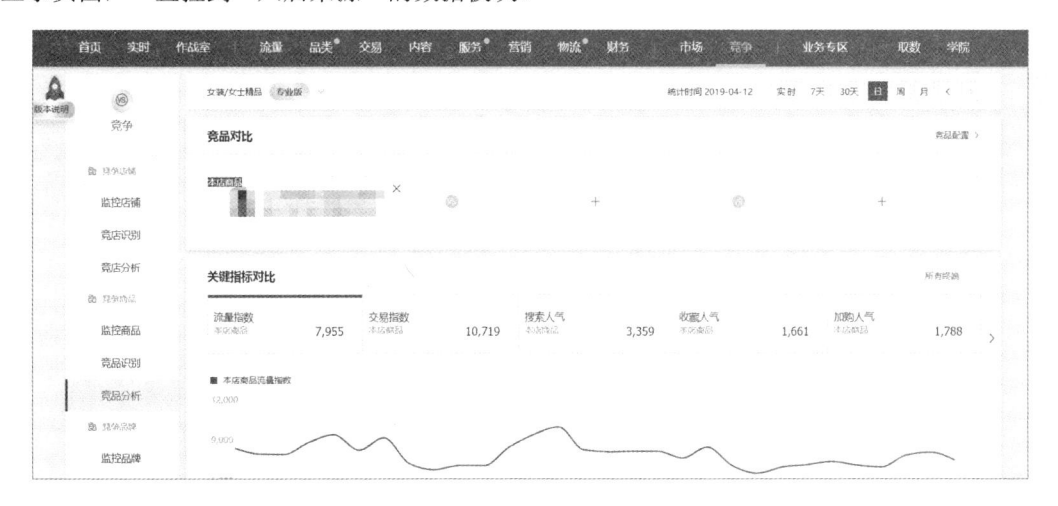

图 7-1

如图 7-2 所示，在这里选择"客群指数"，仔细观察会发现一个规律：客群指数和本店商品支付买家数为一一对应的关系，当各指标的本店商品支付买家数相同时，那么对应的客群指数也相同。

例如，图 7-2 中淘内免费其他、手淘搜索、手淘旺信这三个渠道的支付买家数都为 12，则这三个渠道对应的客群指数都为 193。也就是说，如果竞争对手的客群指数为 193，那么本店商品支付买家数必然会是 12。因此，如果要想知道竞争对手的支付买家数，只需在自己店铺找到与竞品相同的客群指数，然后看看它对应的实际支付买家数即可换算成功。如图 7-3 所示，竞品的手淘问大家的客群指数是 76，如果想要把这个 76 换算成支付买家数，那么就先去自己的店铺里面找到值为 76 的客群指数，然后看看对应的支付买家数是多少。从图 7-3 中可以看出在每日好店渠道，本店商品客群指数正好是 76，而对应的支付买家数为 3，那么就可以知道竞品的手淘问大家的支付买家数也是 3。

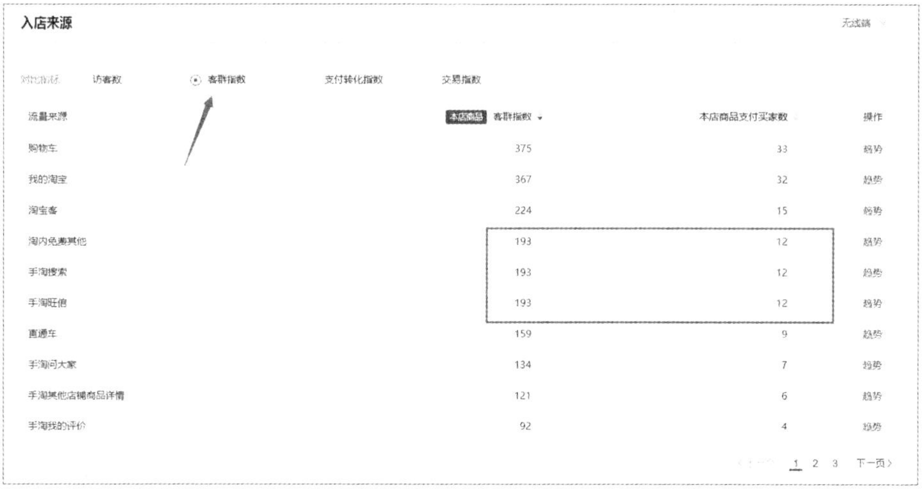
入店来源

访客数　客群指数　支付转化指数　交易指数

流量来源	本店商品 客群指数	本店商品支付买家数	操作
购物车	375	33	趋势
我的淘宝	367	32	趋势
淘宝客	224	15	趋势
淘内免费其他	193	12	趋势
手淘搜索	193	12	趋势
手淘旺信	193	12	趋势
直通车	159	9	趋势
手淘问大家	134	7	趋势
手淘其他店铺商品详情	121	6	趋势
手淘我的评价	92	4	趋势

1 2 3 下一页

图 7-2

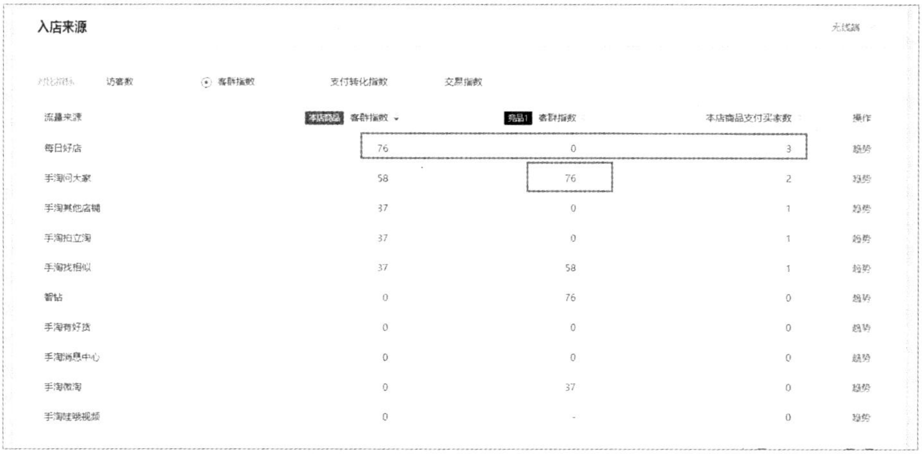
入店来源

访客数　客群指数　支付转化指数　交易指数

流量来源	本店商品 客群指数	竞品1 客群指数	本店商品支付买家数	操作
每日好店	76	0	3	趋势
手淘问大家	58	76	2	趋势
手淘其他店铺	37	0	1	趋势
手淘拍立淘	37	0	1	趋势
手淘找相似	37	58	1	趋势
智钻	0	76	0	趋势
手淘有好货	0	0	0	趋势
手淘消息中心	0	0	0	趋势
手淘微淘	0	37	0	趋势
手淘哇哦视频	0	-	0	趋势

图 7-3

这些数据如果每次都这样去翻找，会比较麻烦，商家可以建一个标准客群指数库，如图7-4所示，或者建一个标准支付指数库，如图7-5所示，把指数及对应的数值制成表格，需要换算时直接去表中找对应的数值就可以了。

	A	B
1	44	0.02%
2	58	0.04%
3	61	0.04%
4	68	0.05%
5	71	0.06%
6	78	0.07%
7	79	0.07%
8	81	0.07%
9	83	0.08%
10	85	0.08%
11	86	0.08%
12	88	0.09%
13	90	0.09%
14	92	0.09%
15	94	0.10%
16	97	0.10%
17	98	0.11%
18	99	0.11%
19	100	0.11%
20	102	0.12%
21	103	0.12%
22	104	0.12%
23	105	0.12%
24	107	0.13%
25	108	0.13%
26	109	0.13%
27	110	0.13%
28	111	0.14%
29	112	0.14%

图 7-4

	A	B
1	37	1
2	58	2
3	76	3
4	92	4
5	107	5
6	121	6
7	134	7
8	147	8
9	159	9
10	171	10
11	182	11
12	193	12
13	203	13
14	214	14
15	224	15
16	233	16
17	243	17
18	252	18
19	261	19
20	270	20
21	279	21
22	288	22
23	296	23
24	305	24
25	313	25
26	321	26
27	329	27
28	337	28
29	345	29

图 7-5

在做数据分析时，观察很重要，因为很多时候通过观察可以找出规律。这里再告诉大家一条规律：在生意参谋中，客群指数、收藏人气、加购人气这几个指标是共用的，也就是说只要做了其中一个指标的标准库，其他两个指标可以通用。

第一次做标准库会有些棘手，因为得依赖自己的数据。有些商家的店铺销量很少，无法获取较多的客群指数。遇到这种情况，可以修改选择统计的日期，如图7-6所示，以日为单位选择，或以周、月为单位选择，这样标准库才会做得更加完善。

最后要提醒各位商家，生意参谋可能随时会再次改版，所以使用以上方法时，一定要先弄清楚规则有没有发生变化。

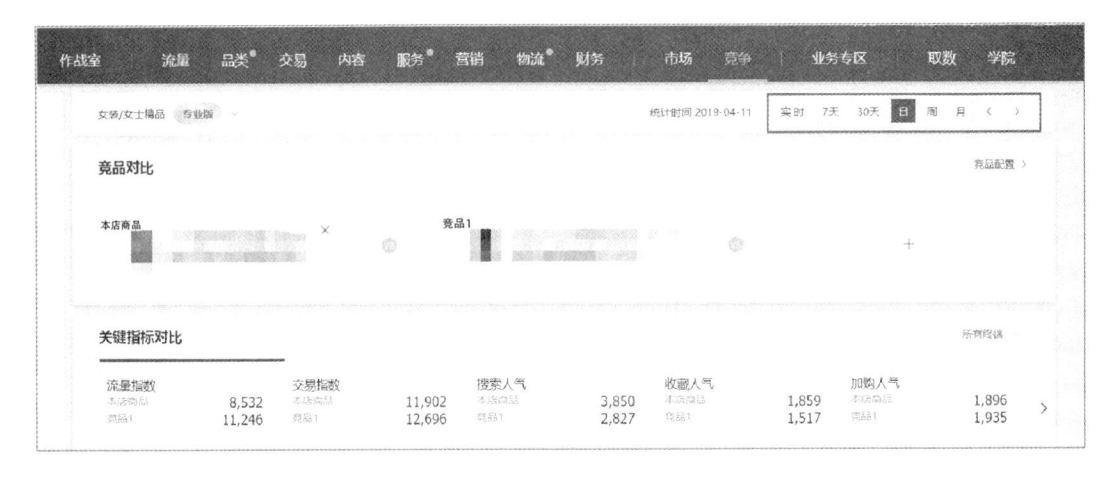

图 7-6

7.2 利用数据分析诊断店铺问题

作为一名运营人员,当店铺出现问题时,能及时诊断出问题出现在什么地方是一项必备的基本职能。要做好店铺诊断,就要学会数据分析。

进行店铺诊断,首先要理清诊断的思路,然后顺着思路去展开具体分析。运营人员一般都会有自己的思路,但对于新手来说,从销售额这个万能公式展开会是一个比较不错的思路。

销售额=访客数×转化率×客单价

围绕这个公式,可以进行拆解分析:如果店铺销售额出现下滑,必定是因为访客数、转化率、客单价中的一个或者多个下滑。因此,运营人员首先要做的就是明确问题到底出现在其中的哪一个环节,然后针对这个环节去进一步分析具体原因。这样不但可以大大提高工作效率,而且能更精准地找出问题。

为了更加高效地分析店铺的数据,这里做了一个店铺诊断的数据分析表,如图 7-7 所示,从这个图表中可以清楚地看到店铺的问题到底出现在哪一个环节。(温馨提示:表格具体使用方法请参考本书所附视频。)

当 Excel 表格单元格中出现红色,说明这个环节出现了下滑,接下来要做的就是针对这个红色环节进一步展开分析。总之,就是哪里出现问题,就诊断哪里,尽量做到有的放矢。

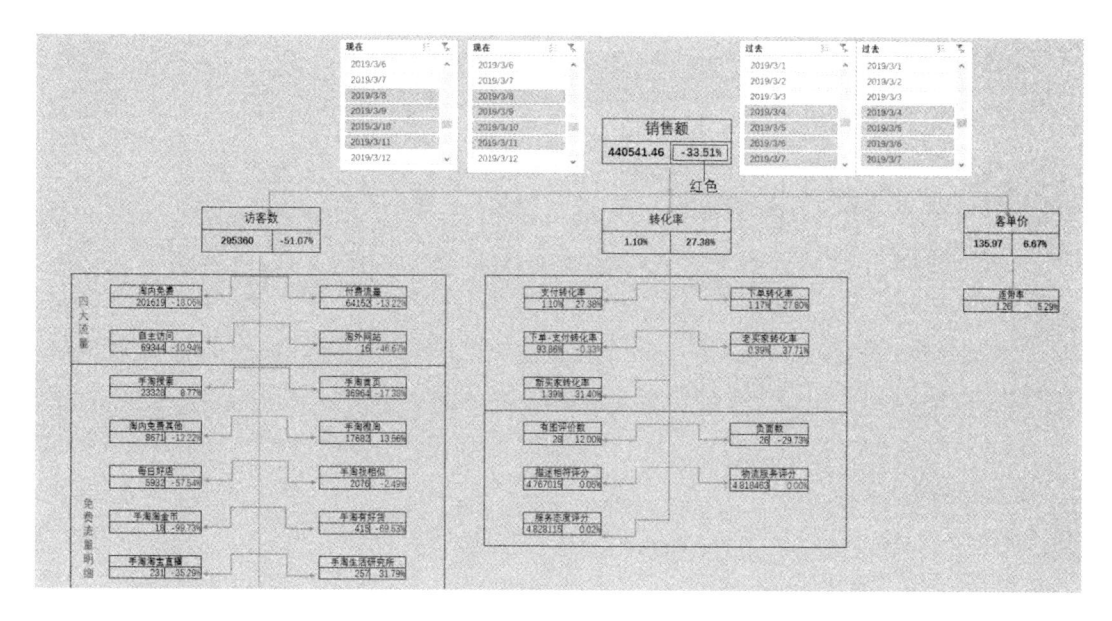

图 7-7

一般来说，诊断店铺问题都是从原始的访客数、转化率、客单价这三个环节着手的，然后根据具体问题展开分析。下面来看看这三大环节的分析思路。

1. 访客数诊断

访客数是影响销售额的重要因素之一。没有访客，转化率和客单价也就无从谈起，因此访客数的分析非常重要。当访客数出现下滑时，商家就要分析具体是哪一个渠道的访客出现了下滑。

如图 7-8 所示，目前淘宝的访客主要分为四大类：淘内免费、付费流量、自主访问、淘外网站。

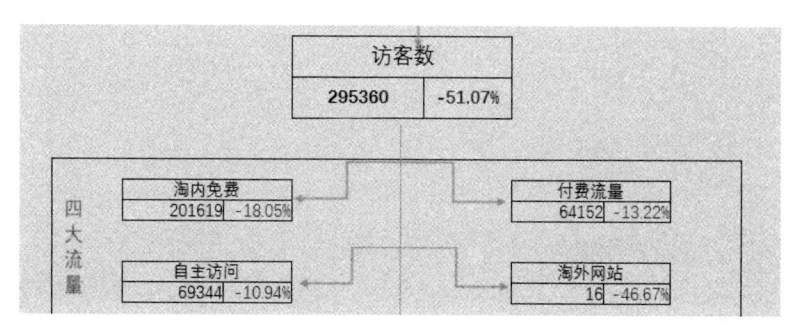

图 7-8

如图 7-9 所示，淘内免费主要有手淘搜索、手淘首页、淘内免费其他、手淘微淘、每日好店等来源渠道。

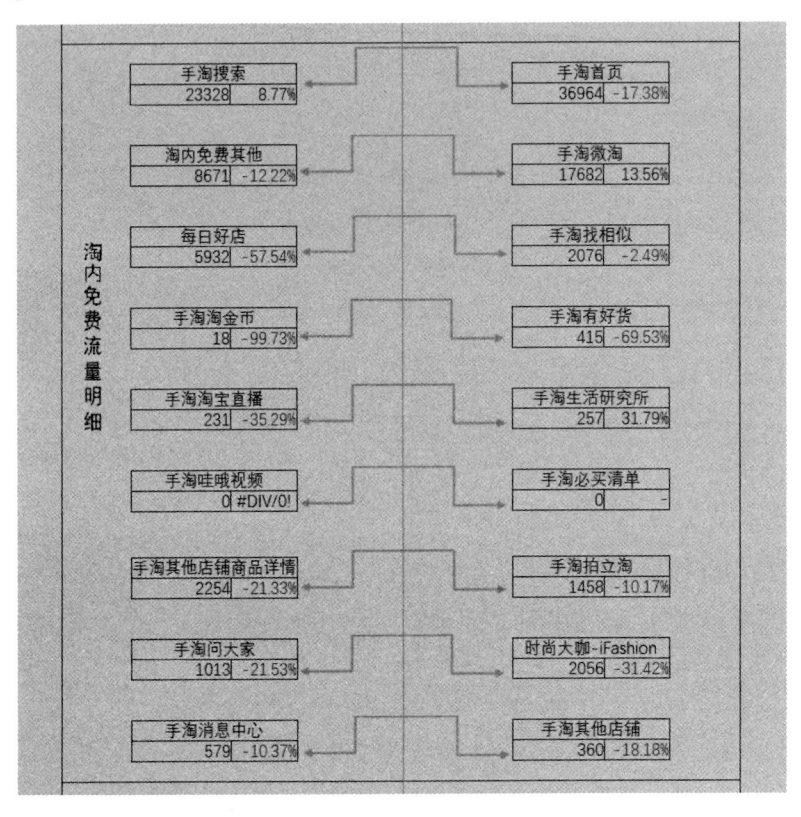

淘内免费流量明细：

渠道	数值	变化	渠道	数值	变化
手淘搜索	23328	8.77%	手淘首页	36964	-17.38%
淘内免费其他	8671	-12.22%	手淘微淘	17682	13.56%
每日好店	5932	-57.54%	手淘找相似	2076	-2.49%
手淘淘金币	18	-99.73%	手淘有好货	415	-69.53%
手淘淘宝直播	231	-35.29%	手淘生活研究所	257	31.79%
手淘哇哦视频	0	#DIV/0!	手淘必买清单	0	-
手淘其他店铺商品详情	2254	-21.33%	手淘拍立淘	1458	-10.17%
手淘问大家	1013	-21.53%	时尚大咖-iFashion	2056	-31.42%
手淘消息中心	579	-10.37%	手淘其他店铺	360	-18.18%

图 7-9

如图 7-10 所示，付费流量主要有直通车、智钻、聚划算、淘宝客、品销宝-搜索产品等来源渠道。

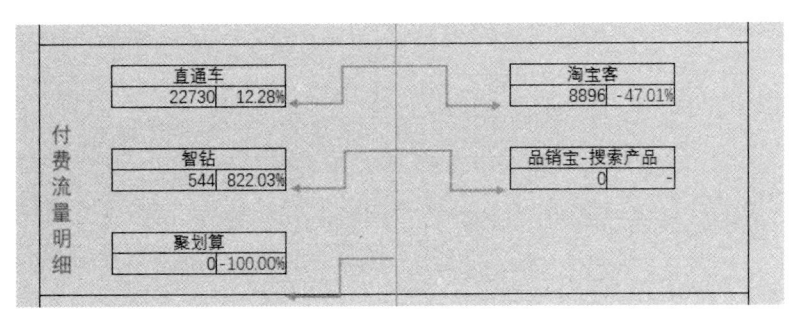

付费流量明细：

渠道	数值	变化	渠道	数值	变化
直通车	22730	12.28%	淘宝客	8896	-47.01%
智钻	544	822.03%	品销宝-搜索产品	0	-
聚划算	0	-100.00%			

图 7-10

如图 7-11 所示，自主访问主要有我的淘宝、购物车等来源渠道。

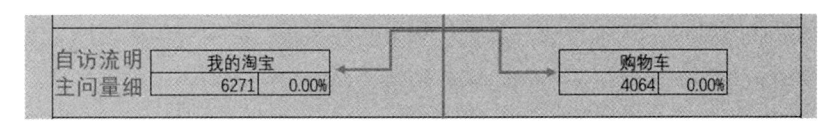

自访流明	我的淘宝		购物车	
主问量细	6271	0.00%	4064	0.00%

图 7-11

淘外网站访客主要是指淘宝以外的其他网站流量。

明确了流量来源的具体渠道，接下来的分析可以参考另外一个公式：访客数=展现量×点击率。

从这个公式中，可以看到影响访客数的主要因素是展现量和点击率。因此，需要进一步分析，渠道流量降低是因为展现量降低还是因为点击率降低，对于不同的问题要采取不同的优化手段。

流量来源渠道不同，影响展现量和点击率的因素会不一样，这也是在诊断访客流量时首先要确定具体问题渠道的原因。例如，影响手淘搜索展现的主要因素有关键词的选择、权重、个性化因素等，如果这个搜索渠道的展现量出现问题，就要从这些方面去优化。

很多商家会忽略点击率的问题，新手们也经常会犯这样的错误：看到访客数低就认定是宝贝权重低，是展现量不够。其实很多时候，宝贝没有访客不是因为它的展现量不够，而是因为点击率太低。例如，同样两千万次的展现量，当点击率只有 5% 的时候，商家只能获得 100 万名访客，而如果点击率有 6%，那么商家就可以获得 120 万名访客。最关键的是，很多渠道的点击率本身也是影响展现量的重要因素之一，在同样的情况下，点击率越高，宝贝会有更多的展现机会，有时点击率可能只提高了 1%，但会因此增加 1 倍甚至更多的访客。

2．转化率诊断

如图 7-12 所示，同样是花 20 万元推广费带来 100 万名访客，客单价都是 100 元，毛利率［毛利率=（售价-产品成本价）/售价×100％］都是 50％，当转化率是 1％时利润为 30 万元，当转化率是 2％时利润为 80 万元。由此可见，如果能提升转化率，那么利润可以翻几倍。特别是转化率还是影响搜索流量的重要因素，转化率如果提升，访客数也会增加，这样一来，增长的倍数会更大。

访客数	转化率	客单价	交易额	推广成本	毛利润	利润
1000000	1%	100	1000000	200000	500000	300000
1000000	2%	100	2000000	200000	1000000	800000

图 7-12

那么，当转化率出现问题时，要如何诊断呢？

首先，可以通过跳失率这个指标来分析。如果跳失率高，说明宝贝不能满足买家点击时的期望，这种情况主要是因为流量入口和描述不相符。如果关键词选择不精准，跳失率就会比较高，因为买家是在有一定需求的前提下才搜索关键词的，但是访客点击关键词发现需求没有得到满足，肯定会马上退出。如果发现跳失率高，就要分析关键词是不是选择得不精准，或者主图与实际宝贝是否存在不一致的情况。

其次，可以分析停留时长。如果停留时长太短，说明产品没有引起买家兴趣，导致这一状况主要有两个原因：一是详情页的描述存在问题，没有突出买家的关注点；二是产品本身存在问题，可能是款式问题，也可能是价格问题等。

停留时长太短不好，但如果买家停留太久不转化也不好。买家停留太久没有下单说明详情页的说服逻辑不给力，存在一些让买家不下单的漏洞。或因为销量太低、评价太少等造成买家不太信任店铺，所以一直犹豫而没有下单；或因为有比自家宝贝更优秀的竞品存在，导致买家货比三家后没有购买自家产品。

最后，可以分析加购率和收藏率。如果加购率和收藏率低，说明产品没有打动买家，往往是由于款式本身存在问题。但如果加购率和收藏率很高，而转化率很低，这可能是因为产品在竞争环境中没有比较大的优势，如价格太高、销量太低，或者可能是买家暂时不急着购买。商家要根据这些数据反馈出来的具体问题采取针对性的优化方案。

转化率除了可以从上述这些维度去诊断，还可以结合其他方面进行分析。例如，结合点击率判断款式本身是否存在问题，结合客服数据分析客服环节是否没有做好。

3. 客单价诊断

客单价诊断相对访客数诊断和转化率诊断来说要容易一些，因为影响客单价的主要因素就两个，一个是产品的售价，一个是人均支付件数。产品的售价由定价决定，所以分析客单价主要就是分析人均支付件数。当人均支付件数不达标或者下滑时，要从关联搭配、活动营销手段、客服能力等方面去分析买家没有购买多件的原因。

7.3 市场分析的主要维度

市场分析对于任何一个商家来说都非常重要。在大数据时代，如何利用各种数据对市场进行分析是一门学问。如何采集数据、整理数据并根据数据进行市场分析在《谁说菜鸟不会电商数据分析》一书中有详细讲解，大家可以参考学习，这里不再赘述。下面主要来谈应该从哪几个维度展开市场分析。

1. 市场容量分析

市场容量分析又称市场规模分析，主要是研究目标产品或行业的整体规模。无论是新开店铺还是后期市场拓展，都要先了解市场容量是多少。市场容量代表了市场的需求量。商家要分析市场的需求量是否能满足自己的目标。如图 7-13 所示，这是女装市场某一年的交易额占比数据，从图中可以看到，女装市场容量最大的是连衣裙，其次为裤子和 T 恤。如果商家的销售目标是成为 Top 1 的商家，做这些市场份额比较大的品类会比较适合。如果选择的是抹胸这个品类，可能做得再好也很难达到目标，因为这个品类的市场容量在整个市场中不到百分之一的份额，就算把所有的销量都给一个商家也很难成为 Top 1。

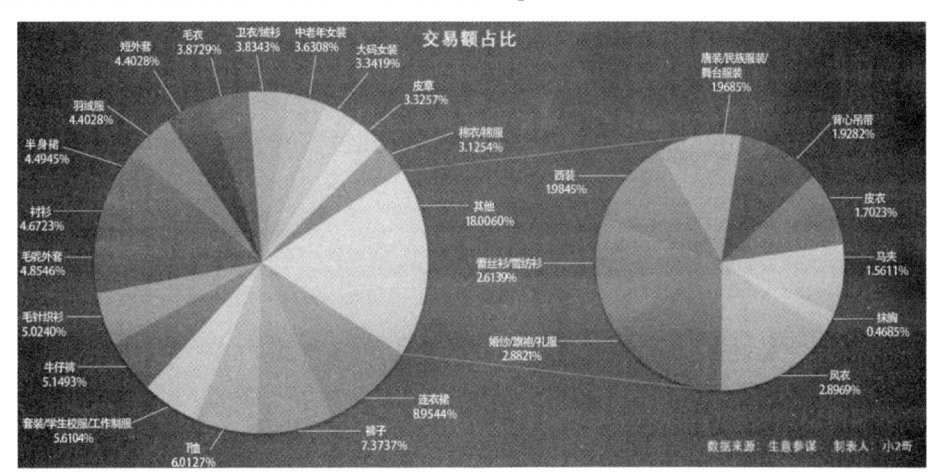

注：此表部分数据由于四舍五入，存在总计不为 100%，以及总计与分项合计不等的情况。

图 7-13

在分析市场容量时，一定要结合自己的目标，不一定要选择容量最大的市场，只要能满足自己的目标就可以。例如，某商家的目标只是做到 50 万元一年的销售额，那么女装市场下的大部分品类都会符合这个要求，因为女装本身就是市场容量很大的一个类目。

2. 市场蛋糕指数分析

做淘宝，仅分析市场容量还不够，很多类目虽然市场容量很大，但竞争也非常激烈。对于一些中小卖家来说，就算有一个很大的蛋糕摆在面前，可能也会因为实力不够而无法抢到其中可观的一块。因此还需要了解市场的竞争激烈度，这里可以计算一个市场蛋糕指数作为分析指标。

$$市场蛋糕指数 = 市场总需求量 / 有交易卖家数$$

市场总需求量可以用"生意参谋—市场行情—属性洞察"中统计的总支付件数表示，也可以用交易指数表示，而有交易卖家数可以从生意参谋的"市场行情"中直接获取，二者相除可以得出这个市场蛋糕指数的值。

有人可能会认为市场蛋糕指数大说明竞争力度小，因为每个人分配的量大；市场蛋糕指数小说明竞争力度大，因为每个人分配的量小。因此，商家可以选择市场蛋糕指数大的行业去做。

这里不能这么简单地判断，还需要结合市场容量一起分析。一般来说，会有以下四种不同的情况。

第一种：市场蛋糕指数大，市场容量也大。这种情况说明市场需求量大且竞争商家少，这就是蓝海市场，肯定是值得大家都去抢夺的，但是在实际工作当中这种情况是比较少的。

第二种：市场蛋糕指数大，市场容量小。这种情况说明市场需求量不大且竞争商家也少，这往往都是一些小类目或者新出现的行业。这种行业更适合小卖家去做，不过对于未来发展趋势比较好的新行业，大卖家也可能会提前布局。

第三种：市场蛋糕指数小，市场容量大。这种情况说明市场需求量大但竞争商家多，这就是红海市场。这种行业不太适合中小卖家，但比较适合有能力的大卖家。

第四种：市场蛋糕指数小，市场容量也小。这种情况往往说明市场需求量小且竞争商家多。这往往是一些火过一段时间但现在正面临淘汰的类目。例如，以前有一个双眼皮锻炼器的产品，因为炒作迅速成为爆款，慢慢地很多商家都跟风进入这个类目，导致竞争非常激烈，而这种纯炒作的产品生命周期很短，但有些商家不懂得分析数据，盲目跟风，所以这个市场也有很多商家在竞争。

3. 市场垄断性分析

所谓的市场垄断性是指某个行业在市场内，销售额或者销售量前 n 个商家的总和占市场总容量的大小，占比越大说明垄断越严重。例如，某个行业 Top 10 的商家销量占了总销量的 90%，说明剩下的所有商家全部销量都只占行业总销量的 10%。对于这种垄断性特别强的行业，没有一定实力的商家要慎重选择。

4. 市场发展趋势分析

对市场容量、市场蛋糕指数、市场垄断性这些方面的分析主要解决的是适不适合去做的问题，但要知道具体应在什么时候切入，还需要进行市场发展趋势分析。

如图7-14所示，这是某年女装风衣类目的生命周期数据图。从数据中可以明显看出，风衣在一年中有两个旺季，一个是上半年的3月份，另一个是下半年的9月份。如果想做好风衣这个行业，那么上半年应该在3月份之前把准备工作完成，具体来讲就是2月份开始推广，3月份必须引爆，4月份必须完成清仓；下半年应该在7月份就开始上架销售，8月份要做起来，9月份必须引爆，11月份必须完成清仓。从数据中还能明显看出，风衣虽然有两个旺季，但上半年的旺季非常短，这也就意味着如果上半年做风衣就必须快速地做起来、快速清仓，否则，有可能会错过旺季或者积压库存。

因此，对于整个市场生命周期的把握是非常重要的，商家要根据这个周期来安排工作，如什么时候开始选款，什么时候开始拍照，什么时候开始推广，什么时候开始清仓等。

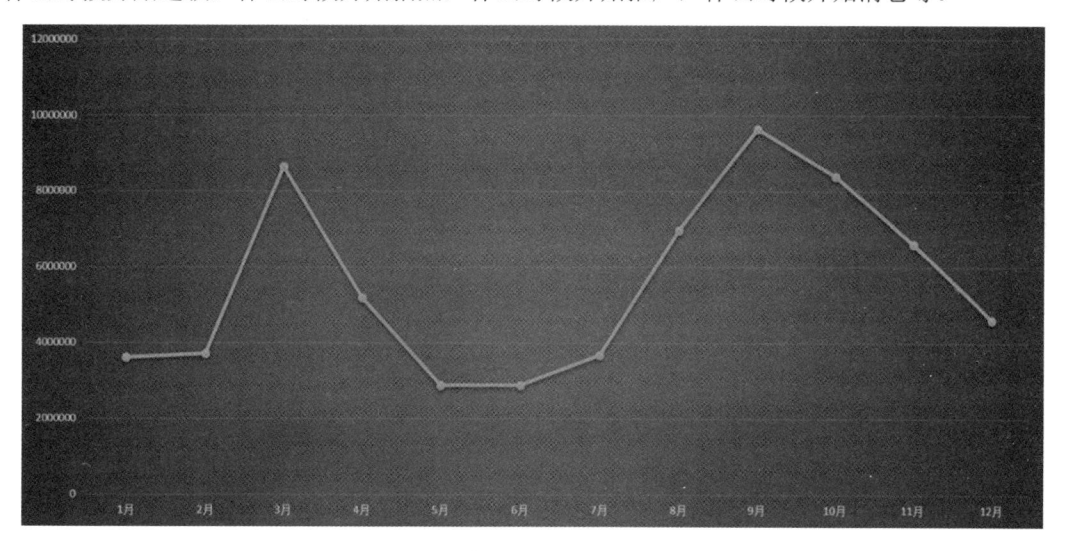

图 7-14

5. 成交同比增长率分析

在市场分析中，还有一项分析很重要，可以帮助商家了解相比上一年度市场需求的变化情况。这有助于商家对整个行业的理解和判断。这项分析就是成交同比增长率分析。

同比增长率=（现年某个指标的值-上年同期这个指标的值）/上年同期这个指标的值×100%

例如，今年 1 月的销售额是 100 万元，去年 1 月的销售额是 80 万元，那么，今年相对于去年来说就是同比增长了 25%。

对成交同比增长率的分析可以帮助商家了解行业目前所处的阶段及未来的发展趋势。

当市场处于发展期时，同比增长速度一般会比较快，这个时候竞争比较小、行业需求增速快，所以对于这个阶段的行业，商家应该快速切入，迅速占领市场。

例如，某商家 2017 年针对中老年女装市场进行了分析。按照惯例，中老年夏装销售最好的一般都是 T 恤，但经过分析发现，这年夏装套装的同比增长比较快。于是，2018 年夏天，该商家迅速布局和主推中老年短袖套装。这一年该商家取得了非常不错的业绩，因为 2018 年夏天中老年的短袖套装市场需求量是整个中老年女装市场中最大的。

当市场进入成熟期时，同比增长速度一般会非常慢或者零增长，甚至偶尔还有比较小的下滑。对于这个阶段的行业，商家要想抢到属于自己的市场，就必须做好差异化，否则操作会比较艰难。

当市场进入衰退期时，一般同比会呈负增长，也就是说市场容量不增反减，甚至持续下滑。对于这个阶段的行业，商家一定要分析是否有必要继续在这个行业坚持，如果没有必要，要果断退出。

7.4 竞品分析的方法和步骤

7.4.1 明确分析目的

在做竞品分析前，应明确为什么要做竞品分析。有些商家由于没有目标导向意识，在做竞品分析时完全不知道应该从哪里入手、选择谁作为竞争对手、采集哪些方面的数据等。做竞品分析只有明确了目的，才能围绕这个目的去展开接下来的分析。例如，某商家想知道竞争对手如何操作手淘首页流量，在接下来的竞品分析中就应围绕这个内容展开分析。

7.4.2 选择合适的竞品

在做竞品分析时，对竞品的选择非常重要，因为竞品选择的正确与否决定了是否能达到分析目的。并不是所有的同行商家都是竞争对手，并不是所有款式相同的宝贝都适合做竞品。很多商家经常会犯这样的错误，直接去生意参谋市场排名前几位的店铺的宝贝中寻找竞品，然后分析该店铺的操作方法，最后得出结论：整个行业都在"烧钱"，只有"烧钱"才能做好。对于大卖家来说，他们已经具备一定的经济实力，"烧钱"是见效最快的手法，所以会选择"烧钱"这种方式去操作。但实际上，除了"烧钱"，还有许多其他的操作方法，只是没有选对竞品，所以无法分析出适用的方法。

那么应该怎样选择合适的竞品呢？可以从目的、流失人群、货的相似与替补、场、财这五个角度去挑选。

1. 从目的角度挑选

分析一个竞品，一定是有目的地分析。例如，某商家的目的是想了解手淘首页是如何操作的，那么在选择竞品时，就要重点关注这个竞品的手淘首页流量是否做得好。如果这个竞品没有手淘首页流量或者手淘首页流量做得很差，分析这个竞品最终也达不到自己想要的目的。所以要根据分析目的去寻找符合目的的竞品。

2. 从流失人群角度挑选

如图 7-15 所示，进入"生意参谋—竞争商品—竞品识别—顾客流失竞品推荐"，从这里可以查看访客最终流到了哪些宝贝上。这些访客流向的宝贝，商家要特别关注，因为这说明这些宝贝的人群和商家宝贝人群一致，并且往往这些宝贝与商家的产品是相似或者互补的。这些宝贝从人和货这两个角度满足了竞品的要求，所以很适合做竞品分析。

3. 从货的相似与替补角度挑选

能够对某一产品造成竞争的往往都是同款或者相似款，当然，也有可能是互补款。因此商家可以从货品的这几个维度去挑选竞品。

如图 7-16 所示，进入"生意参谋—属性洞察—属性分析"，选择最近 30 天或者 7 天，然后选择宝贝有代表性的属性，这些属性要保证能准确描述产品且尽量能有别于其他不同宝贝。选择好属性后，再向下滚动显示页面，下面有一个"热销榜单"，选择"商品"榜单，可以看到 Top 500 的宝贝，从这里面可以挑选出宝贝的同款或者相似款。

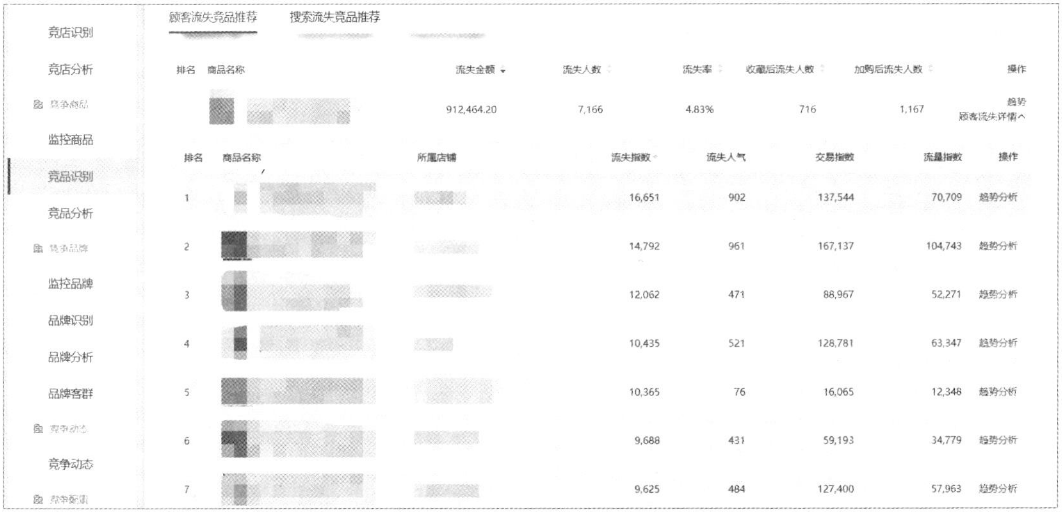

图 7-15

图 7-16

热销榜单 店铺 商品				
商品	交易指数	支付件数	支付转化指数	操作
	101,705	6,109	414	趋势分析
	66,698	3,217	350	趋势分析
	56,823	3,059	312	趋势分析
	46,800	800	717	趋势分析
	46,056	3,143	621	趋势分析
	42,645	2,884	572	趋势分析
	41,345	128	220	趋势分析
	38,273	130	251	趋势分析

图 7-16（续）

4．从场的角度挑选

这里主要是指从流量的来源渠道去挑选。有些宝贝和自己的宝贝虽然是同一个款，但流量渠道完全不一样，这种也很难称得上是真正的竞品。真正的竞品应该是和自己的宝贝在同一个或同一些渠道竞争的宝贝。例如，某产品和自己的产品完全一样，对方是通过直播粉丝销售的，从来不做搜索、手淘首页等渠道，而自己的产品都是用自然搜索、手淘或直通车这些渠道去推广的，却从来不做直播，所以双方也算不上真正的竞争关系。因此，在选择竞品时，还要去查看竞品的主要流量渠道是否和自己的相同或相似。

5．从财的角度去挑选

所谓财主要是指实力。在选择竞品时，一定要选择和自己店铺实力相当的竞品，如果实力差距太大也就算不上竞品。例如，某小卖家的一个宝贝哪怕是某品牌的同款，也不能把这个同款作为自己的竞品，因为两者实力差距太大。

7.4.3 采集、整理、分析竞品数据

1．采集竞品数据

在挑选好竞品后，接下来就要开始采集、整理、分析竞品的各项数据。这里的数据分析也

要以目的为依据，针对不同的分析目的所要采集、整理和分析的数据也不一样。下面以分析竞品手淘首页流量是如何操作起来的为例，演示相关数据的采集、整理与分析。

首先，采用合适的竞品的方法去选择一个竞品；然后，采集竞品每一天的手淘首页流量数据。

如图 7-17 所示，进入"生意参谋—竞争—竞品分析"，选择需要分析的竞品，向下滚动显示页面，有一个"入店来源"板块，从这里可以采集到竞品每一个渠道的访客数据。

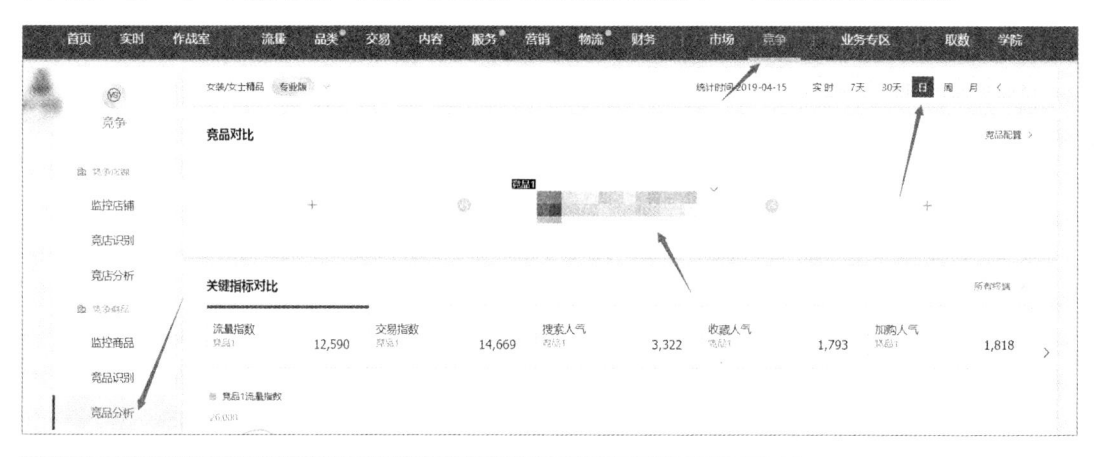

图 7-17

如图 7-18 所示，把生意参谋的竞品访客数据都复制粘贴到 Excel 表格中。复制时要注意选中数据只选中"趋势"的"趋"字，后面的"势"不要选，如图 7-19 所示，否则容易出现粘贴时不能对齐的问题。

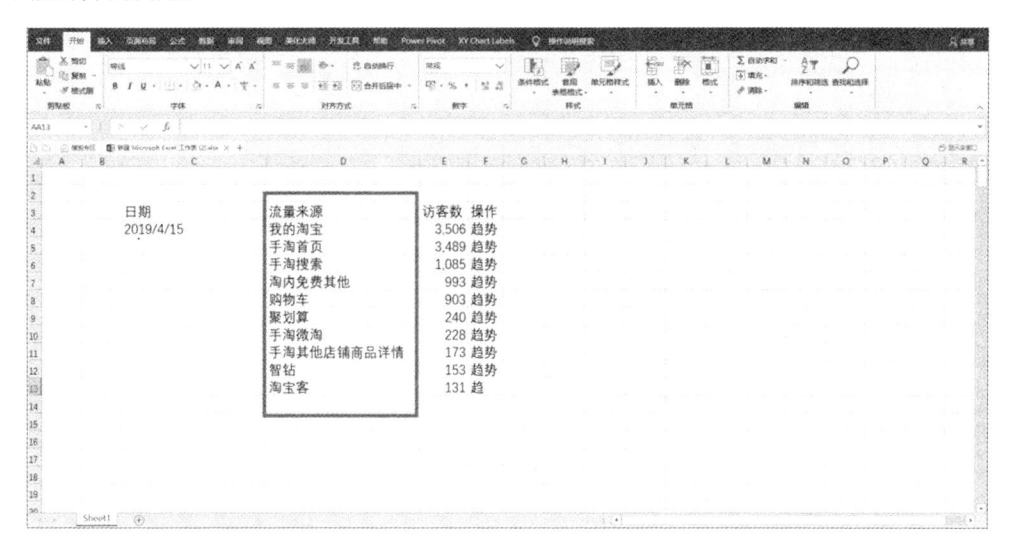

图 7-18

图 7-19

把竞品每一天的访客数数据都复制粘贴到 Excel 表格中，然后删除“操作”这一列，只保留“流量来源”“访客数”这两列，并在前面添加上对应日期，如图 7-20 所示。采集时最好从竞品发布第一天的数据开始采集，这样可以分析竞品从零到爆发的整个阶段。

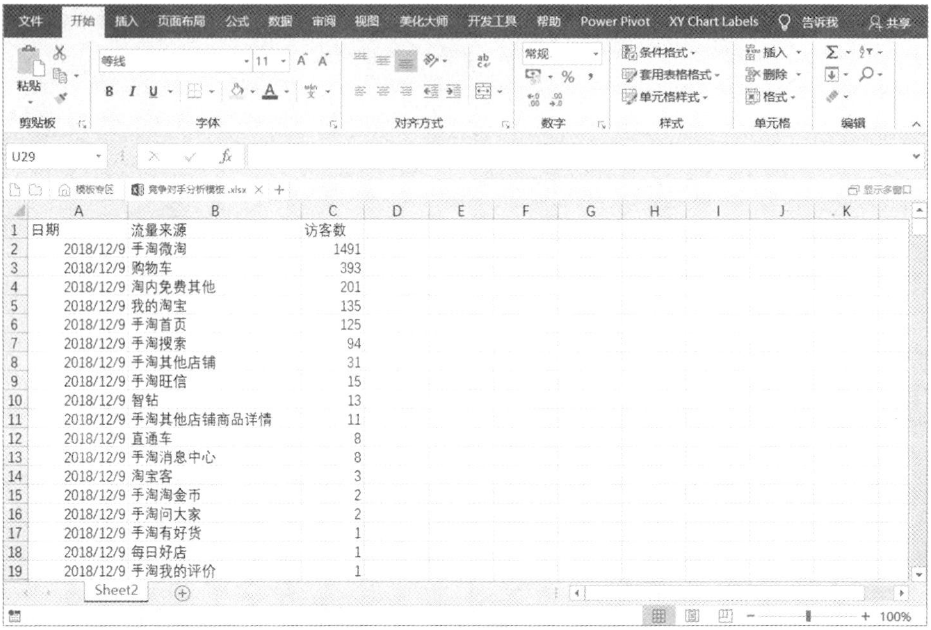

日期	流量来源	访客数
2018/12/9	手淘微淘	1491
2018/12/9	购物车	393
2018/12/9	淘内免费其他	201
2018/12/9	我的淘宝	135
2018/12/9	手淘首页	125
2018/12/9	手淘搜索	94
2018/12/9	手淘其他店铺	31
2018/12/9	手淘旺信	15
2018/12/9	智钻	13
2018/12/9	手淘其他店铺商品详情	11
2018/12/9	直通车	8
2018/12/9	手淘消息中心	8
2018/12/9	淘宝客	3
2018/12/9	手淘淘金币	2
2018/12/9	手淘问大家	2
2018/12/9	手淘有好货	1
2018/12/9	每日好店	1
2018/12/9	手淘我的评价	1

图 7-20

2．整理、分析竞品数据

在数据采集完成后，就要对数据进行整理和分析了。选中所有的数据，然后点击插入一个数据透视表，如图 7-21 所示。

在插入数据透视表后，把日期拖入到行，把流量来源拖入到列，把访客数拖入到值，并以求和的形式统计，如图 7-22 所示。

如图 7-23 所示，点击数据透视表中的任意一个数据，再插入一个二维折线图，以图表形式展现采集的数据，这样会更加直观，也便于分析。

但是，图表线条太多会影响分析，所以还需插入一个流量来源的切片器辅助分析，如图 7-24 所示。

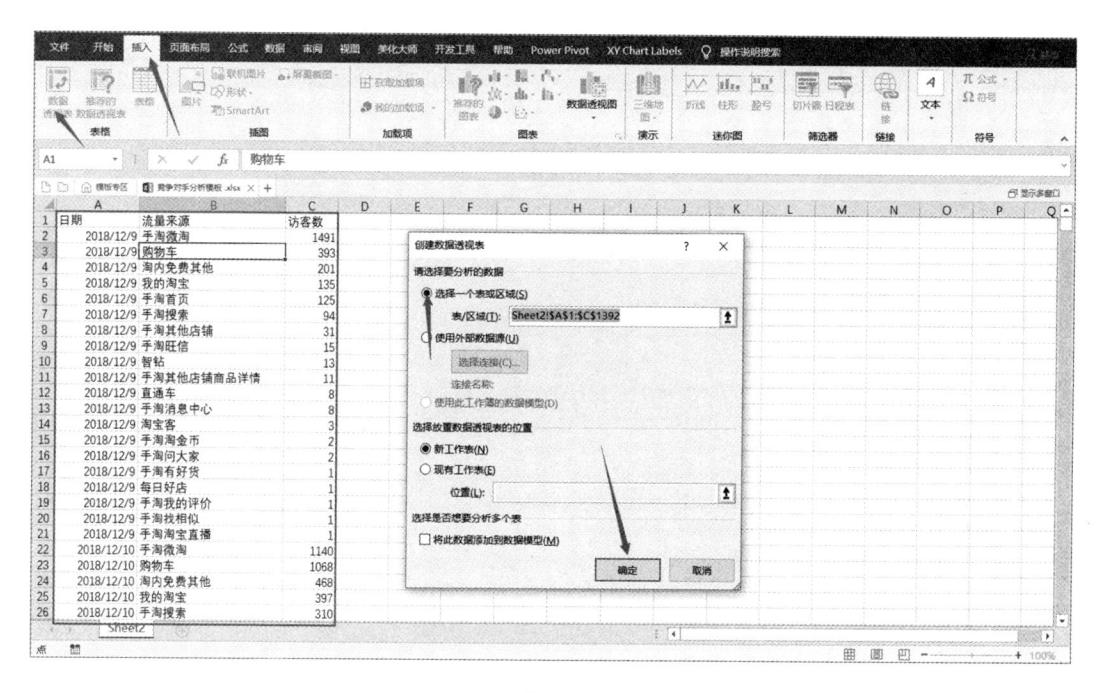

图 7-21

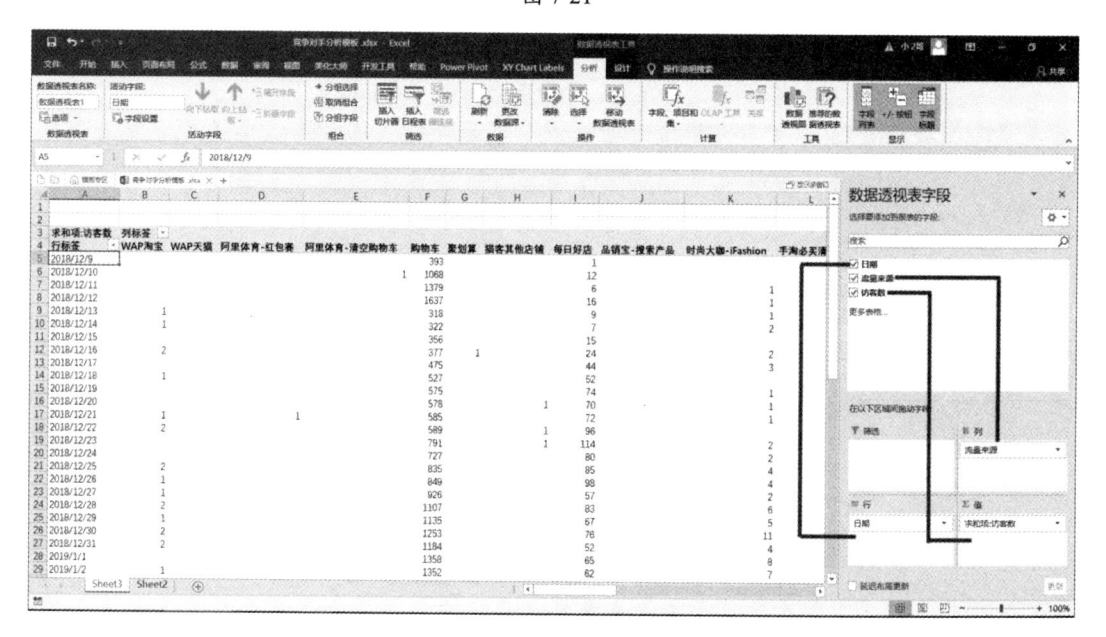

图 7-22

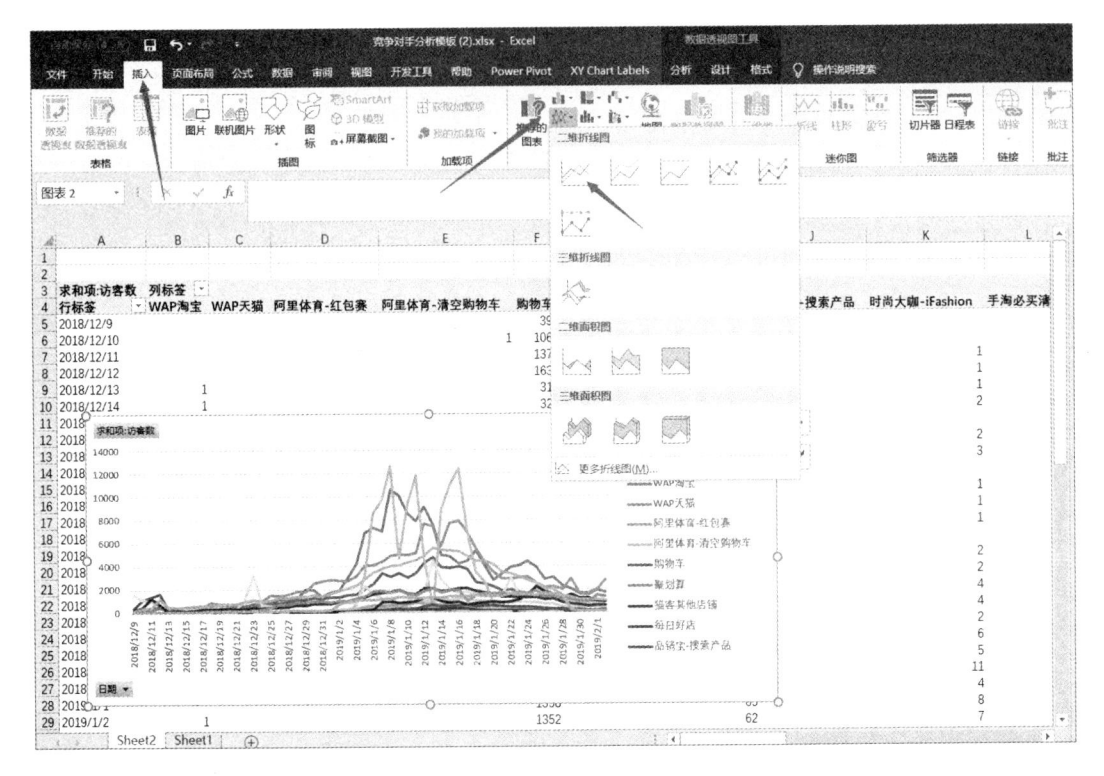

图 7-23

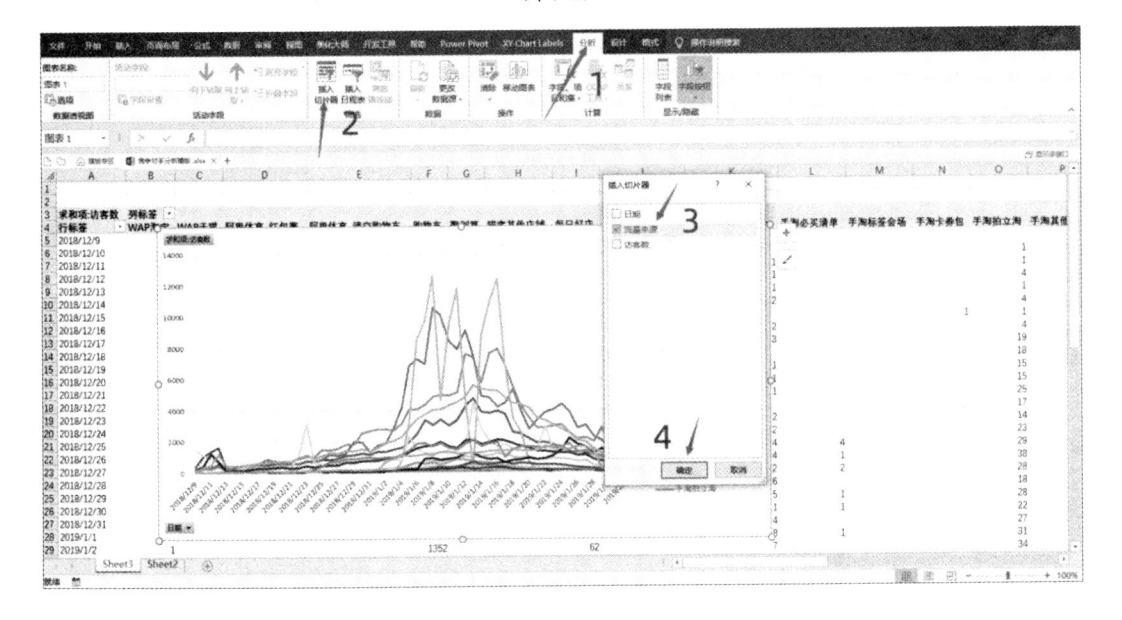

图 7-24

在插入切片器后，可以通过切片控制想分析的流量渠道，如图 7-25 所示。目的是分析竞品手淘首页的情况，所以这里可以先选择切片器上的"手淘首页"，此时图表就只会显示手淘首页的流量。

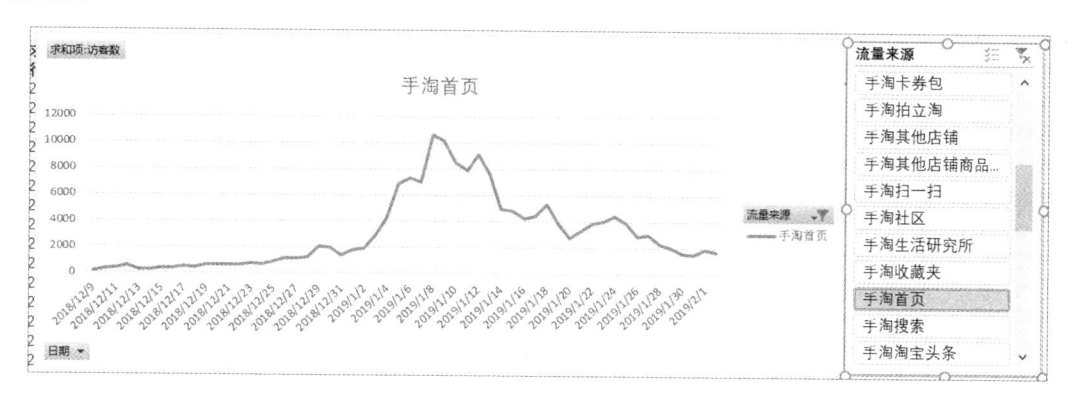

图 7-25

分析这个流量趋势图，首先要找到竞争对手流量的引爆节点，简单来说，就是找到竞品是从什么时候开始爆发的，然后分析爆发之前这段时间对手采取了哪些操作。一般情况下，某个宝贝会爆发一定是该商家采取了某些优化动作或手段，而这些正是各商家想要了解的。

如图 7-26 所示，可以看到该竞品的手淘首页流量是在 2019 年 1 月 3 日开始爆发的，那么就要着重分析对手商家在这一天之前到底采取了哪些操作。

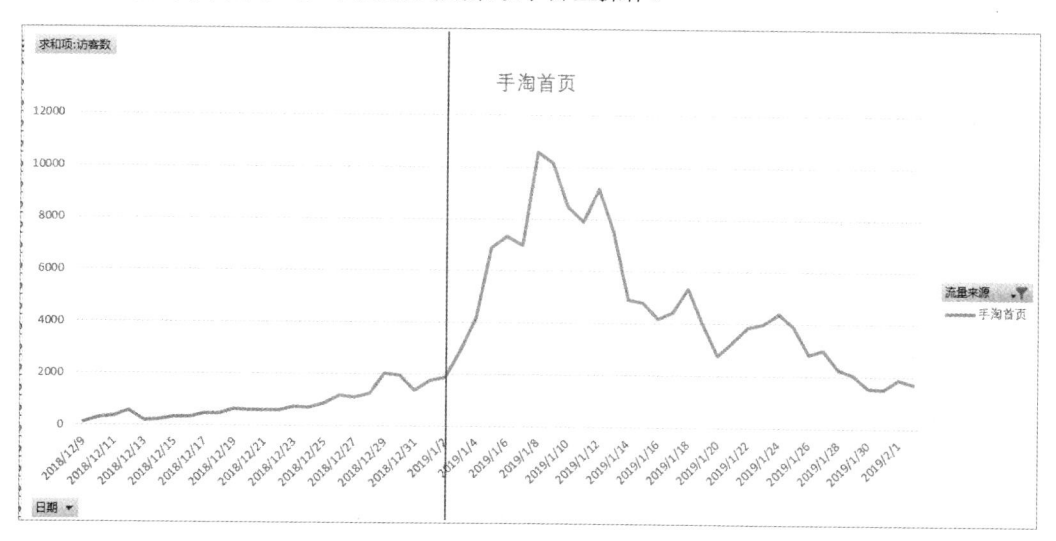

图 7-26

对于竞品访客数的分析，要重点弄清楚两个方面。一个是要弄清楚竞品访客的来源渠道是什么，特别是这个竞品前期依靠什么渠道引流。这一点很重要，找到类似操作手法就可以帮助自己解决前期引流难的问题。第二个是要弄清楚竞品不同渠道访客的发展趋势如何。这两个方面都可以通过分析采集到的数据得到答案。

如图 7-27 所示，像分析手淘首页流量发展趋势一样，插入一个数据透视表，但这次是把流量来源拖入到行，把访客数拖入值并以求和的形式统计。

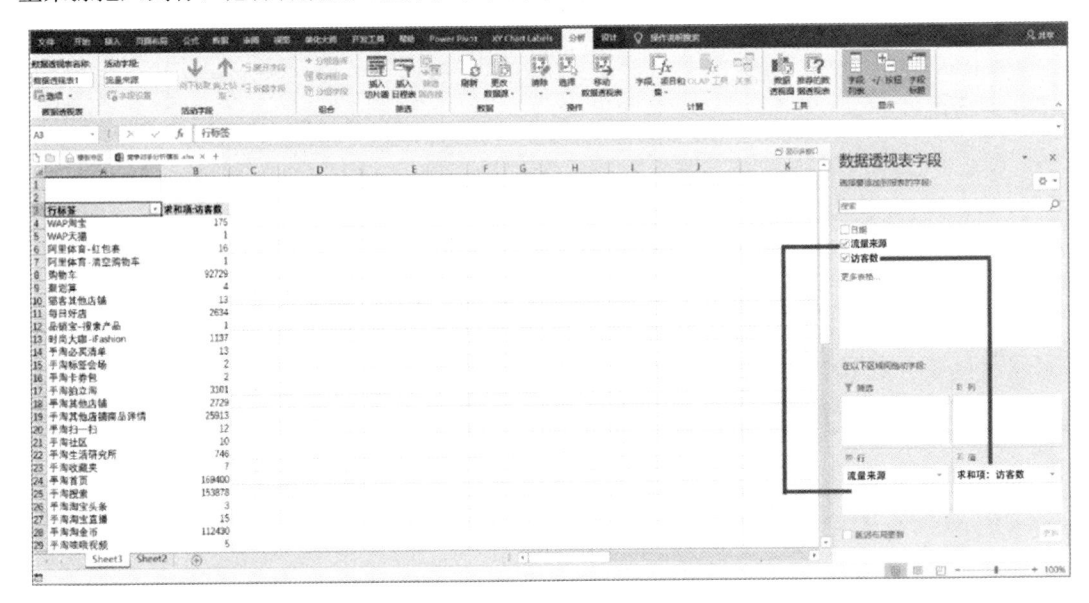

图 7-27

如图 7-28 所示，单击数据透视表中的任意数据，然后插入一个饼状图。

如图 7-29 所示，为了使数据更加直观和清晰，可以单击饼状图，然后单击鼠标右键，在弹出的菜单中单击"添加数据标签"命令。

如图 7-30 所示，再单击右键，在弹出的菜单中单击"设置数据标签格式"命令，在"设置数据标签格式"区域中勾选"类别名称"和"百分比"复选框，取消勾选"值"复选框，这样，整个数据会显得更加直观。

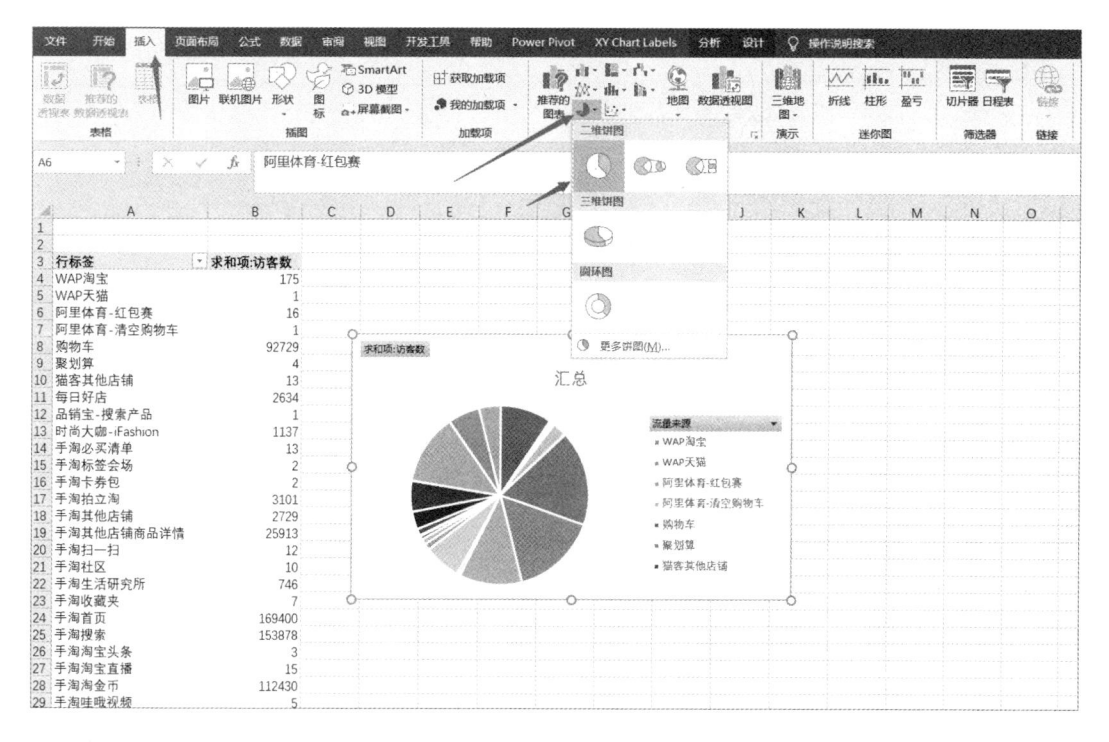

图 7-28

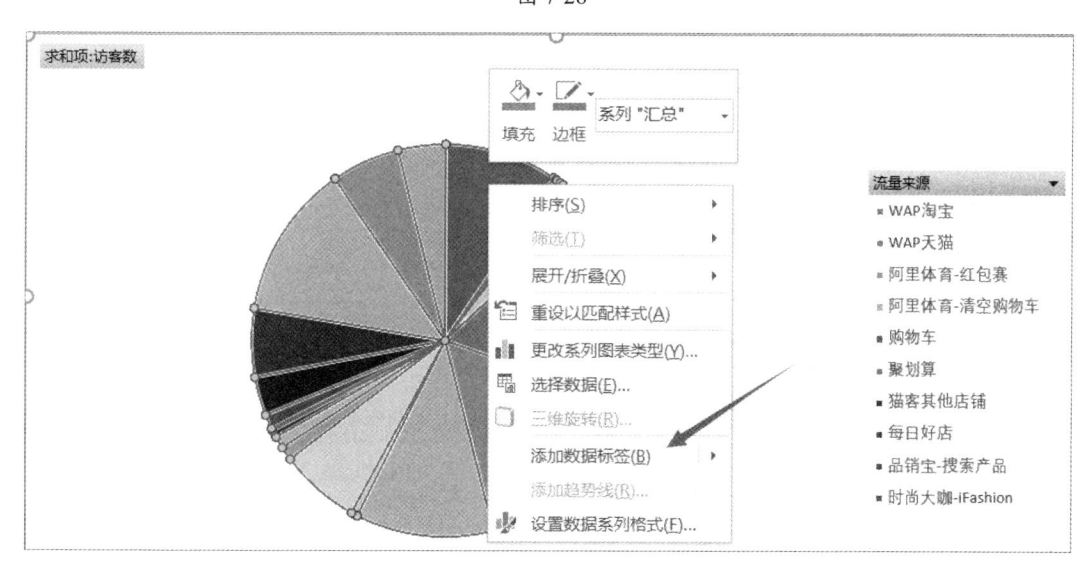

图 7-29

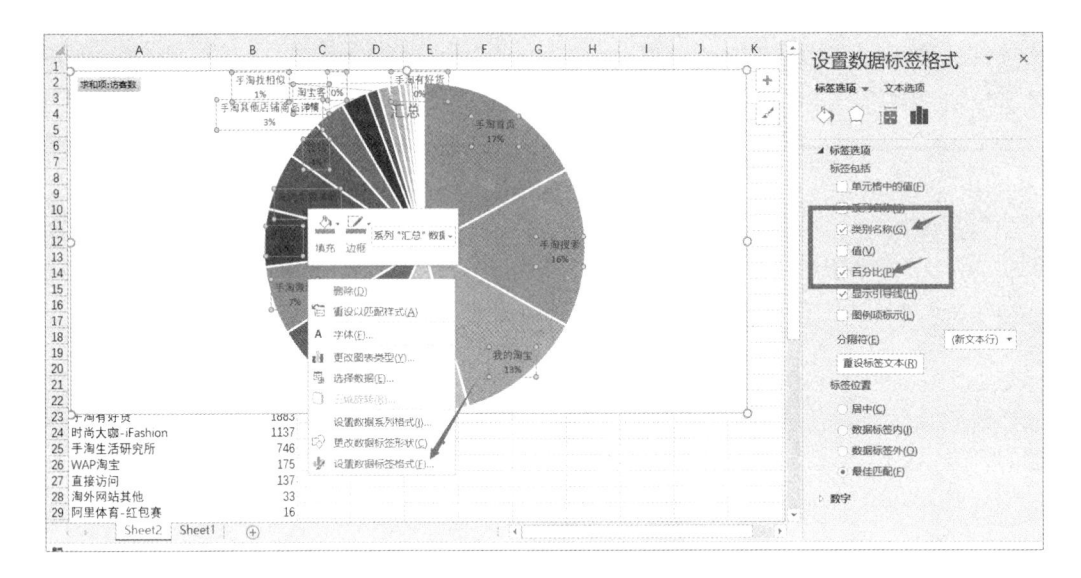

图 7-30

如图 7-31 所示，要分析的是竞品爆发之前的数据，而图中的数据是宝贝的所有数据，因此还需要插入一个切片器来控制时间。

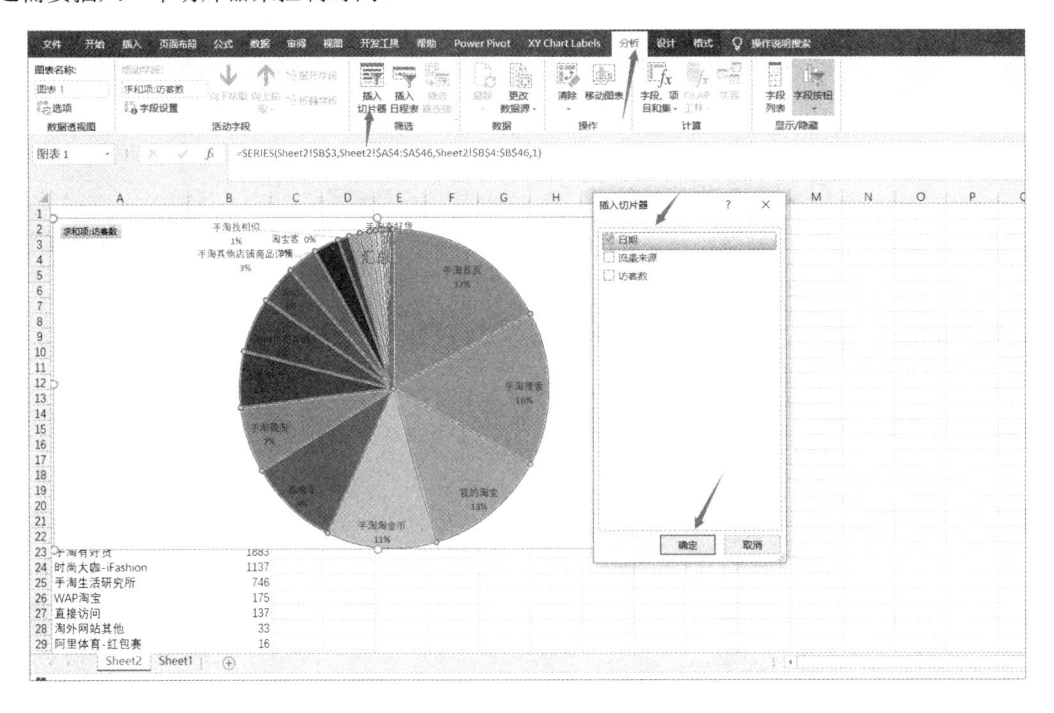

图 7-31

通过图 7-26 可以看到，该竞品在 2019 年 1 月 3 日开始进入爆发期，而其在 2018 年 12 月 9 日发布，间隔一个多月，这个时间跨度有点大，所以最好再把时间细分，以周为单位展开分析。如图 7-32 所示，在切片器上选择 2018 年 12 月 9 日到 2018 年 12 月 15 日这 7 天的数据，从左边的饼状图中可以看到，这 7 天中占比前三的流量渠道分别为购物车、手淘微淘、我的淘宝，而购物车和我的淘宝一般来说都是其他渠道先有流量才会产生流量的，因此在这三个流量渠道中，手淘微淘是最主要的渠道，由此可知第一周该竞品主要依靠手淘微淘引流。

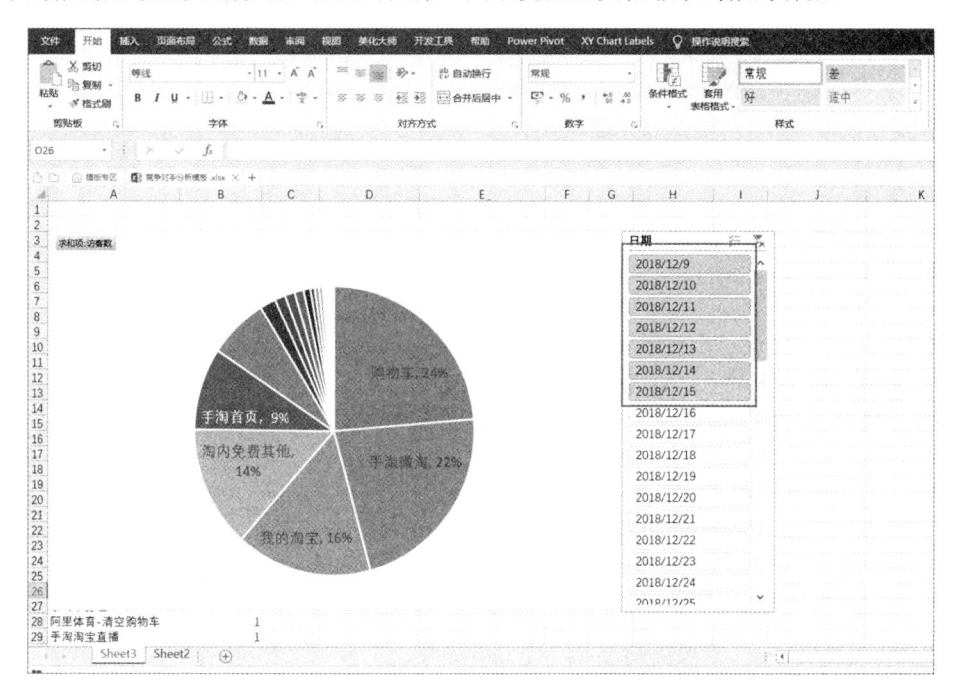

图 7-32

分析完第一周的数据继续分析第二周的数据，如图 7-33 所示，从第二周的统计图中可以看出，占比前三的流量分别为我的淘宝、手淘搜索、购物车。同样的原理，可以知道第二周该竞品主要依靠手淘搜索来获取流量。综合第一周的数据的分析结果，可以知道该竞品的流量发展趋势是：在第一周刚发布宝贝时，依靠手淘微淘引流和成交，然后积累权重，到第二周时带动了手淘搜索流量。

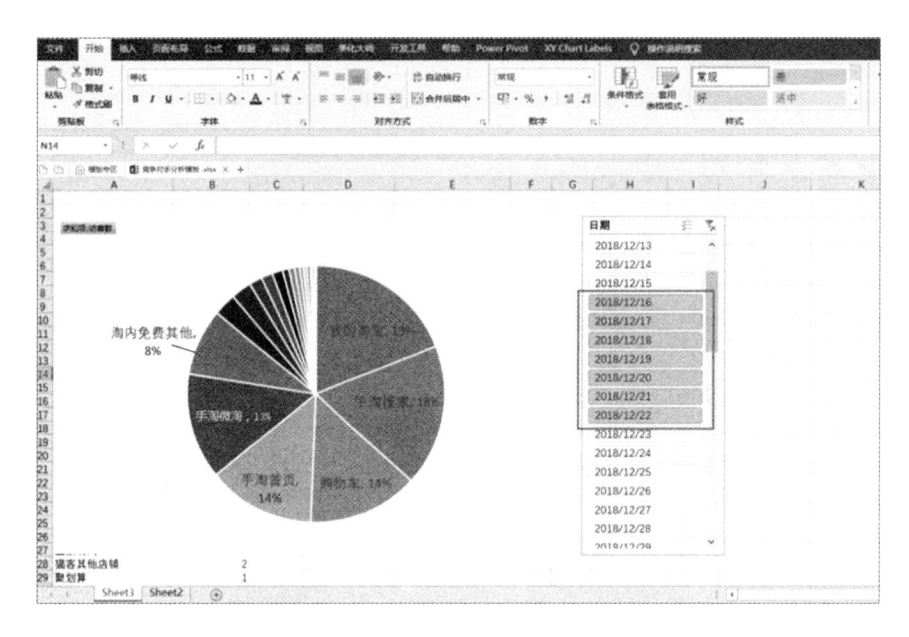

图 7-33

继续分析第三周数据,如图 7-34 所示,从第三周的数据中可以看到,占比前三的流量渠道分别为手淘搜索、我的淘宝和手淘首页,并且可以看出第三周手淘首页的流量开始上升。

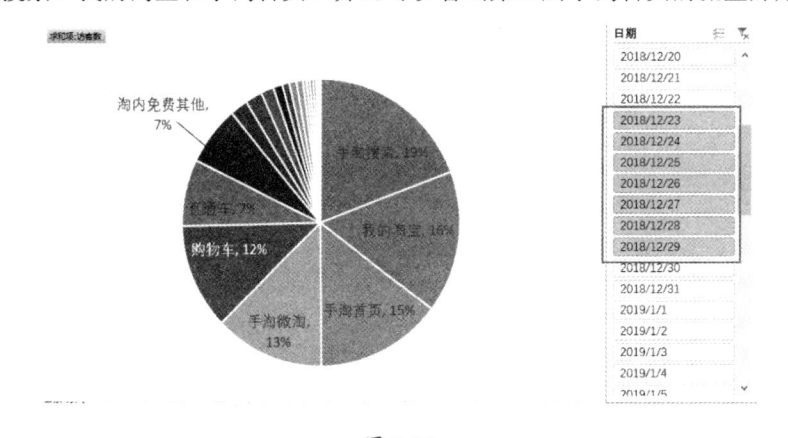

图 7-34

继续分析第四周数据,如图 7-35 所示,可以看到此时手淘首页已经成为该竞品占比第一的流量渠道。

综合这四周数据的分析结果,基本上该竞品的整个流量发展趋势也就清楚了:第一周依靠手淘微淘引流,给商品打标和积累权重;第二周带动手淘搜索;第三周手淘首页开始活跃;到了第

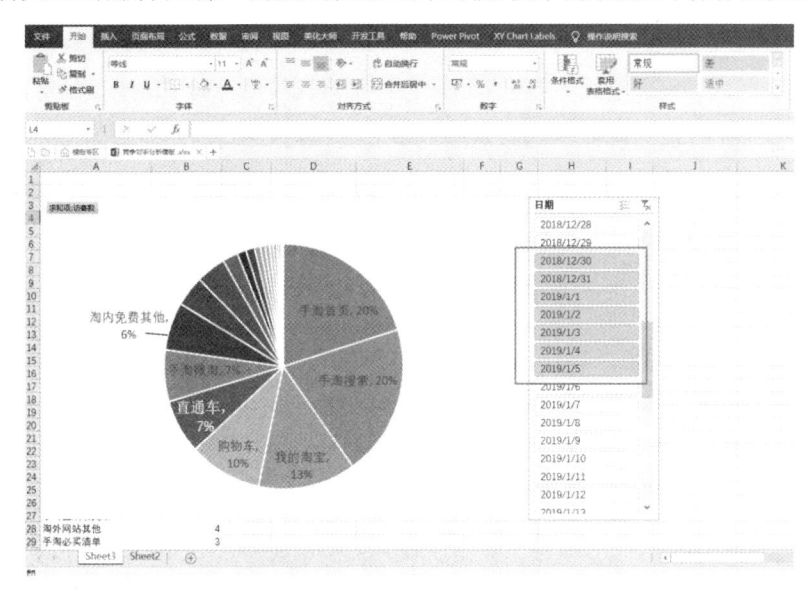

四周，手淘首页已经成为占比第一的流量渠道。这个时候，竞争商家的整个操作流程也就明了了。

图 7-35

只了解操作流程还不够，还需要知道具体做到什么程度才能有效果。例如，从上述分析中知道竞品第一周靠手淘微淘引流，第二周带动手淘搜索，那么每天要达到多少点击量和销量才能有效果呢？对此还要进一步分析。

如图 7-36 所示，在流量渠道发展趋势图中选择"手淘微淘"，把相关数据的发展趋势展现出来。从这里可以清楚看到竞品每天的微淘点击量及发展趋势。参考这些数据及走向，很容易就能推断出应具体优化到什么程度。

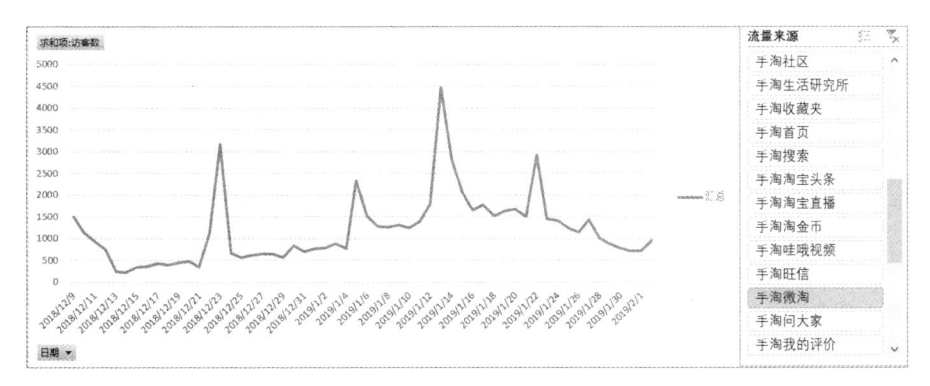

图 7-36

除了要分析竞品的流量情况，还要分析其销量情况。如图 7-37 所示，进入"生意参谋—属性洞察—属性分析"，选择日期（以日为单位），选择竞品有代表性的属性，如果竞品填写了品牌，首先应选择品牌，这样能大大缩小筛选范围。选好属性后再向下滚动显示页面，下面有一个"热销榜单"，选择"商品榜单"，可以看到竞争宝贝。从这里可以查看竞品每天卖了多少件，这样也就大概清楚了自己每天需要做到多少单的销量。同时，还要分析竞品的销量有没有递增，如果有递增，为了保证效果，在后续自己学习操作时也要考虑递增。

图 7-37

除此之外，还要分析竞品每天的转化率、加购率、收藏率情况，7.1 节已经详细介绍过生意参谋指数要如何换算，这里不再赘述。

3. 分析竞品操作模式的可行性

分析竞品主要是为了弄清竞品的操作模式，然后将其应用到店铺操作中去，因此还需要分析竞品操作模式在自家店铺中使用的可行性。这主要从两个维度去分析：一个是能不能做，另一个是值不值得去做。

能不能做主要从资源的匹配度来分析，要分析竞品的这些资源自己是否也拥有。例如，从上述案例中，已经知道竞品第一周是依靠手淘微淘引流的，每天大概获得 1000 个左右的点击，那么商家就要思考，自己有没有这个资源，如果没有微淘粉丝，去学习竞品的这种操作模式肯定难以成功。不过商家也可以想想还有没有其他的替代方法，如可以考虑利用微信老顾客去代替微淘粉丝。

值不值得去做主要从投入产出比的角度来分析。有时候学习竞品的模式虽然能做起来，但如果投入和产出严重不成正比，那也不值得去做。很多时候竞品会采用付费推广的手法，而付费推广是要投入很大成本的，所以要看竞品每天能带来多少付费流量、这些付费流量需要花多少钱，然后通过投入产出比来判断要不要这么操作。

第 8 章

商家内容自运营

8.1 运营好买家秀，提升宝贝转化率

在淘宝上购物，买家无法直接感受产品的效果，只能通过图片、视频、直播等形式来了解产品。但买家往往不太相信商家拍摄的图片和视频，觉得商家只会展现产品最好的一面，会选择最适合这个产品的模特，找最好的摄影角度，甚至使用修图软件把图做得尽量美观。在一般情况下，买家更愿意相信买过产品的人拍的图片或视频。所以，如果某宝贝的买家秀做得好，买家会更容易对这个宝贝产生好感，从而大大提升宝贝的转化率。

基于此，淘宝现在专门为买家秀设置了管理功能。通过这个功能，商家可以对买家秀进行科学有效的管理，如"移除"和"加精"买家秀内容、对买家秀进行排序等，让优质买家秀最先展现在买家面前，把买家秀的作用最大化。

8.1.1 进入宝贝买家秀管理后台

如图 8-1 所示，进入"千牛后台—自运营中心—买家秀—宝贝买家秀—宝贝买家秀管理"。

图 8-1

也可以从"淘宝网卖家中心—自运营中心—买家秀"进入，如图 8-2 所示。

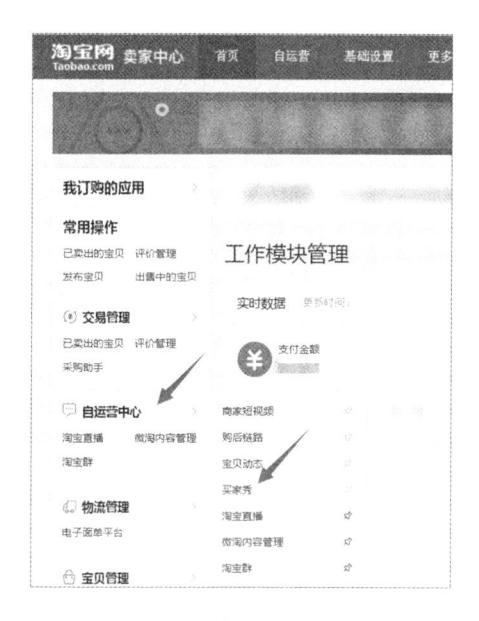

图 8-2

8.1.2 对宝贝买家秀有图评价进行管理

（1）先审阅一遍宝贝的所有有图评价，再对优质的买家秀进行"加精"设置。如图 8-3 所示，"加精"的买家秀一定要满足系统的收录标准，具体标准可参考下一节内容。

图 8-3

如果买家秀"加精"条数大于 4 条，则这些"加精"买家秀就会在前台模块展示（目前部分类目不开放这个功能，如刀具、一次性内裤等）。如图 8-4 所示，买家点击量越高，越有利于把精选的优质买家秀展现到买家面前，增强好感度，从而提升转化率。

图 8-4

（2）点击买家秀的图片进行封面设置，如图 8-5 所示。这一步很重要。商家要把买家秀中最优质的那张图片作为封面，因为只有这样才能吸引买家点击，并激发其购买欲望。

（3）还可以把买家秀转发到微淘，如图 8-6 所示。精选的买家秀可以通过微淘这个渠道让店铺的粉丝都能看到，从而激起他们的购买欲望。

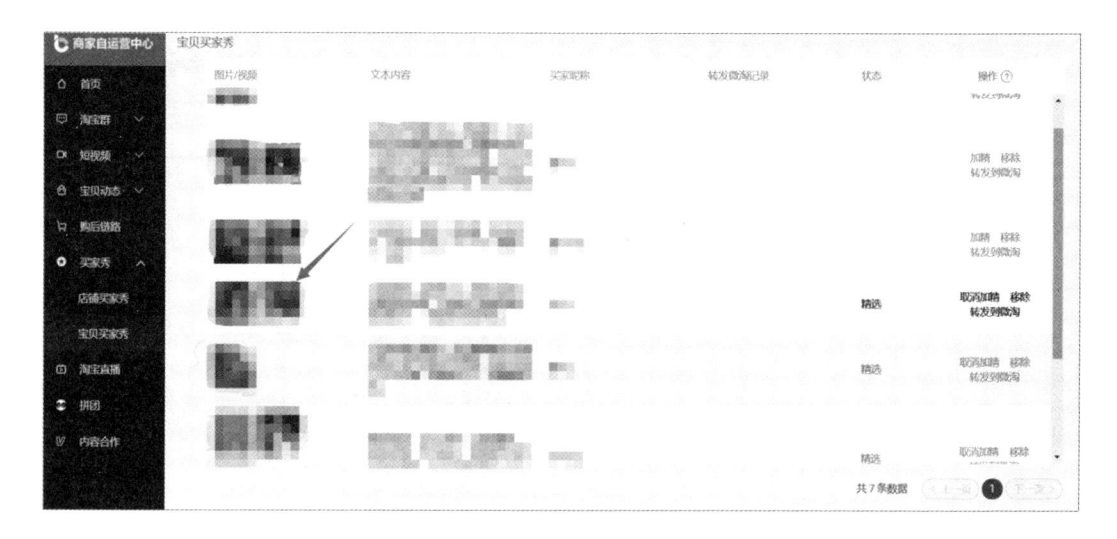

图 8-5

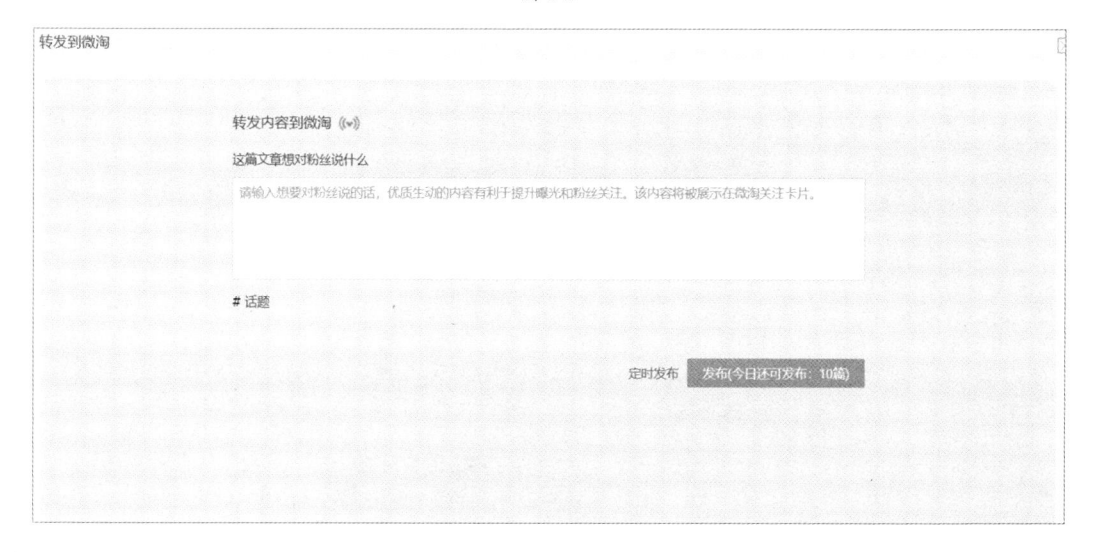

图 8-6

8.1.3 分析数据

如图 8-7 所示,可以在淘宝后台查看买家秀的数据效果。通过这些数据可以看到买家秀当前的流量效果。不过,这个数据在很大程度上会受宝贝本身流量的影响。如果宝贝本身流量比较低,这一块的流量也不会太高。

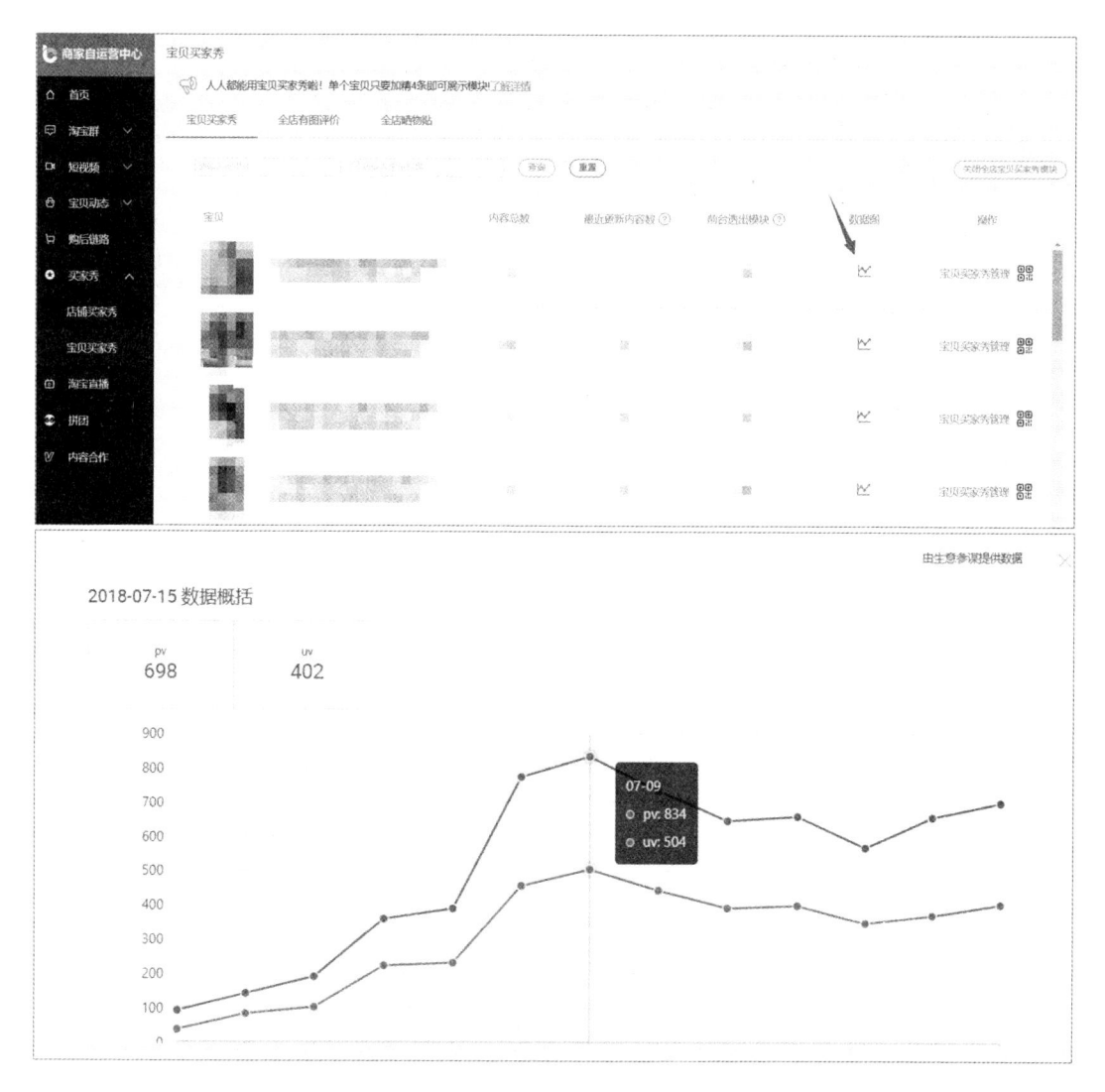

图 8-7

8.2 买家秀获取手淘"猜你喜欢"流量的方法

提及手淘首页的"猜你喜欢",可能很多商家都只会想到单品,实际上,手淘首页"猜你喜欢"不是只由单品组成的,而是由商品、广告、轻应用、泛内容组成的。商品就是平时说的单品,广告是指直通车、智钻、超级推荐广告,轻应用包含闲鱼、聚划算、淘抢购、每日好店、洋淘等频道，泛内容包括直播、短视频、买家秀等。

所以，要拿到手淘首页"猜你喜欢"的流量，除了可以从单品着手，还可以利用多条渠道，如容易被商家忽略的免费流量——买家秀等。买家秀其实拥有很多公域流量，有些商家误认为买家秀只属于自己店铺的私域流量，因此也就没有特别用心地去做。

8.2.1 买家秀在手淘首页的流量渠道展现

现在，买家秀的公域流量占比非常大，接下来先来看买家秀在手淘首页的流量渠道有哪些。

如图 8-8 所示，第一个比较主要的流量渠道是"猜你喜欢"位置推荐的买家秀，类似于单品的推荐。

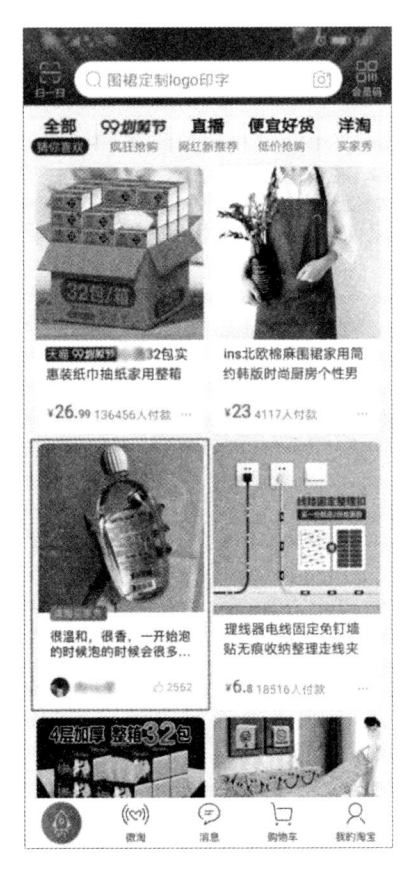

图 8-8

如图 8-9 所示，第二个比较主要的流量渠道是"猜你喜欢"的买家秀标签。

图 8-9

上述这两块流量是买家秀在"猜你喜欢"的主要流量渠道。当然，除了这两块，还有洋淘频道等其他地方也有买家秀展现的机会。由此可见，买家秀覆盖的流量渠道和位置还是比较多的。

8.2.2 买家秀获取公域流量透出机会的方法

既然买家秀在这么多重要的位置都能产生流量,那么卖家应该如何做才能获取这些渠道的流量呢?

买家秀想在"猜你喜欢"获取透出机会,需要商家去加精,只有加精之后才有机会让官方将其收录进洋淘秀的内容池。此外,如果买家秀的质量反馈比较好,也能被系统抓取到精选洋淘秀内容池中。进入精选洋淘秀内容池后,买家秀就有公域透出的机会了,如图 8-10 所示。

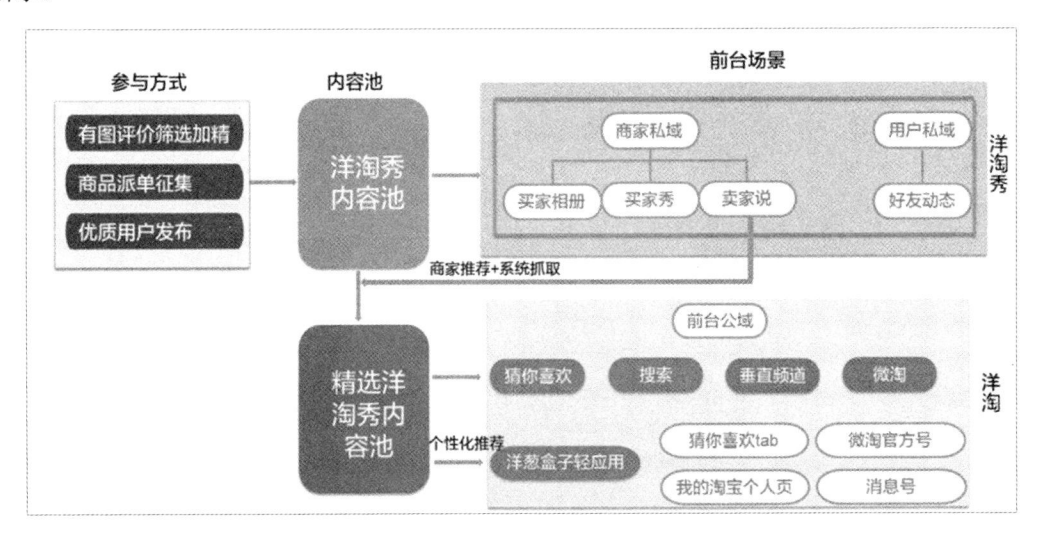

图 8-10

因此买家秀必须被官方收录。有没有被官方收录,可以在商家自运营中心查看,如图 8-11 所示;有些也可以在店铺的前台看到,被官方收录的会有"洋淘精选"标志,如图 8-12 所示。

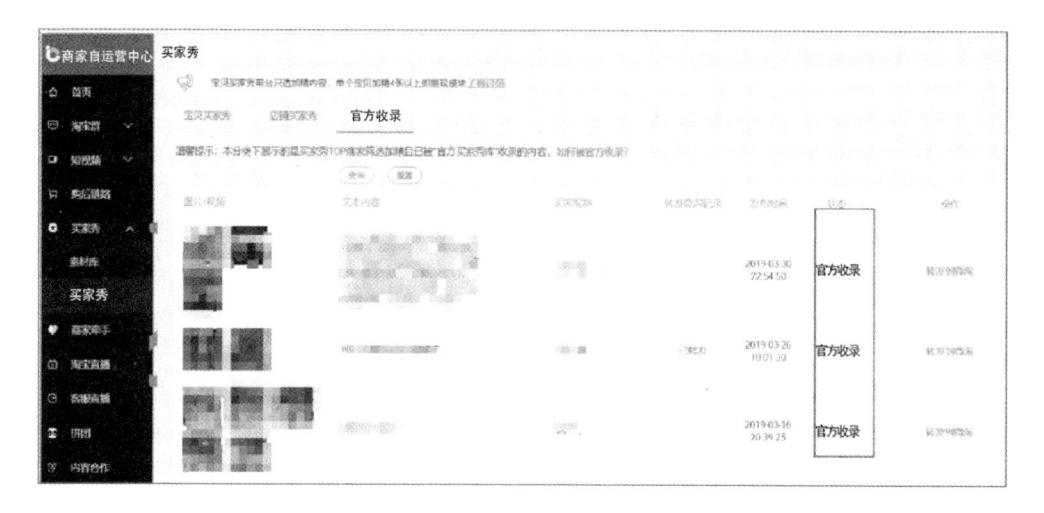

图 8-11

图 8-12

那么，买家秀要满足哪些条件才能入选"洋淘精选"呢？对此，淘宝官方给出了具体的收录标准。

1．图片标准

（1）图片必须为用户实拍图，不能是卖家展示图、模特棚拍图、非有关商品图等。这一点要特别注意。有时买家为了获取淘气值，会直接从详情页或宝贝展示图里拿一张图作为买家秀，这样的买家秀是不符合收录标准的。

（2）图片清晰不模糊，光线充足不昏暗，背景干净整洁，无马赛克、无贴纸挡脸等。很多买家晒图时不想让别人看到自己的脸，会用马赛克、贴纸遮挡。这样的图片也不能用作精选图，因为系统不会展现。

（3）图片构图正常，不能有侧躺、角度严重偏斜、主体处于图片边缘等现象。

（4）商品主体完整，非局部特写或细节展示，在图片中的大小适中，不能是快递包装纸箱或泡沫垫图片。

（5）图片构图和谐，整体画面有美感，如果有人物出镜，则其表情或动作不能怪异，不能引起不适感等。

2．文本内容标准

（1）文字从个人真实感受出发，内容贴合商品实际，既可以是特点描述，也可以是使用感受描述。

（2）无广告、低俗或敏感信息等违规内容。这一点尤其重要，如有些评价包含淘客返利等内容，这样的买家秀千万不要加精，否则系统不仅不会抓取，反而会将其屏蔽。

（3）字数不宜低于10个字，不能有大段重复、无意义的内容。这一点也要注意，如有些买家为了获取淘气值随意复制别人不切题的好评模板。对于这样的文本，系统也不会抓取。

3．视频标准

短视频买家秀比图片买家秀的权重要高很多，商家可以引导买家多用短视频来评价。对于视频的要求，基本满足下面几条就可以。

（1）视频时长5秒钟以上，画面清晰，不能有明显模糊和大幅度晃动现象。

（2）视频中不能包含广告、低俗或敏感信息等违规内容。

（3）视频画面全程统一竖拍或横拍，画面不能翻转，不能留有大黑边。

（4）视频背景声音不嘈杂，有音乐更佳。

（5）视频封面必须符合"图片标准"中的所有标准。

看到这些标准，有商家会说，针对这样的买家秀标准，要达标太难了。

所以，要想拥有更多符合官方收录标准的买家秀，一定要主动引导买家按照要求拍摄。下面推荐大家使用买家秀征集方法，以获取更多优质的内容。

8.2.3 买家秀征集方法

如图8-13所示，进入"淘宝卖家中心—自运营中心—互动活动—互动管理—征集"。创建一个征集活动，采用奖励的方式鼓励买家用心拍图、拍视频、写文本等。在征集活动设置好后，可以把活动内容发到淘宝群或者老顾客微信朋友圈中。要重点向每一个群员或老顾客讲清具体要求，引导他们按要求拍摄，并告诉他们如果达不到要求就不能领取奖励。有商家会问，设置了要求，买家还愿意去拍摄评价吗？其实不用担心，只要商家的奖励有足够强的吸引力，就会有大量买家来完成这件事。

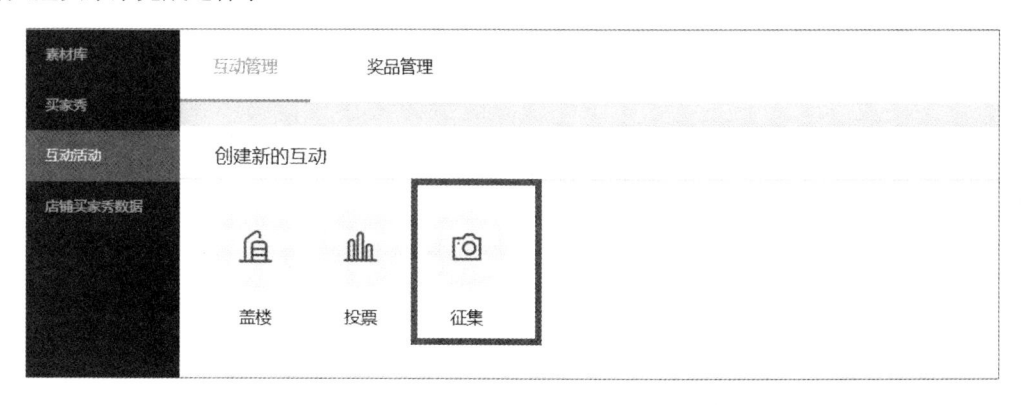

图 8-13

如图8-14所示，征集到买家秀后，要把符合收录要求的设为"加精"，加精后官方才会收录。加精的买家秀一定是经过严格审核过的，必须满足前面提到的图片、视频、文本等的要求。

图 8-14

加精后的买家秀如果符合要求,大概在 3~7 天后就会被官方收录,就会有机会在"猜你喜欢"等公域透出。这里要注意,不是官方收录了的买家秀就一定能在公域透出,就一定能带来流量。系统会根据其他买家对这些买家秀的反馈数据,给予展现。很多时候,买家秀就算被官方收录了,但实际上根本没有带来流量。因而,商家只能采用广撒网的模式,多引导买家晒合格的买家秀图片或者短视频,以提高带来高流量的概率。

8.3 淘宝平台主要的内容营销渠道及玩法规则

2015 年,淘宝开始加入内容抢夺战,手机淘宝推出了"内容开放计划",将淘宝头条、有好货等内容平台向第三方内容创作者和机构开放,各媒体、专业机构及资深消费者,均可在手机淘宝的内容平台为消费者提供高质量内容。手淘官方表示,其内容平台上的优质内容创作者和机构在三年内可共享 20 亿元市场佣金。由此可见淘宝对内容营销的重视程度。目前,在淘宝平台上的内容营销主要分为图文、直播、短视频、淘宝群四大类。

8.3.1 图文类

图文类主要通过图片和文字等形式去引导消费者购买产品,包括有好货、淘宝头条、必买清单、微淘等。

1. 有好货

有好货是一个面向高消费力用户,宣扬品质生活的精品导购平台。手机淘宝和 PC 端淘宝网页都设置有"有好货"专栏。在 2018 年以前，这个渠道只能是由达人投稿，商家不能直接投稿。但从 2018 年 8 月开始，商家也可以自运营"有好货"渠道，只要微淘 L4 以上，淘客佣金 6%以上并受到官方邀请就有资格。这一变化释放出一个信号：未来，商家的参与度会越来越高。所以作为商家现在就要开始准备好自运营"有好货"。商家可以提前了解具体规则，后期一旦受到邀请或者全面开放就可能迅速把这个渠道的流量做好。

目前，有资格直接投稿的商家仍占少数，大部分内容还是由达人投稿。所以，这里主要从达人的角度来谈"有好货"的基本要求。

（1）商品满足基本的调性。

淘宝对"有好货"的目标定位是高消费力人群，追求格调、品质的人群。这是"有好货"的入池标准之一。只有当商品满足这些要求时，达人才会选择推广这些商品。

轻奢品牌、知名高端品牌、品质高的小众品牌、原创设计品牌、新品上市的中高端产品、具有调性的明星产品、能代表或者引导当下流行趋势的产品，以及某些限量款、明星款、联名款，这些产品比较容易入池"有好货"，也更容易获得达人的推荐。如果商家想做"有好货"渠道的流量，那么宝贝要尽可能往这些方向做调性。

平价的爆款、低客单价没有调性的产品、高仿伪劣产品、体验不好的产品等，很难入池"有好货"，达人也不会去推广。所以这类产品不要拿去做"有好货"。另外，做"有好货"渠道，新款比较合适。如果已经是爆款，就算符合调性也很难入池，因为"有好货"的定位就是高端的小众商品。

（2）图片符合基本要求。

① 图片上的商品、标题、推荐理由，必须与宝贝详情页上的信息完全一致。

② 白底图、场景图均可，但主体必须完整、突出，构图合理，清晰度高，背景干净。

另外，白底图还必须符合以下要求：背景为纯白底，除了正常阴影，不能有多余的背景、线条等未处理干净的元素；无模特，只能是商品图；无阴影和抠图的痕迹；只能出现单主图商品，不能出现多主体；不要拼图，不能出现人体任何部位，不能出现宠物；主体构图不能偏移，重心不能倾斜，不能添加过多文案等其他元素，不能有 Logo 或者文字，主体不能过于细长，主体颜色不能太浅或者轮廓不清晰等；商品主体完整，没有破损，主体必须位置居中，撑满整个画布，主体水平放置，构图饱满，主体上下/左右顶边，图片格式为 jpg 或者 png；主体识别度高，能辨别是什么商品；图片大小必须为 800px×800px；必须是平铺或者挂拍图，不可出现衣架、假模、商品吊牌等；禁止出现违规图。

③ 背景自然，能较好地衬托主体，无突兀感。

④ 一张图片只能展示一个主体（组合套装内的商品除外），若有多种颜色的商品，则择优选一种展示。

⑤ 服饰类商品只能展示一个模特（情侣装和亲子装除外），若商品不是套装，则不要使用全身照。

⑥ 选择最能体现商品特点、功能的视角，能让用户一眼看出商品的外观、造型或者功能等特点。

2．淘宝头条

淘宝头条的定位是成为热门、新鲜、有消费引导性的生活资讯和权威可信的经验分享平台。在手机淘宝、PC 端淘宝网网页皆设有"淘宝头条"专栏。

目前，"淘宝头条"是淘宝达人的频道，商家不能直接在该专栏发布图文内容。所以，商家如果想获得这一块的流量，就必须和达人合作，让达人帮忙去投放。"淘宝头条"主要适合数码或汽车类目的新品发布、行业新闻的相关内容；服饰、家电类目的消费者需求盘点的相关内容；食品、美妆等类目的一些生活技巧的分享等相关内容。

"淘宝头条"内容被抓取和展现要符合以下基本要求。

（1）在一篇文章中，至少有 4 个商品且至少来自 3 个不同的店铺。

（2）店铺动态评分需要至少两项高于行业平均分，如果店铺动态评分全部低于行业平均分，就没有必要去找达人合作，因为他们就算愿意合作，也很难让系统抓取从而给店铺带来流量。

（3）帖子封面图要求主体突出，图片清晰，不能多图拼接，尤其不能出现站外网站的水印、微信、微博等标志，也不能出现没有版权的人物肖像。

（4）内容必须原创。在找达人投稿时，一定要对内容进行审核，复制/粘贴别人的内容的稿子不能通过。

（5）主题、文案、推荐商品三者之间必须有强关联。这也是商家在审核达人投稿时需要关注的内容。

3．必买清单

必买清单是一个为用户提供新鲜、高品质商品的场景化导购平台。在手机淘宝、PC 端淘宝网网页都设有"必买清单"专栏。

目前，"必买清单"也只接受达人的投稿，商家要想让自己的商品出现在"必买清单"栏目中，就必须与拥有发布该平台图文权限的达人合作。

"必买清单"对投稿要求非常高。它要求投稿内容必须是具体场景下具体问题的一站式解决方案，必须是专业性比较强的指导导购，所含知识点必须条理清晰、有理有据，要实用、新鲜、易读懂、有说服力。例如，关于某蜂蜜产品的投稿，如果想把减肥作为切入点，就要分点陈述蜂蜜可以减肥的原因、原理，陈述内容要科学合理、明白易懂、说服力强。因此只有那些具备专业能力的人才去做这个渠道。

"必买清单"被抓取和展现要符合以下基本要求。

（1）封面图必须能充分传导主题，不能带有文案、品牌 Logo、明星等信息，封面图的背景要求简单、干净。

（2）商品图片要求是正向的白底图，无水印、无 Logo、不添加过多文案等其他元素。

（3）导语要求 100 字以内，突出看点，不能赘述。

（4）正文 500~2000 字，小标题下正文 500 字以内，每段正文 100 字以内。

（5）商品推荐理由 100 字以内，要求体现商品的最大亮点、核心导购价值。

8.3.2　直播类

直播的定位是强互动的购物指引。直播和图文相比在内容上有很大的区别，图文内容基本上都是由达人操作的，如果商家想要做图文的内容营销，就必须和达人合作，但直播不一样，直播既可以由达人操作，也可以由商家直播。

商家申请直播权限，可以点击"直播中控台"。系统会自动校验用户是否符合开通条件。若符合开通条件，则页面会显示"确认开通"，点击后即可开通直播权限进行直播；若不符合，则页面目前不显示不符合项，商家可从以下几个方面自查提升。

(1)店铺一钻及一钻以上级别。

(2)店铺微淘层级 L1 及以上（原微淘粉丝要求取消，自 2018 年 6 月 21 日开始执行）。

(3)店铺的老客户运营能力。

(4)店铺销售商品与主营类目匹配度。

(5)店铺销量情况。

(6)卖家须符合《淘宝网营销活动规则》。

(7)本自然年度内不存在出售假冒商品等违规行为。

(8)本自然年度内未因发布违禁信息或假冒材质成分的宝贝，导致严重违规行为扣分满 6 分及以上的情况。

目前，淘宝商家做直播主要有以下这些玩法。

1．活动让利型

活动让利型是淘宝直播中最常见、门槛最低，也是最容易看到效果的直播类型。这一玩法简单来说就是通过活动让利的方式吸引消费者，如五折优惠，或者送优惠券。总之就是告诉观看直播的粉丝此时此刻购买最便宜。

2．产品展示型

产品展示型主要通过现场直播的方式把自己的产品展示给消费者看。这样消费者就能直接看到效果，通过和消费者互动，解析产品，从而达到促成下单的目的。

3．专家达人导购型

专家达人导购型主要指从专业或擅长的角度来引导消费者。例如，主播可以用化妆的形式直播，一边教大家化妆的技巧，一边介绍化妆产品的质地、优点、使用方法和适用的肤质，从而达到让消费者产生购买欲望进而下单的目的。

4．产品介绍型

产品介绍型主要介绍产品的卖点、优点，有的直接拿着产品对产品的卖点进行介绍，引导消费者成交；有的对产品的形成和工艺进行现场演示和介绍，如很多珠宝类的产品直播会现场介绍产品是如何打磨加工的等。

5．才艺展示型

在淘宝上也有很多通过才艺展示进行直播的，特别是艺术类相关的产品，如音乐、美术等，主播通过展示才艺来推荐。

除了商家自己直播，还可以找达人合作。找达人合作一定要注意所找的达人必须和产品的调性一致，其粉丝也必须和产品的需求人群一致。否则，直播的效果肯定差，不但不能形成转化，还会造成很高的退货率，影响产品的人群标签。

8.3.3 短视频类

比起直播，短视频更受某些消费者的欢迎。短视频的时间比较短，观看的成本比较低，观看起来更方便。毕竟一场直播动不动就是个把小时，有时买家无法抽出这么多的时间去观看，但短视频不一样，利用一两分钟就可以看完。短视频还有一个直播没有的优点，那就是短视频都是录制的，可以有大量的时间去优化，而直播是现场进行的，如果主播控场能力不强，则很难带来理想的效果。

有些卖家认为短视频制作是一件很有难度的事情，尤其是那些中小卖家，往往觉得自己不具备做短视频的实力和专业能力。

其实，短视频制作并不复杂。例如，服装类目的卖家，穿着衣服转一圈给大家展示一下，然后拿出一个卖点进行详细讲解。就这样，一个短视频就完成了，而且效果不错。这样的短视频大多数卖家应该都能做出来。

8.3.4 淘宝群类

淘宝群就是在手机淘宝上的消息群，类似于微信群，主要围绕淘宝购物展开，功能要比微信群多很多，更适合做营销。如果商家正在利用微信群管理自己的老顾客和做营销，则完全可以改用淘宝群。淘宝群可以用于购物信息的互通和商品口碑的传播。

淘宝群目前主要的玩法有以下两种。

（1）发布促销信息。如新品上架优惠折扣、秒杀商品、特价商品、店铺活动或者大促活动提前预告等。

（2）让利引导成交。通过发优惠券、红包喷出、限时抢购、拼团等营销手段来吸引消费者快速下单。

8.4 通过阿里 V 任务找到合适的达人

8.4.1 什么是阿里 V 任务

阿里 V 任务是由阿里官方推出的内容服务平台，无缝连接达人与商家，主要解决商家与淘宝内容创作者（达人、机构、主播、媒体、KOL）商业合作中的咨询洽谈、合作下单、交易服务、交付服务、维权服务等环节的问题。

到目前为止，很多内容渠道主要由达人参与。商家要想获得这部分的流量，就必须和达人合作。但是，很多商家不知道到底去哪里找达人，也不知道到底哪些达人比较靠谱，因此阿里推出阿里 V 任务平台，一方面可以无缝连接达人与商家，另一方面也可以保障商家和达人的交易。

8.4.2 商家如何入驻阿里 V 任务

第一步：登录阿里 V 任务官网。

第二步：如果还没有该平台的账号，则会有"立即开通"的按钮，如图 8-15 所示，单击此按钮。对于商家来说，需要选择的是"我是需求方"，如图 8-16 所示。

图 8-15

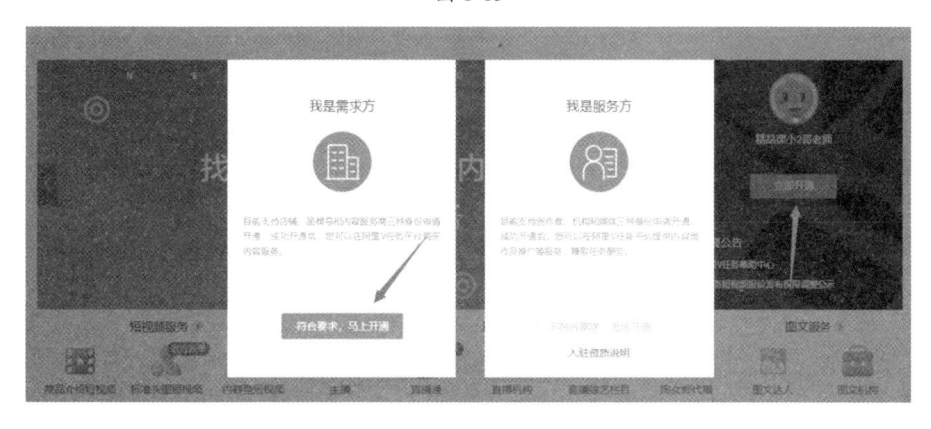

图 8-16

第三步：根据实际情况选择对应的类型，如图 8-17 所示。

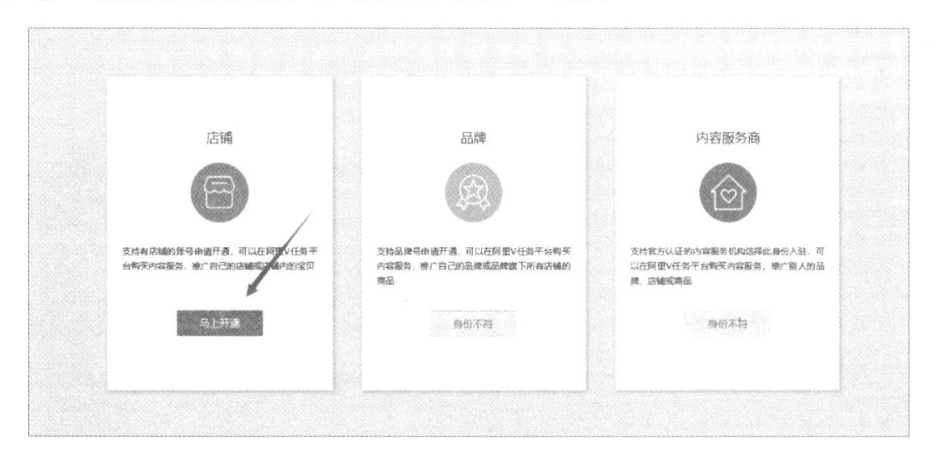

图 8-17

第四步：按照选择的类型填写对应的资料，如图 8-18 所示。

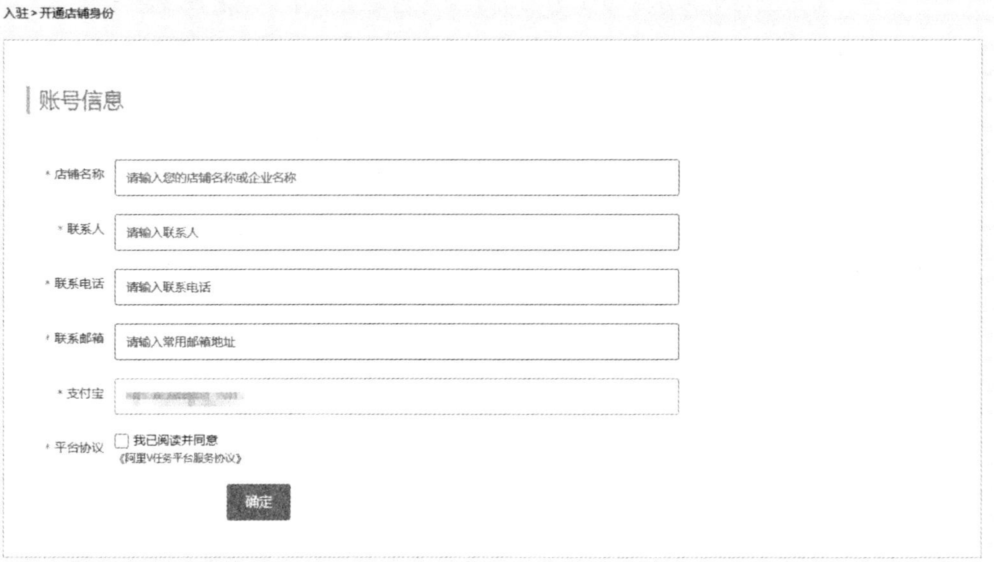

图 8-18

8.4.3 如何通过阿里 V 任务找到合适的达人

如图 8-19 所示，在阿里 V 任务平台有直播服务、短视频服务、图文服务、官方活动、淘榜单等玩法模式。商家可以根据自己的实际需求去选择相应的板块。

如图 8-20 所示，在相应的板块中可以根据实际需求筛选出所有符合要求的达人。如果已经知道达人的昵称，也可以直接搜索昵称。

但是这里也有一个缺点，就是达人的数量太多，有时候要找到满意的达人就要花费许多的时间，所以建议大家最好是先通过具体的公域渠道发现合适的达人，然后回到平台来搜索这个达人。

例如，某商家想要做"有好货"，那么就先去手淘首页"有好货"频道逛，看看哪些达人的浏览量高、互动数据好、文案用心；发现合适的达人就点击进去，找到他的账号和昵称，然后回到阿里 V 任务来直接搜索这个达人的昵称即可。

图 8-19

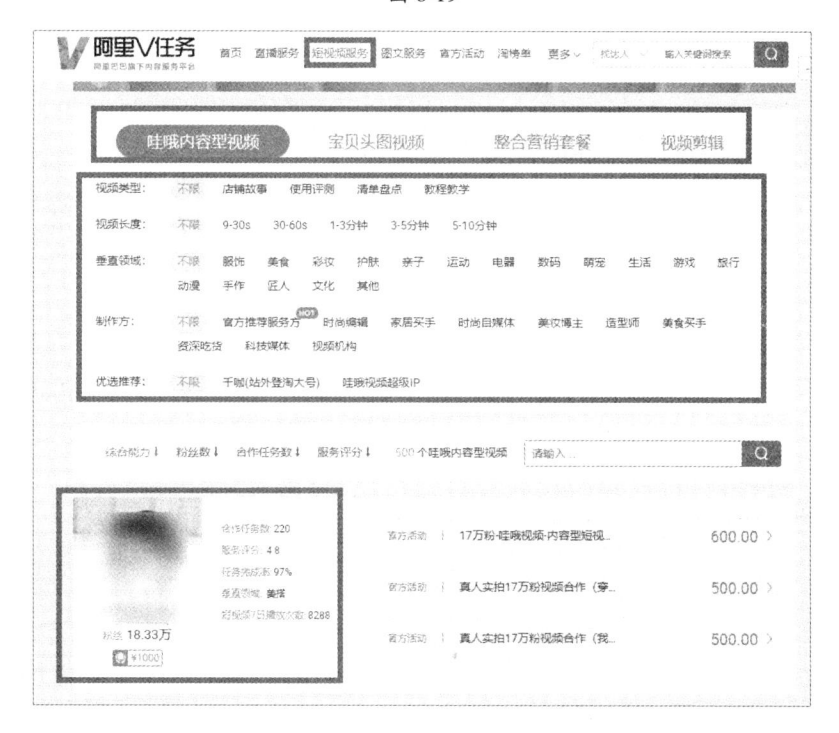

图 8-20

当发现了自己感兴趣的达人后,就可以点击达人的头像进入达人的主页。如图 8-21 所示,在达人主页的下方有一个"合作咨询"的按钮,单击即打开聊天窗口给达人发送消息,如您好,我是 xx 商家,我在 xx 渠道看到您的推广内容,感觉很不错,想和您合作,请问可以留一个联系方式或者给我一份招商报价单吗?

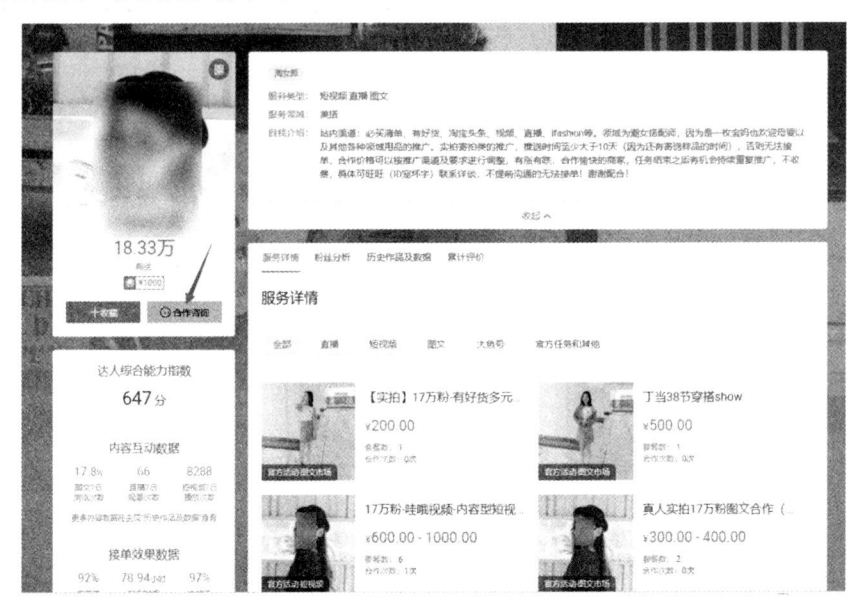

图 8-21

8.4.4 如何精准匹配达人

找到一个达人是很简单的,但是,要匹配上一个合适的、能带来满意效果的达人并不是一件容易的事。这就需要先对达人进行匹配度分析。那么商家应该如何去做呢?

1. 分析达人粉丝群体与宝贝需求群体的吻合度

商家找达人推广,最终的目的是卖货,要想让达人把产品推广出去,就必须把自己的产品推荐到需求这个产品的人群面前去。如果商家的产品是适合 25~29 岁群体的女装,但是达人的粉丝群体是 40~50 岁的群体,这样就算达人去推广也很难有一个好的带货效果。

如图 8-22 所示,在达人的主页有一个"粉丝分析",给商家展示了这个达人粉丝的人群画像。因此商家要分析这个达人的粉丝群体与自己推广产品需求群体的吻合程度,如果吻合度比较低,就没必要去联系洽谈了。

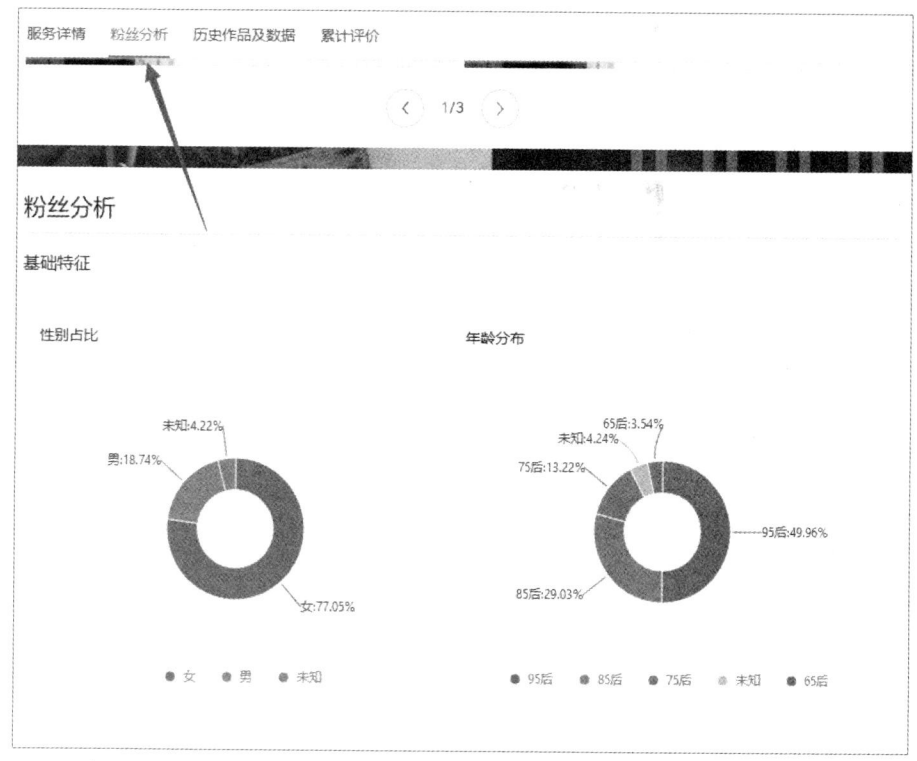

注：此表由于部分数据四舍五入，存在总计与分项合计不等的情况。

图 8-22

粉丝人群与宝贝需求人群的吻合度分析是要做的第一步分析，但是仅仅只满足粉丝人群和宝贝需求人群一致是不够的，还需要分析这个达人的推广能力，如果这个达人本身推广能力不行，就算粉丝高度精准也没有任何意义。

2．分析达人的推广能力

（1）可以看粉丝量。如图 8-23 所示，在达人主页可以清楚地知道达人拥有的粉丝数量。理论上来说，粉丝越高，越能说明这个达人能力强。但是这个指标只能参考，因为这个指标作假太容易了，很多达人为了迷惑商家，会通过买粉的方式来增加自己的粉丝量，所以拥有高数量粉丝的达人不一定是能力强的。不过可以肯定的是如果达人的粉丝特别低，那么肯定说明该达人的能力很差，毕竟如果粉丝才几百人，那么怎样也达不到好的效果。

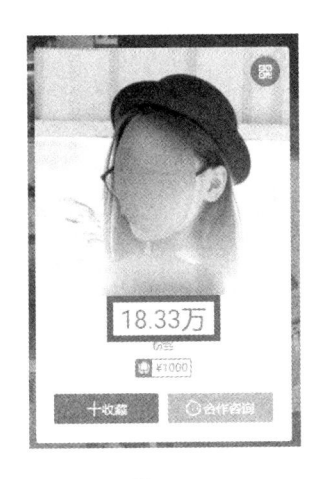

图 8-23

（2）要看达人更新内容的频率。一个优秀的达人一定是坚持用心更新文章的。如果一个达人经常三天打鱼两天晒网，那么往往选用后也不会有很好的推广效果。

（3）可以在达人综合指数区域来了解达人的运营能力。如图 8-24 所示，在达人主页有"达人综合能力指数"。达人综合能力指数是淘宝官方根据达人的综合能力的评分，这个分比粉丝量可参考度高，且很难造假。达人综合能力指数分越高，说明这个达人的综合能力越强。还可以看内容互动数据、接单效果数据，以及服务效果数据。这些数据可以帮助商家判断这个达人的能力。

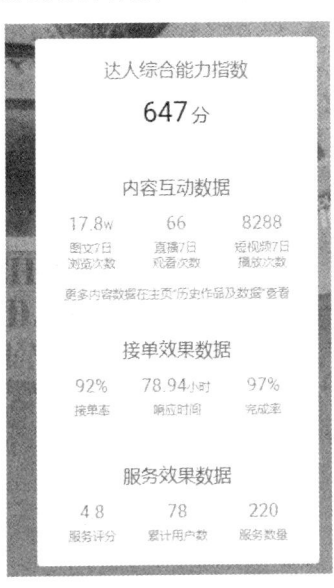

图 8-24

（4）还要记得分析达人的内容定位和店铺匹配情况。商家要看看达人的内容定位是否和店铺相匹配，如果不匹配是不会有一个好的效果的。

8.4.5 如何和达人谈合作模式

当找到合适的达人后，就要开始考虑如何和达人合作了。如果合作模式选择得不合适，那么不但达不到想要的效果，甚至有可能会产生一些负面效果。这里介绍几种目前较常见的达人合作模式，以及这些模式的优点和缺点。

1．V任务一次性费用合作

V任务一次性费用合作就是指一个任务结一次费用，做成任务合作终止。这种模式常见的有单条单渠道合作、多条单渠道合作、套餐合作。

（1）单条单渠道合作适合第一次合作的达人。当不知道这个达人效果到底如何的时候，商家就可以采用这种合作模式，先让达人推广一条试试合作效果，如果效果好再谈后续的合作。这种模式可以避免因效果不好造成损失太大。但是这个模式也有缺点，就是一般来说合作达人不会优惠，相比之下性价比会比较低。

（2）多条单渠道合作适合那种基本上已经了解了的达人。商家对达人信任度比较高，同时，又想通过大量"种草"的模式去获取这个渠道流量。例如，某商家想要做"有好货"，如果只做一条恐怕不能带来好的效果，所以可以在同一个渠道多条"种草"，只要有一条引爆就可以。而且，因为同时多条，需求大，所以可以和达人谈优惠价格。相比之下性价比会比单条单渠道合作高一些。但是这个模式的缺点是适合预算比较多的商家，所以主要适合合作比较久的达人，且对达人的效果比较满意。

（3）套餐合作主要是指多渠道单条或者多条打包合作。例如，某商家既想做"有好货"，也想做直播，还想做"必买清单"，那么就可以找一个达人机构，让其给出一个套餐的报价。这种合作模式的优点和缺点与多条单渠道合作模式类似。

V任务一次性费用合作最大的缺点就是效果得不到有效保证，因为达人做完之后可能不会有后续的维护。但是这种模式又是达人最喜欢的，因为对于达人来说，只要完成了这个任务，达到了标准，就赚到钱了，至于后续如何可以不管。

2. 分佣模式

分佣模式是指根据成交效果来给费用。例如，某商家给某达人 10%的佣金，该达人卖多少就拿这个成交金额的 10%作为佣金。这种模式对于商家来说，特别是中小商家来说特别适合，毕竟是根据效果来分佣的，如果没有效果就不需要分佣。但是这种模式对于达人来说并不是那么乐意接受，如果产品不好卖，那么达人就赚不到什么钱。因此采用分佣模式，要求产品销量高、转化率好、性价比高、优惠力度大，总之就是让达人感觉采用这种模式比拿固定费用更合适。

在分佣模式中，常见的有以下两种模式。

（1）线上分佣+线下分佣模式。这种模式是指一部分直接通过线上淘宝自动结算，另一部分通过转账方式支付。这样操作的目的是考虑达人的收益，因为按要求达人是必须走线上的，但是走线上又会让淘宝抽取其服务费，佣金越高，被抽取的服务费也越高。所以采用一部分佣金直接转账的模式就相当于这部分佣金不让淘宝抽取。

（2）佣金+奖金模式。这种模式是指有一个基础的佣金，但是如果达到某种程度的效果之后再支付额外的奖金。例如，一个月成交多少单之后开始额外给奖金，而且这个奖金还分多层，即达到的等级越高，给的奖金也越高。这种模式既能激励达人，又能保障商家。

8.4.6 如何分析达人的产出

目前通过 V 任务与达人产生的合作，淘宝都把相关效果数据同步到了生意参谋。商家可以通过生意参谋反馈的数据来判断达人是否带来了令商家满意的效果。因此，商家在与达人产生合作之后，一定要对达人的合作效果进行跟踪和评估。只有这样，商家才能清楚地知道投入和产出是否成正比。

如图 8-25 所示，进入"生意参谋—内容—V 任务效果"就可以查看到每一条内容的具体效果数据。通过这些数据就能及时了解投放效果，同时也能知道哪些达人的效果好，哪些达人的效果差，为下次的合作提供参考依据。

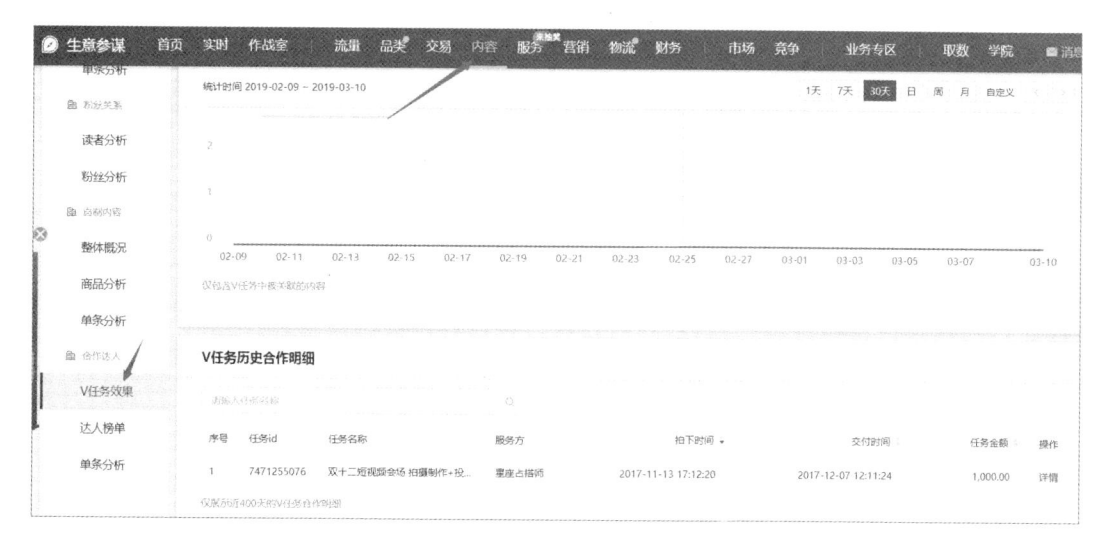

图 8-25

8.5 淘宝群的几个功能和玩法

淘宝群在 2016 年就推出了，只是刚推出时用户很少，之后，经过多次优化，于 2018 年开始火爆起来，出现了很多成功利用淘宝群做营销的案例。

目前淘宝群还在不断优化中，还不能算是稳定、成熟的版本，所以许多细节操作在改版后都会失效。这里就不做过多的介绍，主要介绍淘宝群几个不错的功能和玩法。

1. 利用"提前购"测款和打造潜力爆款

提前购是指群成员在产品正式上新前可提前购买，是店铺回馈群成员的优先购买权益。这个功能可以很好地帮助商家做新品预告，进行潜力爆款的打造。

首先，"提前购"可以帮助商家做新品预告，通过群进行测款。如果商家对新品的款式把握不大，特别是在预算有限的情况下，把每一个款都用付费的方式测试一遍不太现实，就可以先用淘宝群做新品预告，进行一轮简单的测款，然后把表现好的优先利用直通车进行下一轮测试。这样既可以节省推广费用，又能帮助商家初步判断款式，更早地知道哪个款有潜力。

其次，"提前购"可以帮助产品在正式上架前积累人气，从而有利于正式上架后直通车和自然搜索的优化。

最后，作为商家专门给予老顾客的一种特权，"提前购"可以很好地维系老顾客。

"提前购"操作方法很简单，如图 8-26 所示，在淘宝群的后台管理设置营销活动即可。

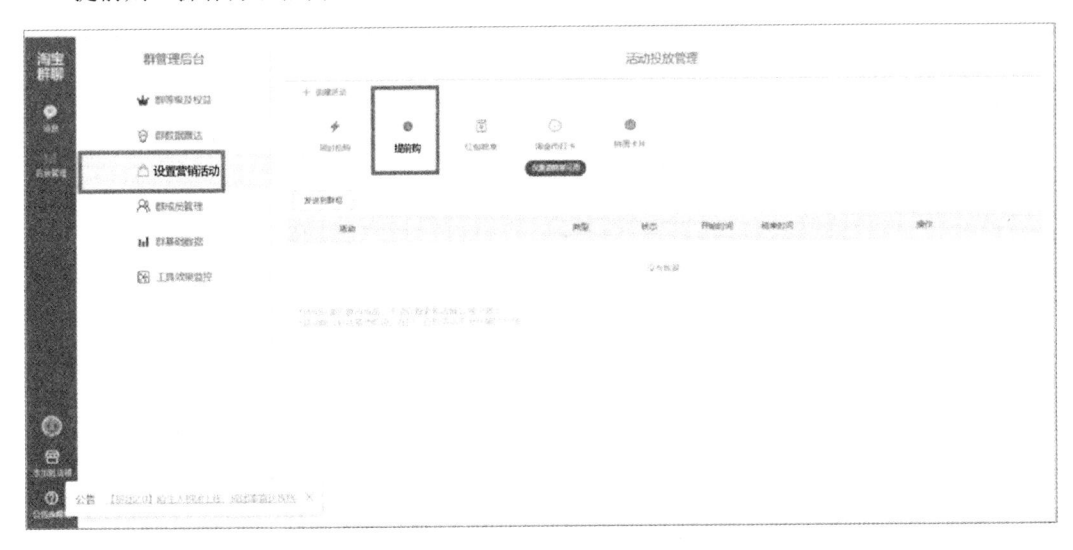

图 8-26

"提前购"操作需要注意以下事项。

（1）参加群内"提前购"的商品必须属于定时上架类商品，且商品上架时间距离参加"提前购"48 小时以内。

（2）一个卖家最多可创建 5 个未结束的"提前购"活动。

（3）"提前购"商品的库存无法锁定，所以卖家需注意库存风险。

（4）"提前购"商品无法加入购物车进行合并付款，建议卖家提前告知买家。

2．利用"限时抢购"快速打造爆款

限时抢购是指群成员可在活动时间内享有"折扣商品"或"限量好货"权。这有点像秒杀等营销手段的玩法。它的原理很简单，就是给老顾客优惠特权，同时通过"限时"增加紧迫感，让买家快速下单。

"限时抢购"可以用于新品上架时的快速破零，也可以用于活动的快速打爆，还可以用来清仓处理库存。

"限时抢购"的操作方法也很简单，如图 8-27 所示，进入淘宝群后台，按照提示逐步操作即可。

"限时抢购"操作需要注意以下事项。

（1）放入仓库的商品不能参与活动。

（2）一个店铺最多有 5 个商品同时参与"限时抢购"。

（3）仅支持单个 SKU 宝贝参加"限时抢购"，不支持多 SKU 不同商品。

（4）时间设置：需提前设置开始时间，活动时间精确到分；抢购持续时间最长为 24 个小时；若提前发布活动，群内会有提前预热通知；若设置活动的时间与活动开始抢购时间一致，活动立即开始。

（5）"限时抢购"商品库存无法锁定，但不能高于商品现有库存。

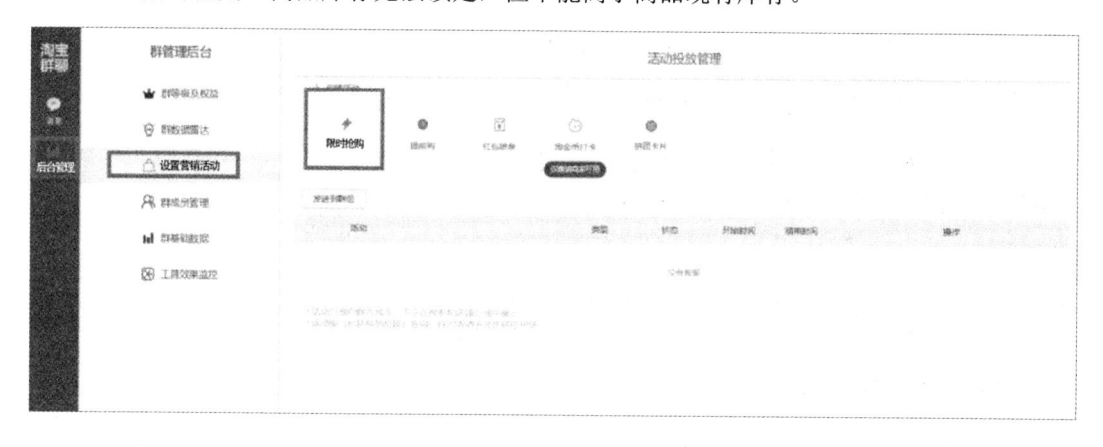

图 8-27

3. 利用"群红包"提升购买转化率和粉丝黏度

在微信中，红包的作用大家都懂，一个几毛钱的红包就可以引来很多人抢。淘宝群也有这个功能，在群内发一些红包可以大大提高群的活跃度，也能让老顾客感受到商家在用心维系他们，从而促进群内用户的成交转化，同时还能让粉丝们为了抢红包而不退群，并时刻关注群内容。

"群红包"操作方法很简单，如图 8-28 所示，直接从手机淘宝进入自己的群，选择"群红包"，按照要求设置即可。

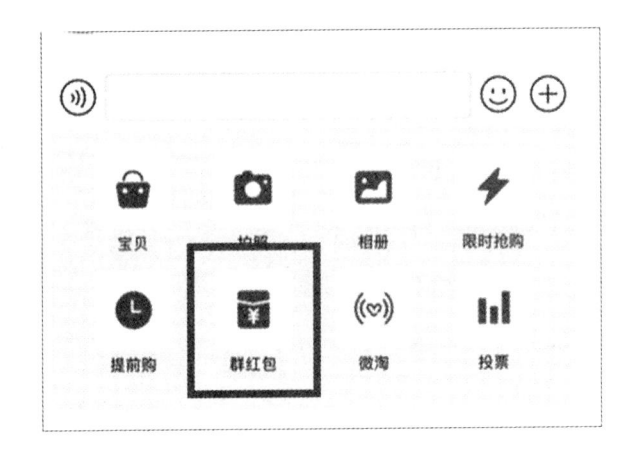

图 8-28

"群红包"操作需要注意以下事项。

（1）只能在发放红包的店铺使用，且全店商品通用，这样能保证发出的红包有效。

（2）店铺红包只能用于抵扣商品金额，不能用于如运费、服务费等非商品金额的抵扣。

（3）店铺红包可与店铺满返、店铺满减、淘金币、集分宝、支付宝现金红包等同时使用，但不能与商品优惠券、店铺优惠券等同时使用。

（4）单笔订单只能使用一个店铺红包。

（5）单个店铺红包不可拆分使用。

（6）只能在卖家设置的使用期限内使用。

4．利用"红包喷泉"来帮助大促活动

红包喷泉是一个定时发放红包的功能。商家可以利用这个功能，在活动时通过红包利益点，促使用户养成定时打开群的习惯，提高群内活跃度，从而帮助商家在大促活动时预热和提高转化率。

"红包喷泉"操作方法，如图 8-29 所示，进入"淘宝群聊—后台管理—设置营销活动—红包喷泉"，进行设置即可。

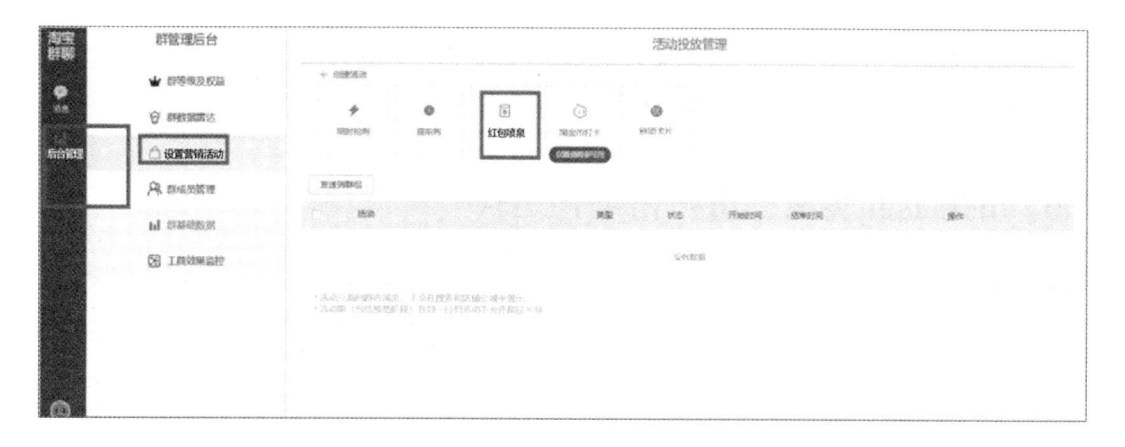

图 8-29

5. 利用"投票"功能与买家互动

常见的有让买家为产品、图片投票,充分发挥老顾客的作用,帮助商家测款、测图等。例如,某商家想拿某个款做活动,现在有三个产品备选,该商家就可以利用"投票"功能选择最合适的那个。具体如图 8-30 所示。

图 8-30

6. 拼团

拼团是指让好友之间发起邀请一起参加活动。发起拼团后 24 小时内凑满成团人数,卖家才能发货,否则订单不生效。这个活动不仅老顾客可以参与,陌生人也可以参与。

拼团是为具备私域运营能力的卖家提供的营销工具。在开团后，买家通过转发邀请拼团链接，拉动更多人的参团。这是一种粉丝裂变玩法。

8.6 用淘宝群实现"用户精细化运营"

淘宝群是目前为止平台内唯一面向商家会员、粉丝的实时在线运营阵地，可接入 CRM 客户管理系统数据，实现精细化圈选任意标签用户，从而高效触达用户，打造群内服务专享感，营造群内互动氛围。

用淘宝群实现"用户精细化运营"的操作要按照以下步骤。

第一步，如图 8-31 所示，从卖家中心左侧的"营销中心"板块进入"客户运营平台"，然后单击左侧的"客户分群"，在右上角有一个"新建人群"按钮，单击"新建人群"即可进入"创建人群标签"的页面。在这个页面中，商家可以根据自己的营销目的创建自己所需要的标签人群。

图 8-31

人群标签要根据自己的目的和要求去创建。例如，某商家想创建一个会员等级比较高的群，就可以去会员等级标签里面设定，如图 8-32 所示。这里一定要注意，建群时必须先要明确建这个群的目的，然后根据目的去圈选符合要求的人，而不是把所有人都拉到一个群里。

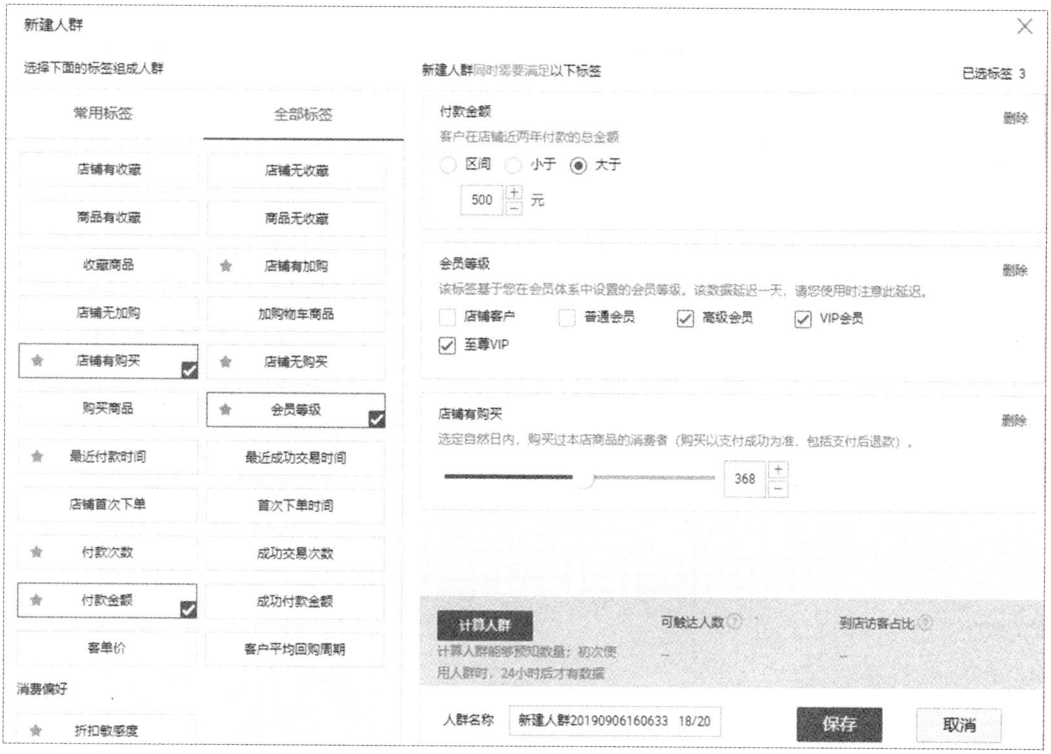

图 8-32

第二步，开始创建一个群，选择指定人群，即选择符合前一步创建的人群，如图 8-33 所示。

第三步，邀约指定标签的人入群。先复制刚刚创建的群的链接，如图 8-34 所示。接着，去客户运营平台创建"短信营销"，给目标人群发一条短信快速邀请他们入群，如图 8-35 所示。

在短信中粘贴上刚复制的那个链接，这样对方直接点击就可入群。邀请信息一定要具有相当的吸引力，如入群即可获得"1 元抵 50 元无门槛优惠券"或直接赠送"50 元优惠券"等，优惠力度尽量大一点，毕竟选择的都是优质人群，让利给这群人对店铺后期的营销帮助很大。

第四步，对群成员进行管理。在创建一个群后，还要下功夫去管理和维护，及时清理群里不合适的人，通过群管理后台进一步筛选，如图 8-36 所示。

图 8-33

图 8-34

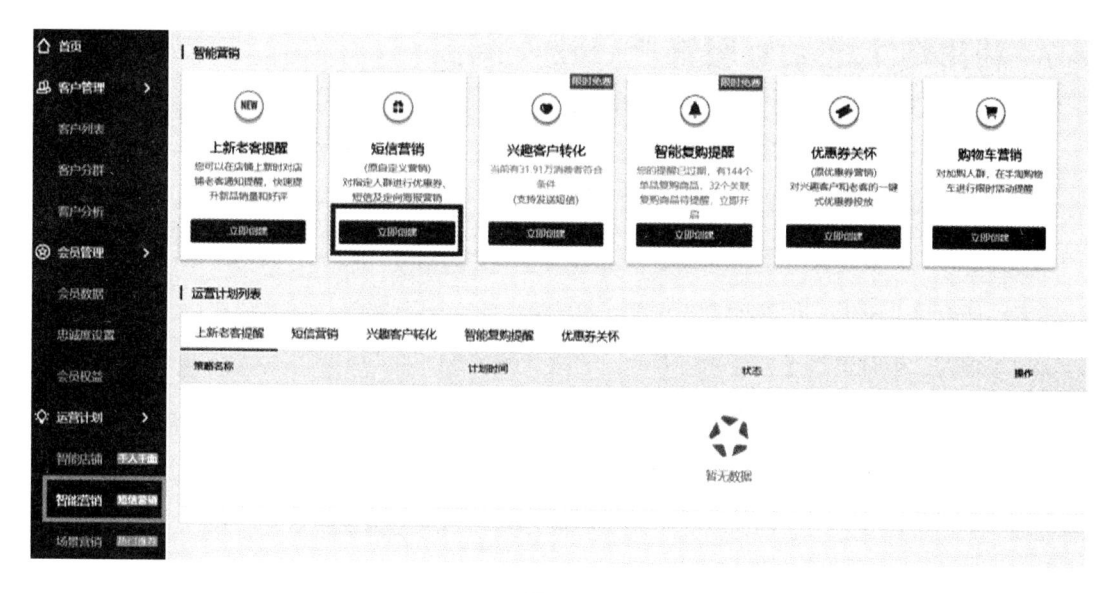

图 8-35

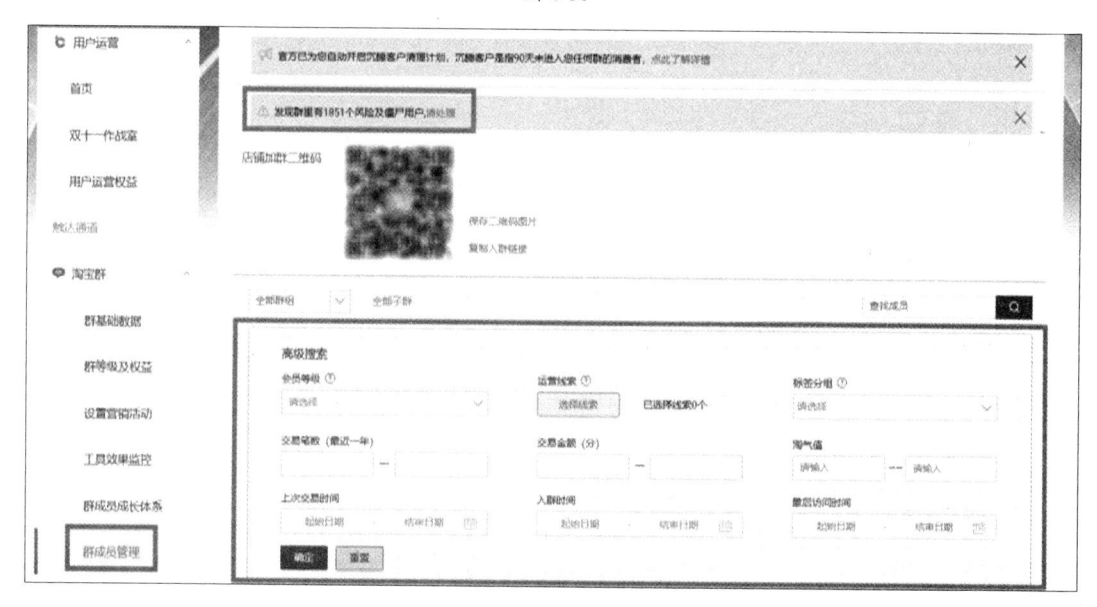

图 8-36

第五步，经常互动和营销。商家要积极发挥自己的互动能力和运营能力，想办法和群内成员互动，拉近和他们的距离。需要注意的是，不要每次互动都发广告，要分析这个群的人群画像，找到他们的兴趣点，投其所好。

8.7 利用淘宝群做好服饰类目粉丝沉淀

淘宝群是一个非常有效的粉丝关系维护工具。通过淘宝群，卖家可有效触达、管理新老顾客，提高用户的高黏性互动和回访，促进进店和转化，完成新客激活及老客互动。

服饰类目的商家大多存在粉丝众多但触达深度不够的问题。服饰行业的商家一般老顾客都比较多，但黏度非常差，如有的商家做到了几皇冠，和好几万名消费者实现成交，却没有一批忠实的老顾客，平时也缺乏与老顾客互动、管理老顾客的工具。

因此服饰类目的商家非常适合利用淘宝群来维护和管理自己店铺的粉丝和老顾客。本节由于篇幅有限，只简单讲解几种服饰类目常用也是比较基础的利用淘宝群做粉丝维护的方法。实际运营中远不止这些方法，商家一定要发散思维，充分利用好淘宝群这个工具。

1．福利回馈

福利回馈主要针对老顾客，给他们一些新客没有的特权和优惠。商家可以建立一个老顾客群，在群里发放红包、无门槛优惠券、新款五折价特权等，以增强老顾客的黏度，提高他们的复购率和成交率。这种方法操作起来简单且效果较好，但由于容易操作，竞争对手也会这么做，如果不把服务做好，基本上也不会有太好的效果。

还可以筛选出特别忠实的粉丝，单独建立小群，尽心服务这批核心人员。例如，为一年购物过10次以上（具体根据店铺的实际情况而定）的老顾客单独建立一个群，给予群内成员其他人没有的特权，让他们感受到自己被重视。对于这样的忠实顾客，不能只通过一些优惠活动去维系他们，更多的是要从人文关怀的角度，如在他们生日的时候寄送生日礼物、逢年过节寄送小礼物等。

2．经验交流

群成员们聚在一起可以围绕服饰聊很多，如个人穿搭、单品搭配、外出游玩的穿搭等。特别是女装类目的群，女性群体对这些话题都很感兴趣。因此商家可以在群里分享和交流相关的经验，引导和带领群员一起交流，从而活跃群气氛，同时激发群员的购买欲。

3．最新消息通知

一些上新的预告、活动的预告、直播的预告等都可以通过群消息的方式发布，让群成员及时接收最新的相关信息，特别是一些活动的预告。群成员可以及时了解店铺的活动信息及优惠力度，从而快速参与到店铺的活动中来。

4．买家秀营造购物氛围

在服饰类目中，买家秀的重要性不言而喻，为此，有些商家甚至不惜花钱去找专门的买家秀机构拍一些买家秀来做虚假宣传。其实，商家完全可以利用老顾客做真实的买家秀，如可以在群里发起一个买家秀征集活动，凡是被抽中发布在店铺或者微淘的买家秀，都可以领取一张大额的无门槛优惠券或现金奖励。这样的操作一方面可以帮助商家收集更多的买家秀素材，另一方面也能刺激群内的其他没有购买的群成员购买。

5．投票建议

做服装类目，为了测试一个款式是否会受到买家喜爱，商家一般会通过直通车的反馈数据判断款式的受欢迎程度。如果商家有一个活跃度比较高的淘宝群，完全可以利用群进行第一轮的简单测试。群成员不但可以给商家提一些款式上的建议，还可以告诉商家为什么不喜欢这个款、为什么喜欢另外的款，这也就便于商家选款和了解买家的需求。

8.8 如何自运营好微淘

目前淘内的内容营销渠道如有好货、爱逛街、必买清单、淘宝头条等，大部分只有达人能输出内容，商家不能直接输出。商家要想获得这些渠道的流量，必须通过 V 任务和达人合作。而直播、短视频、微淘这三个渠道，商家是可以直接自己运营的，其中门槛最低的就是微淘。那么商家要怎样做才能自运营好微淘呢？

1．做好定位

要做好微淘，就要做好定位，要明确做微淘的目的是什么、定位的方向是什么。这一点非常重要，没有定位，就很难把粉丝的黏度做好。很多商家发微淘从来都是随心所欲的，今天发小孩子感兴趣的内容，明天发老人感兴趣的内容，后天再来一个娱乐搞笑的内容，想到什么就发什么，这样是很难真正把微淘粉丝黏度做好的，也很难带来好的微淘效益。

因此，在自运营微淘时，第一步就要明确定位。这个定位需要根据店铺和产品的人群画像来定，要了解店铺和产品的受众人群，了解他们的性别、年龄、消费水平、行为偏好、性格特点等，然后根据这些共性点去定位商家想要的账号类型。常见的账号类型大多根据风格定位，如文艺范、小清新、复古街头等；也有根据技巧来定位的，如化妆技巧、穿搭技巧等。

2. 做好日常运营规划

很多商家认为只要做好定位就可以发布微淘内容，其实不用那么急。有些商家满怀热情地去做微淘自运营，但不出几天就不知道自己该干什么了，也不知道应该再发些什么内容，这都是由于没有做好日常运营的规划。

因此商家一定要做好每个月、每一周、每一天的规划。每一个月开始，先了解这个月有哪些活动、有哪些节日可以利用、店铺又有一些什么样的安排，如固定上新等，然后根据这些活动、节日及店铺安排去做规划，如什么时候开始发预热的帖子、什么时候发活动的帖子、是发短视频帖还是长文章帖或是上新单品帖等，将规划细分到周、天。可以把这些规划用 Excel 表格展示出来，这样就能清楚知道每一个月、每一周甚至每一天应该做什么。

3. 微淘内容组织

目前，微淘的内容有多种形式，如店铺上新、好货种草、洋淘秀（原买家秀）、主题清单、粉丝福利、图文教程、短视频、店铺动态、转发等，如图 8-37 所示。

图 8-37

店铺上新主要适合商家分享店铺的最新宝贝，介绍新品的卖点、风格、潮流趋势，从而帮助新品提高转化率，快速积累宝贝权重。好货种草主要适合商家通过实拍的商品和场景图片，真实描述商品的特色及使用感受，帮助粉丝"种草"。洋淘秀主要适合商家精选优质的买家有图评价发布，帮助完成商品转化，拉近与粉丝的距离。主题清单主要适合发布同类主题的宝贝集合，重点突出同一类型货品特色，帮助提升关联货品推荐效率。粉丝福利主要适合发布粉丝专属折扣福利价，助力提升粉丝转化及粉丝成交。图文教程尤其适合深度评测类长文创作，因为它可以写没有字数限制的长图文，自由度高，多元素组件灵活编辑。短视频主要适合分享有趣味、好玩的视频内容以获得用户关注。店铺动态主要用于升级原有的 PC 图集，重点分享用于转发和传播其他优质创作者的店铺日常事件、活动信息和粉丝进行传播交流。转发主要是用来转发和传播其他优质创作者的原创内容，如某个达人用商家的宝贝写了一篇优质的帖子，该商家就可以把这篇帖子转给自己的粉丝。

总之，商家要根据自己的目的和需求去选择合适的形式。这里有一点要注意：帖子一定要和产品挂钩。有的商家会经常在微淘中发一些热门内容，如热门电视剧、热门时事等，这样的帖子是没有任何意义的，因为逛微淘的人并不是来看新闻八卦的，而是有一定购物倾向的，所以商家的帖子必须和产品挂钩。

4．如何与粉丝互动

与粉丝互动非常重要。有时，同样的帖子，甚至粉丝量都一样，但不同的帖子评论、点赞数差异非常大。那么怎样才能更好地与粉丝互动呢？

首先，要做好粉丝人群画像。简单来说，就是要了解自己的粉丝，如他们的行为偏好和兴趣爱好是什么、他们有什么性格特点。不同的人群关注点和喜好是有很大差异的，一篇帖子好不好就看商家有没有与自己的粉丝群体产生共鸣。如果商家对粉丝不够了解，是很难产生共鸣的。

其次，要主动去交流和互动。有些商家每天发完帖后就再也不管了，也不去关注发帖的效果，甚至连网友的评论都不去回复，这样很难把粉丝维系好。商家发完帖后一定经常关注，要及时回复评论，特别是有粉丝在评论里提出疑问的话，商家一定要快速给出解答和建议。

最后，还要学会利用互动工具。微淘提供了很多互动工具，如投票、征集活动等，要充分利用这些工具去与粉丝互动。

温馨提示：微淘的组件和玩法更新的速度非常快，大家可以去微淘论坛及时了解微淘的最新动态。

8.9 如何让微淘内容被公域流量抓取

在有些商家看来，微淘是一个运营自己粉丝的地盘，属于私域流量渠道，所以如果微淘粉丝不是特别多，那么做微淘没有意义。

其实，微淘中也有很大的公域流量，如果经常逛微淘，就会发现有时看到的内容并不全都是自己已经关注了的某些商家的内容，这部分内容就是微淘的公域推荐。淘宝会抓取一些优质内容推荐给消费者。那么，在什么样的条件下，商家的微淘内容才有机会让系统抓取推荐到微淘公域呢？

8.9.1 账号要求

要让自己的微淘内容被系统抓取推荐到微淘公域，首先微淘账号等级必须达到 L1 等级以上，这是基本的要求。这个等级门槛并不高，只要正常运营都能达到。

除了等级有要求，活跃度也有一定的要求。如果商家的账号十天半个月才发一次内容，那么系统肯定不会给推荐。淘宝更倾向于用心运营的商家。这里要注意的是，活跃度必须是商家直接去微淘后台主动发送，如果只是把买家秀转发到微淘，并不算活跃度。

只有满足上述两项条件的商家微淘内容才有资格被系统抓取推荐，但有了资格并不代表一定可以被系统推荐。此外，粉丝数和店铺成交额这两个指标也是很大的加分权重，即粉丝数本身比较大、每个月的成交额也比较高的店铺更容易被系统推荐。

8.9.2 内容要求

做微淘的公域流量，除了账号的基本要求，内容要求也很重要。一般来说，账号要求很容易满足，但内容要做到符合系统抓取的标准会比较难。那么，商家应该如何做才能满足微淘公域透出的内容要求呢？

1. 内容类型

主题清单、好货种草、买家秀、粉丝福利活动、店铺上新与动态等比较容易被抓取。一定要注意微淘内容必须和购物相关，否则系统不会推荐，更不会抓取到微淘公域透出。

2. 标题规范

微淘公域流量对标题的要求：简单明了有亮点，不能啰唆找不到重点，不能太夸张，不能低俗，不能出现淘宝的违禁词和违反广告法的词，如"全网第一"、"世界最美"等。

3. 图片规范

图片是用户修饰主题的辅助素材。在微淘展现中，图片的占比比较大，要求也比较高。在选择图片时，要选择符合主题且有美感的图片，千万不要为了吸引注意而用一些搞笑图片或者漫画等与产品没有任何关系的图片，也不能选择模糊不清、拉伸变形的图片。此外，尽量不要出现品牌的Logo，不能重复或者太类似，不能有过多文案或其他元素，不能有马赛克。

4. 文案要求

微淘公域流量抓取对正文有以下几点要求。

（1）格式美观：不能出现大面积空行或者重复文字，排版美观易于阅读。

（2）言之有物：开门见山表达观点，不能有太多无用的形容词。

（3）生动有趣：符合现代人轻量阅读习惯，生动轻松的语言风格，减少艰涩的描述。

以上要求如果都满足了，只要店铺粉丝量和成交额比较好，系统就会抓取到微淘公域流量池中。商家可在阿里·创作平台上查看内容是否被微淘推荐采纳。显示"微淘发现"或"微淘推荐"即内容已经被推荐，如图8-38所示。

当内容被平台采纳后，接下来要想办法引导老顾客和微淘粉丝去这条内容下进行评论和点赞。互动反馈数据越好，越容易获取大量的公域流量。如果互动反馈数据表现差，即使内容已经进入流量池，也不会有很大的流量进来，这也是有些内容已经入池，但最后带来的浏览量和引导进店的人数都非常少的原因。

图 8-38

8.10 如何学做短视频

学做短视频，要先熟悉短视频的一些基本规则。淘宝论坛有一个专门的板块可以查看淘宝小二公布的相关规则。

如图 8-39 所示，淘宝短视频板块里有一个精华热帖板块，这里面公布了短视频规则和一些操作技巧，这些内容大多都是淘宝小二发布的，只要用心学完这些，基本上就能了解短视频拍摄的一些基本要求和内容规范，以及如何去制作。

图 8-39

学完这些内容，接下来就是实践了。在商家自运营中心有一些教程可以供商家边学习边跟着操作，如图 8-40 所示。在看教程时要注意理解各项操作背后蕴含的原理，不能简单学习，而要在掌握原理的基础上随机应变、有所创新。同时，还要学会总结。每做一个短时频，都要从制作过程和最后的效果中总结出好的点和不好的点，好的点下次借鉴，不好的点以后尽量避免。

图 8-40

8.11 中小卖家如何去实操主搜短视频

对于中小卖家来说,拍摄专业的短视频有难度且成本高,所以可以从基础开始,即先学习拍摄入主搜的短视频。

这里推荐使用淘宝官方免费工具——淘拍探索版。"淘拍"支持手机拍摄、剪辑视频,更有预设脚本、视频拍摄模板可以免费用,在千牛工作台就可以找到,如图 8-41 所示。

图 8-41

"淘拍"特别适合新手，它就相当于手机的照相机功能，门槛很低。要拍摄短视频，打开"淘拍"就可以拍摄。主图视频、短视频都能通过这个工具拍摄出来。

淘拍主图视频里的"视频模板拍摄"（拍摄时会有这几个字）有很多优质的模板素材，如果前期完全不知道如何拍摄，那么套用这些模板素材也能做出效果很好的视频，如图8-42所示。

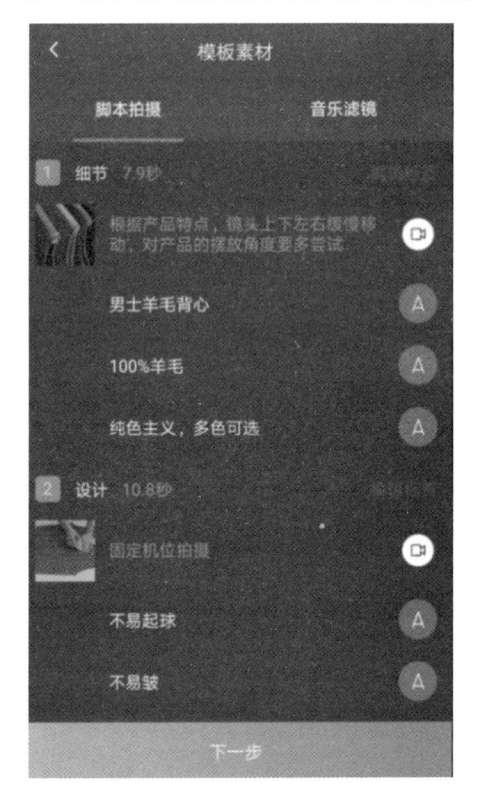

图 8-42

对于中小卖家来说，如果没有专业的拍摄团队和机构，自己又想学习如何拍摄，那么这里推荐一个学习入口。如图8-43所示，在"淘拍"的最下面有一个"视频拍摄指南"，点击进去，可以看到很多拍摄案例及拍摄技巧，如某个类目的拍摄要注意哪些事项、应该如何拍摄。商家可以参考这些案例，学习相关技巧去模仿。

另外，推荐大家关注千牛服务号中的"无线互动视频"，里面也有很多学习资料。

图 8-43

在有了拍摄工具，学习了一定的拍摄技巧后，就可以尝试自主拍摄了。那么，怎样的短视频才能进入手淘主搜呢？

1. 要符合主搜规则

主搜里面的短视频对拍摄有一定的基础质量要求。

（1）时长：1 分钟以内（建议 9~30 秒）。

（2）画质要求：高清 720p 以上。

（3）尺寸要求：16∶9／1∶1／3∶4（建议使用 3∶4 和 16∶9 这两个尺寸）。

（4）视频格式要求：mp4、mov、flv、f4v。

（5）内容要求：以突出产品卖点、功能、特点为主，须 5 秒内进入主体商品介绍，不可以采用图片拼接的方式呈现。

（6）视频中不得出现的内容：黑边、第三方水印（包括拍摄工具及剪辑工具 Logo 等）、商家 Logo（片头要出现品牌信息，可在视频结尾出现 2 秒以内，正片中不能以角标或水印等形式出现）、二维码、幻灯片类视频。

2．有不错的数据反馈

当视频拍摄好后，能不能进入到主搜，也看权重，这与宝贝发布后能不能在买家搜索时展现是同一个道理。总体来说，这里的权重就是指要有不错的数据反馈，主要指互动数据，如点赞、转发、评论等。数据表现好，排名就靠前。

3．和视频内容有很大关系

短视频能否入主搜和拍摄的内容有很大关系。那些重点介绍单品卖点的视频，以及教程类（如化妆教程、钓鱼线缠线教程）的视频、对产品测评的视频、功能展示的视频、服装类目搭配建议视频等更容易入主搜。因此要尽可能拍摄这些类型的视频。

这里要提醒各位商家，到目前为止，短视频入主搜还在测试阶段，并没有完全开放，后期可能在规则上会有一些变动，如有变动要以实际情况为准。

【读者服务】

微信扫码回复：（38626）
- 获取博文视点学院 20 元付费内容抵扣券
- 获取免费增值资源
- 获取精选书单推荐
- 加入读者交流群，与更多读者互动

反侵权盗版声明

电子工业出版社依法对本作品享有专有出版权。任何未经权利人书面许可，复制、销售或通过信息网络传播本作品的行为；歪曲、篡改、剽窃本作品的行为，均违反《中华人民共和国著作权法》，其行为人应承担相应的民事责任和行政责任，构成犯罪的，将被依法追究刑事责任。

为了维护市场秩序，保护权利人的合法权益，我社将依法查处和打击侵权盗版的单位和个人。欢迎社会各界人士积极举报侵权盗版行为，本社将奖励举报有功人员，并保证举报人的信息不被泄露。

举报电话：（010）88254396；（010）88258888

传　　真：（010）88254397

E-mail：dbqq@phei.com.cn

通信地址：北京市万寿路173信箱　电子工业出版社总编办公室

邮　　编：100036